国家社会科学基金一般项目“基于大规模标注语料库的语义角色句法
实现的词汇语义制约研究”最终成果

现代汉语语义角色句法实现的词汇语义制约研究

亢世勇 等 著

U0872983

科 学 出 版 社
北 京

内 容 简 介

我们认为，汉语语言信息处理要想达到自动句法分析、语义理解的目的，必须找到一个像印欧语词形态一样的初始特征，即词的词汇语义类，建立词的词汇语义类、词类、句法成分、语义角色之间的关系，以词的词汇语义类为抓手，才能有效地解决汉语句法分析、语义推导的问题。分词、标注词性、句法成分、语义角色、词汇语义类的语料库因此建立，这一语料库在大规模标注语料库基础上统计分析了语义角色句法实现所受的词汇语义制约，即语义角色、句法成分、词汇语义类之间的对应（映射、投射）关系，说明了哪个词汇语义类的词语充当哪些语义角色时可能映射为哪些句法成分，总结了蕴含其中的规则、特点，进一步解释了特点形成的原因。

本书适合普通高等学校语言学专业研究生、教师及语言信息处理领域的研究人员阅读与学习。

图书在版编目（CIP）数据

现代汉语语义角色句法实现的词汇语义制约研究 / 亢世勇等著. —北京：科学出版社，2022.10

ISBN 978-7-03-072423-6

Ⅰ. ①现… Ⅱ. ①亢… Ⅲ. ①现代汉语-词汇学-语义学-研究 Ⅳ. ①H109.4

中国版本图书馆 CIP 数据核字（2022）第 092890 号

责任编辑：冯丽萍 张翠霞 / 责任校对：贾伟娟

责任印制：李 彤 / 封面设计：蓝正设计

科学出版社出版

北京东黄城根北街 16 号

邮政编码：100717

http://www.sciencep.com

北京建宏印刷有限公司 印刷

科学出版社发行 各地新华书店经销

*

2022 年 10 月第 一 版 开本：720×1000 1/16

2022 年 10 月第一次印刷 印张：18 1/2

字数：371 000

定价：98.00 元

（如有印装质量问题，我社负责调换）

序　言

我怀着极大的兴趣通读了亢世勇等著的《现代汉语语义角色句法实现的词汇语义制约研究》一书，这本书解决了一个我多年来一直思考但悬而未决的大问题。这个问题就是：如何从词典所提供的单词的词汇语义特征出发，自动地推导出句子中各个成分的句法功能，进而获得句子的语义角色关系，从而让计算机理解句子所表达的含义。显而易见，这是自然语言处理的一个关键问题。

为了研究这个问题，我在多年从事自然语言处理的学术生涯中曾经做过艰辛的探索。

1978 年 12 月，中国科学技术大学研究生院选送我到法国 Grenoble（格勒诺布尔）理科医科大学应用数学研究所（Institut d'informatique et Mathématiques Appliquées de Grenoble，IMAG）自动翻译中心（Groupe d'Etude pour la Traduction Automatique，GETA）学习，师从当时国际计算语言学委员会主席、法国著名数学家 B. Vauquois（沃古瓦）教授，专门研究机器翻译和数理语言学问题。Vauquois 教授是国际计算语言学委员会的创始人，是当时国际计算语言学的领军人物，他领导的 GETA 在机器翻译的理论和实践上都取得了出色的成绩。我在 GETA 良好的学习环境中，可以了解到机器翻译发展的最新情况，可以学习到当代机器翻译最前沿的技术。这是我一生中难得的学习机会，在“文化大革命”之后就得到这样的机会，我感到非常幸运，是非常珍惜的。

在法国留学期间，我的主要工作是进行汉语与不同外语的机器翻译研究。开始时，我使用的自然语言形式理论是 N. Chomsky（乔姆斯基）的短语结构语法（phrase structure grammar，PSG），我试图使用短语结构语法来进行汉语的自动分析。早在 1957 年，我就接触到 Chomsky（1956）的形式语言理论（formal language theory），对 Chomsky 早期的语言理论和方法是有深入了解的。Chomsky 根据形式语法的原理提出了短语结构语法，其作为自然语言形式描述的一种手段，在自然语言处理中得到了广泛的使用。国内外的许多机器翻译系统都采用 Chomsky 的短语结构语法作为系统设计的基本理论依据。根据 Chomsky

的短语结构语法，表示句子结构的树形图（tree graph）中的每一个结点只有一个相应的标记，结点与标记之间的这种关系是一种单值标记函数（mono-label function）关系（冯志伟，1979）。这种单值标记函数表示的语言特征是十分有限的，因而当在机器翻译中进行汉语的自动分析时，会出现大量的歧义问题，难以区分句法结构相同而语义结构不同的汉语句子，这种基于单值标记函数的分析方法是短语结构语法在分析汉语时一个致命的缺点。当时我在法国研制开发机器翻译系统的实践中，就敏锐地认识到短语结构语法的这一致命缺点。

有一天，Vauquois 教授和我讨论汉语自动分析的问题。我坦率地向 Vauquois 教授说："Chomsky 的短语结构语法对法语和英语的分析可能没有多大问题，可是，用这种语法来分析汉语，几乎寸步难行。"Vauquois 教授用好奇的目光看着我，他希望我能进一步阐述自己的看法。我举例对 Vauquois 教授作了如下的说明。在汉语中可以说"点心吃了"，实际上是"点心被吃了"，但汉语一般不用"被"字。汉语中还可以说"小李吃了"，实际上是"小李把点心吃了"。"小李"是个名词短语 NP（Noun Phrase），"点心"也是个 NP，"吃了"是个动词短语 VP（Verb Phrase）。在短语结构语法中，这两个句子的规则都是 S→NP+VP，其中，S（Sentence）表示句子，它们的层次相同，词序相同，词性也相同，但它们却有截然不同的含义，前一个是被动句，后一个是主动句。我们怎么来解释这样的差异呢？如果我们使用 Chomsky 的短语结构语法，用计算机来分析这两个不同的句子，计算机最后做出来的肯定是一样的树形图，它们的差别只是在叶子结点上的词不一样而已，整个树形图的上层都是同样的 S→NP+VP，那么在结构上相同的句子为什么会有不同的语义解释，从而产生不同的含义呢？短语结构语法显然是解释不了的，而中文里到处都是这样的句子，因为中文里的被动关系有不同的表示方法，有时主动和被动在形式上没有明显的区别，但可以从句子的上下文和意念上来加以区分。在这种进退两难的局面下，唯一的出路就是根据汉语语法的特点来改进 Chomsky 的短语结构语法，设法使用一种新的方法来描述汉语。

Vauquois 教授耐心地听完了我的说明，他从沙发上站起来惊叹地说："汉语真是一种 langue terrible（法语：糟糕的语言）。"他说："哪种语言能够不分主动和被动，人吃了和被人吃了怎么能是一样？怎么这么乱？"

我向 Vauquois 教授解释道：其实中国人一点儿也不感觉乱，我们在说话时是分辨得很清楚的，因为我们知道，在一般情况下，人是不能被吃的。所以“小李吃了”的语义不能是“小李被吃了”，而点心它不吃东西，所以“点心吃了”必定是“点心被吃了”。汉语是靠单词固有的词汇语义来解决语法问题的，但是对于法国人来讲，并不存在这样的问题。所以，我们不能按照法语的思考方法来处理汉语的这个问题，必须另辟蹊径！

Vauquois 教授是一个知识广博、眼界开阔的学者，他热情地鼓励我沿着这个思路继续探索。他直率地对我说：“Chomsky 的短语结构语法也不一定永远正确嘛！”

在告别时，Vauquois 教授兴奋地说：“我相信，你一定能找出一种汉语自动分析的新方法。”

这次和 Vauquois 教授的谈话使我深刻地认识到，Chomsky 的短语结构语法在汉语自动分析时确实出现了极大的困难。这种困难甚至连 Vauquois 教授这样的世界一流计算语言学家也承认了。作为中国的科学工作者，我们必须想出一种新的办法，来克服短语结构语法的缺点。不然，我现在进行的汉语自动分析就很难搞下去了。

这一天夜里我睡得很不平静，总是难以入睡，我躺在床上翻来覆去总在思考这个问题。第二天清早，我走到 Vauquois 教授的办公室，明确地向 Vauquois 教授提出：我们正面临一个新的挑战，我们必须要思考一种新的语法理论来解决这个问题。Vauquois 教授完全同意我的意见，进一步鼓励我探索新的理论和方法来解决汉语自动分析中出现的这个困难问题。

在 Vauquois 教授的鼓励下，我对这个问题进行了反复思考。我观察到，“小李吃了”和“点心吃了”这两个貌似相同的句子在词汇语义上有很大的不同：“小李”在词汇语义上是一个“人”，在一般情况下，“人”是“吃了”这个行为的主动者，而“点心”在词汇语义上是“食品”，在一般情况下，“食品”是“吃了”的被动者，是“吃了”的对象。在短语结构规则 S→NP+VP 中，如果我们不把 NP 看成一个不可分割的单元，而把 NP 进一步加以分割，使用若干个特征来代替 NP 这个单一的特征，就有可能摆脱这样的困境。例如，在“小李吃了”中，我们把 NP 分解为“NP|人”两个特征，前面的“NP”表示它是一个名词短语，后面的“人”表示它的词汇语义特征；在“点心吃了”中，我们把 NP 分解为“NP|食品”两个特征，前面的“NP”表示它是一个名词短语，后面的“食品”表示它

的词汇语义特征。这样一来，就有可能在计算上把它们区分开来了。在计算机处理语言时，这样的特征也就是“标记”，我认为，如果我们使用“多值标记”（multiple label）来代替短语结构语法中的“单值标记”（mono label），就有可能大大地提高短语结构语法描述语言的能力，我们就可以使用改进后的这种语法来描述汉语，实现汉语的自动分析。这是我 40 年前关于“多值标记”的初步设想。

在对计算机上编写的程序进行了潜心钻研和反复试验后，我提出了“多叉多标记树模型”（Multiple-branched and Multiple-labeled Tree Model，MMT 模型）。在 MMT 模型中，我采用多值标记函数来代替短语结构语法的单值标记函数，使得树形图中的一个结点，不再仅仅对应于一个标记，而是对应于若干个标记，我还使用多叉树来代替二叉树，这样便大大地提高了树形图表达语言信息的能力，使得树形图的各个结点上都能记录足够多的语法语义信息，把句子中所蕴含的丰富多彩的、不同性质的信息充分地表示出来。

这种多值标记函数的理论实质上是一种复杂特征（complex feature）的理论，它从根本上克服了 Chomsky 的短语结构语法在描述自然语言时的严重缺点，提高了其有限的分析能力，限制了其过强的生成能力。显而易见，我当时提出的 MMT 模型是对 Chomsky 短语结构语法的一个带有实质意义的重要改进（冯志伟，1982）。

就在我提出 MMT 模型的同时，国外一些计算语言学家也看到了短语结构语法的局限性，分别提出了各种手段来改进它。例如，1982 年 R. M. Kaplan（卡普兰）和 J. Bresnan（布列斯南）提出的“词汇功能语法”（lexical functional grammar，LFG）（Kaplan & Bresnan，1982）、1984 年 Martin Kay（马丁·凯依）提出的“功能合一语法”（functional unification grammar，FUG）（Kay，1984）、1985 年 G. Gazdar（盖兹达）等提出的“广义短语结构语法”（generalized phrase structural grammar，GPSG）（Gazdar et al.，1985）、1985 年 C. Pollard（波拉德）和 I. A. Sag（沙格）提出的“中心语驱动的短语结构语法”（head-driven phrase structure grammar，HPSG）（Pollard & Sag，1994）等，都采用了复杂特征来描述自然语言，他们所谓的“复杂特征”实际上也就是我提出的“多值标记”，名异而实同。所以，我提出的 MMT 模型，是世界计算语言学者对 Chomsky 的短语结构语法进行改进的一个重要方面和不可分割的组成部分。MMT 模型是 20 世纪 80 年代较早提出的一个旨在改进短语结构语法的形式化模型，当时我国学者在这方面的研究在国际上是处于前沿地位的。

1984 年荷兰阿姆斯特丹北荷兰出版社出版的多卷专著《计算机科学基础研究》第 9 卷《自然语言处理的计算机模型》一书（由意大利米兰大学主编）中，曾详细介绍了我的 MMT 模型，并评论说："冯氏关于独立分析－独立生成的主张，关于尽可能地从源语言分析中获取多方面信息的主张，是当前自然语言处理研究中的一个重要进展。"

我还结合汉语的特点，研究了 MMT 模型在处理汉语自动分析时的各种问题。我提出，尽管在国外计算语言学中"复杂特征"的重要性已经得到足够重视，但是在汉语的自动分析中，采用"多值标记"的必要性更加明显。这是因为汉语的句子不能只用词类或词组类型等简单特征来描述，汉语句子各个成分的词类、词汇语义、词组类型、句法功能、语义角色关系、逻辑关系之间，存在着极其错综复杂的关系，如果只采用简单特征，就无法区分各种歧义现象，达不到汉语自动处理的目的。

具体地说，这是由于：①汉语句子中的词组类型（或词类）与句法功能之间不存在简单的一一对应关系；②汉语句子中词组类型（或词类）和句法功能相同的成分，与句子中其他成分的语义角色关系还可能不同，句法功能和语义角色关系之间也不是简单地一一对应的；③汉语中单词所固有的词汇语义特征，对于判别词组结构的性质，往往具有举足轻重的价值，除了词组类型这样的简单特征之外，再加上单词固有的词汇语义特征，采用多值标记来描述，就可以判断词组结构的性质。

MMT 模型是采用若干个特征和它们的值来描述汉语的。汉语的复杂特征集包含若干个特征，而每一个特征又包含若干个值，这种由特征和它们的值构成的描述系统，叫做"特征/值"系统。每种语言都有自己的"特征/值"系统。语言不同，它们的"特征/值"系统也不同（冯志伟，1983）。

根据我在法国设计的汉—法/英/日/俄/德多语言机器自动翻译系统的经验，对于汉语的自动分析和自动生成来说，采用了如下的"特征/值"系统。

（1）词类特征和它的值。词类是描述汉语句子的复杂特征之一，记为 CAT（category）。CAT 可取如下的值：名词、处所词、方位词、时间词、区别词、数词、量词、体词性代词、谓词性代词、动词、形容词、副词、介词、连词、助词、语气词、拟声词、感叹词。为便于计算机处理，我把标点符号与公式也各算为一个词类，这样一来，汉语共有 20 个词类，即特征 CAT 可取 20 个值。每个特征值还可以再取子值，进行进一步的分类。例如，汉语的形容词可以再分为状态形容词和性质形容词两个次类，也就是说，形容词这个值还可以再取状态形容词和性质形容词两个子值。特征的值及其子值，可以看成是次一级的“特征/值”偶对，也就是可以把值看成次一级“特征/值”偶对中的特征，把该值的子值看成次一级“特征/值”偶对中的值。这意味着，当存在子值时，在“特征/值”偶对中的“值”本身，也可以是一个次一级的“特征/值”偶对中的特征。

（2）词组类型特征和它的值。词组类型是描述汉语的另一个特征，记为 K。K 的值可取动词词组、名词词组、形容词词组、数量词组，共 4 个。我把传统语法中的介词词组并入名词词组，因为从信息处理的角度来看，介词词组中的介词，实际上只是它后面的名词词组的功能的一种标志，并入名词词组处理更为方便。

（3）单词固有的词汇语义特征和它的值。单词固有的词汇语义特征，就是单词的语义类别，它表示的是孤立的单词的语义特征，而不是句子中单词与单词之间的语义角色关系。单词固有的词汇语义特征记为 SEM（semantic feature）。SEM 可取如下的值和子值：①物象，其子值为生物、无生物、机关组织、类别名称；②物资，其子值为设备、产品、原材料；③现象，其子值为自然现象、人工现象、社会现象；④时空，其子值为时间、空间；⑤测度，其子值为数量、单位、标准；⑥抽象，其子值为学问、概念、符号；⑦属性，其子值为性质、形状、关系、结构；⑧行动，其子值为行为、动作、操作。这些固有的词汇语义特征都标在词典中孤立的单词上，成为单词本身固有的词汇语义属性。我后来又从知识本体（knowledge ontology）的角度，提出了更加完善的词汇语义分类系统 Ontol-MT。这个词汇语义分类系统，后来成为《新编同义词词林》词汇语义分类的基础（冯志伟，2015）。

（4）单词固有的语法特征和它的值。孤立的单词也具有语法特征。例如，不同的名词要求不同的量词，因此，带量词特征，就是名词的固有语法特征；不同的动词及物性不同，因此，及物性就是动词的固有语法特征；不同的动词的“价”（valence）也不尽相同，因此，“价”就是动词的另一个固有语法特征[①]。单词

① “价”反映了动词对其前后词语的要求，但它是动词本身的属性，因此，我们把它看成是动词的固有语法特征。

的固有语法特征记为 GRM（grammar）。语法特征的值也可以具有子值，这时，可以把值和它的子值作为“特征/值”偶对来处理。例如，动词的固有语法特征的及物性这个值具有“及物”和“不及物”两个子值；可把及物性（记为 TRANS）看成特征，把及物（记为 TV）和不及物（记为 IV）这两个子值看成这个特征的值。这样，我们有：TRANS=TV 和 TRANS=IV。“价”也可取子值：一价、二价、三价。一价动词只能有一个主语，如“咳嗽”；二价动词可有一个主语和一个宾语，如“写”；三价动词可有一个主语、一个直接宾语、一个间接宾语，如“给”。

（5）句法功能特征。现代汉语中的词组类型和句法功能之间没有明确的一一对应关系，它们之间的关系极为错综复杂，因此，在汉语句子的自动分析中，必须注意句法功能特征。这些特征都是在句子的自动分析中动态地产生的，而不是单词或词组本身固有的。汉语中句子组成成分的句法功能特征记为 SF（syntactic function）。SF 可取如下的值：主语、谓语、宾语、定语、状语、补语、述语、中心语。SF 的值可以有子值。例如，宾语这个值可有直接宾语和间接宾语两个子值。

（6）语义角色关系特征。语义角色关系特征也不是单词本身固有的，而是在计算机自动进行句法语义分析的过程中通过动态的运算得出的。孤立的单词谈不上语义角色关系，只有两个或两个以上的单词或词组才会产生语义角色关系。语义角色关系特征记为 SM（semantic role）。SM 可取施事、受事、与事、关涉、时刻、时段、时间起点、时间终点、空间点、空间段、空间起点、空间终点、初态、末态、原因、结果、工具、方式、目的、条件、作用、内容、范围、论题、修饰、比较、伴随、判断、陈述、附加等，共计 30 个值。SM 的各个值还可以分得更细，这样每个值就还可以再取子值。

（7）逻辑关系特征。如果把汉语的句子看成一个逻辑命题，那么，在逻辑命题的谓词与它的各个论元（argument）之间还存在着逻辑关系。由于逻辑命题的各个论元在句子中是由单词或词组来充当的，因而在句子中，单词与单词或者词组与词组之间还存在着逻辑关系。这种关系就是 Chomsky 所说的“题元关系”（θ relation）。逻辑关系用 LR（logical relation）表示。LR 的值如下：①论元 0，它是句子的深层主语；②论元 1，它是句子的深层直接宾语；③论元 2，它是句子的深层间接宾语。逻辑关系特征的值一般没有子值。每一个论元均起一个题元作用，而且只能起一个题元作用；每个题元作用均由一个论元来充当，而且只能由一个论元来充当。因此，可以根据论元的情况来检验所处理的句子在逻辑关系的分析上是否正确，从而揭示出整个句子的逻辑结构。

在上面所列举的各类特征中，词类特征、单词固有的词汇语义特征、单词固有的语法特征都是可以在词典中独立地给出来的，它们是单词本身所固有的特征，MMT 模型把它们叫做“静态特征”（static feature）。而词组类型特征、句法功能特征、语义角色关系特征、逻辑关系特征并不能表示单词本身的固有特征，它们是单词与单词之间发生联系时才产生出来的特征，MMT 模型把它们叫做“动态特征”（dynamic feature）。因此，我又提出了 MMT 模型中的“双态原则”（di-state principle，DSP）。DSP 主张区分静态特征和动态特征，对自然语言的自动处理系统的设计具有指导作用。在实际操作时，计算机首先从词典中查询单词的词类、词汇语义等静态特征，然后在静态特征的基础上求解词组类型、句法功能关系、语义角色关系、逻辑关系等动态特征，这样，自然语言处理的过程就可以有条不紊地进行了（冯志伟，1982）。

在自动句法语义分析中，静态特征是计算机进行运算的基础，计算机依赖于这些预先在词典中给出的静态特征，通过有穷步运算，逐渐算出各种动态特征，从而逐步弄清楚汉语句子中各个语言成分之间的关系，达到自动句法语义分析的目的（冯志伟，1994）。

在各种动态特征中，词组类型特征是最容易运算求出的。一般根据树形图中某个结点的直接后裔的词类特征、单词固有的语法特征及单词固有的词汇语义特征等静态特征，就不难推算出该结点的词组类型特征。句法功能特征则要通过更广泛的上下文信息才能推算求出，而语义角色关系特征及逻辑关系特征则是最难求出的，且往往不是一步求出，而是要通过许多步的演绎和推理，才有可能推算出来。一个汉语自动句法分析和语义分析系统的质量的高低，在很大的程度上取决于它所推算出的句法功能特征、语义角色关系特征和逻辑关系特征的多寡和正确与否。因此，如何根据各种静态特征推算出动态特征，便是汉语自动处理的关键所在（冯志伟，1994）。

在 MMT 模型 DSP 的指导下，我进一步提出，汉语句子的自动分析应该包括如下步骤：①对输入的汉语句子进行切分，确定单词与单词之间的界线。这就是所谓的“自动切词”（automatic segmentation）；②在词典中查出句子中各个单词的词类和词汇语义等静态特征，这就是所谓的“自动标注”（automatic tagging）；③根据语法规则和语义规则，检查这些静态特征的相容性，把静态特征相容的单词结合成词组，并求出词组类型特征；④根据语法规则和语义规则，由静态特征和词组类型特征出发，计算出句法功能特征，并进一步计算出语义角色关系特征和逻辑关系特征。

在检查静态特征的相容性以及由静态特征计算动态特征时，如果两个特征不相容，则不能进行运算，运算失败，如果两个特征相容，则根据有关的语法和语义规则进行运算。由于在特征不相冲突时就可以对特征进行运算，运算得出的特征信息必然不断增多，句子各个组成成分所包含的特征越来越丰富，最后求出的各种特征就能比较全面地反映汉语句子的性质。

汉语的自动生成过程则与此相反。在从外语到汉语的机器翻译中，一般是根据外语分析得到有关句法功能、语义角色关系、逻辑关系的特征，并根据外汉双语言机器词典中提供的有关汉语单词的词类、词汇语义等静态特征，进行汉语词序的调整及必要的词性变化（如动词和形容词的重叠式变化），最后产生合格的汉语句子。

根据 MMT 模型，我于 1981 年完成了汉—法/英/日/俄/德多语言机器自动翻译试验，建立了法吉拉系统（FAJRA system）。在 IBM-4341 大型计算机上，把汉语的文章自动地翻译成法文、英文、日文、俄文、德文，译文通顺，可读性强。当时在 GETA 做研究的，除了法国学者之外，还有来自英国、日本、德国的学者，当他们目睹我把他们不懂的汉语输入计算机，自动地翻译成他们可以理解的法语、英语、日语、德语的时候，他们都感到由衷的高兴和无比的振奋。法吉拉系统是世界上第一个把汉语自动地翻译为多种外语的机器翻译系统，开创了多语言机器翻译系统之先河（冯志伟，1982）。

现在，在神经网络和深度学习的推动下，机器翻译取得了长足的进展，不少机器翻译系统已经达到了实用的水平。反观我在 1979—1980 年提出的 MMT 模型，就显得非常幼稚了。尽管我的研究这样幼稚，尽管我已经进入耄耋之年，但是我甘愿充当机器翻译研究的人梯，让新一代年富力强的机器翻译研究人员踩在我们这些老一辈人的肩膀上，不断向科学的高峰迈进。

在 MMT 模型中，静态特征是比较容易从词典中获取的，我们只要把单词的词类信息、词汇语义特征信息记录在词典中，让计算机直接查询，便可以获得。

但是，句子中各个单词之间与各个词组之间的句法功能信息、语义角色关系信息、逻辑关系信息等动态特征却很难获得，需要计算机根据已经查出的静态特征，再根据有关的句法语义规则进行复杂的计算才可以获得。这样复杂的计算成了自然语言处理的关键问题。其中最为困难的，是如何根据单词的静态信息自动地推导出句子中各个成分之间的句法功能关系、语义角色关系等动态信息，也就是如何从词典所提供的单词的词汇语义特征出发，自动地推导出句子中各个成分的句法功能，进而获得句子的语义角色关系，从而让计算机理解句子所表达的含义。这是我多年来反复思考但一直未能解决的一个大问题。

亢世勇等著的《现代汉语语义角色句法实现的词汇语义制约研究》一书，就是专门研究词汇语义特征与语义角色句法实现之间的制约关系的。这本书的出版，为解决这个大问题提供了一把很好的钥匙。

该书的研究是完全建立在语料库的基础之上的。作者首先建立了《中小学语文课本标注语料库》，将其中比较成熟的人教版初中、高中课本语料作为基础资源，约 70 万字，以句子为标注对象，对每一个句子中的单词或词组分别进行词类、词汇语义特征、句法功能、语义角色关系的标注。然后用 Matlab 设计程序，抽取相应语料进行加工，研究句子中语义角色句法实现的词汇语义制约规律。

在词类标记方面，他们采用了北京大学计算语言学研究所（Institute of Computational Linguistics，Peking University）的词类体系及标记，共 18 类：名词（n）、动词（v）、形容词（a）、时间词（t）、处所词（s）、方位词（f）、区别词（b）、副词（d）、状态词（z）、代词（r）、数词（m）、量词（q）、叹词（e）、拟声词（o）、介词（p）、连词（c）、助词（u）、语气词（y）。还有其他特殊的类。

在词汇语义特征标记方面，他们采用了《同义词词林》的语义大类标记，用大写字母表示，共 12 类：人（A）、物（B）、时间与空间（C）、抽象事物（D）、特征（E）、动作（F）、心理活动（G）、活动（H）、现象与状态（I）、关联（J）、助语（K）、敬语（L）。每一个大类还可以再分为若干个中类，在大类字母之后再加一个小写字母表示。例如，大类 A 可以分为泛称（Aa），男女老少（Ab），体态（Ac），籍属（Ad），职业（Ae），身份（Af），状况（Ag），亲人、眷属（Ah），辈次（Ai），关系（Aj），品性（Ak），才识（Al），信仰（Am），丑类（An）等中类。

在句法功能标记方面，他们设定了主语（S）、谓语（述语）（P）、宾语（O）、定语（A）、状语（D）、补语（C）、兼语（J）、独立语（T）等8类标记。

在语义角色关系方面，他们设定了施事（S）、当事（D）、领事（L）、共事（Y）、受事（O）、客事（K）、与事（T）、结果（R）、致事（Z）、系事（X）、分事（F）、工具（I）、材料（M）、方式（Q）、原因（C）、目的（G）、时间（H）、处所（P）、方向（A）、范围（E）、同源（B）、数量（N）、基准（J）等23类标记。

不难看出，这样的标注系统与我在MMT模型中设计的“特征/值”系统是非常相似的。这两个系统的不同之处在于，在MMT模型中，我是从句子中单词固有的词汇语义等静态特征出发，来自动地计算句子中单词之间或词组之间的句法功能关系、语义角色关系、逻辑关系等动态特征；该书则是从语义角色关系出发，来推断句法功能关系，进而发现这些关系的词汇语义制约规律。在MMT模型中，由于很多规则是根据我自己对语言的直觉来写的，难免有主观片面的弊病，该书则通过标注语料库来获取语义角色句法实现的词汇语义制约规律，客观、全面、系统地总结了语义角色投射为句法成分的词汇语义制约规则，这些规则正好弥补了MMT模型中那些根据我的语言直觉写出的规则的缺憾，从而解决了我长期以来一直思考但悬而未决的大问题。这是令我感到无比欣慰的事情!

该书在标注语料库的基础上，使用了一系列的词汇语义类优先度不等式来表达这样的词汇语义制约规则。例如，充当当事主语义类的优先度不等式为A>D>B>E>C>H>I>G>K>J>F；充当当事兼语义类的优先度不等式为A>D>B>E>C>G>H>I；充当当事宾语义类的优先度不等式为D=B>A>C=H；充当当事状语义类的优先度不等式为A>B>D>C>E。显而易见，这样的优先度不等式为计算机自动句法语义分析提供了重要的依据，我们可以根据词汇语义类的优先度来优化句法语义分析的规则，从而提高自动句法语义分析的效率。

该书还在标注语料库的基础上分析了语义角色句法实现的词汇语义制约的特点。通过对比词汇语义类优先度不等式发现，有些词汇语义类可以充当某些语义角色映射（mapping）为某种句法成分，有些则不行。例如，词汇语义特征为A的语义角色充当句法成分的百分比各有不同：施事语义角色映射为主语的比例为98.78%，映射为状语、宾语的比例为1.22%；当事语义角色映射为主语的比例为92.07%，映射为兼语、状语、宾语句法成分的比例为7.93%；与事语义角色映射为状语的比例为 54.55%，映射为宾语、补语、兼语的比例为 45.45%。这样，我们就可以根据不同的句法成分，反推出它们可能表示的语义角色关系。

该书还发现，在不同的序列中每个词汇语义类所处的地位也是不同的，这反映出该词汇语义类优先度的差异。例如，词汇语义特征为 A 的单词或词组充当各个语义角色的百分比各不相同：施事（60.79%）>当事（21.69%）>与事（4.87%）>系事（3.88%）>客事（3.26%）>领事（2.54%）>共事（0.81%）>受事（0.71%）>基准（0.56%）>范围（0.35%）>方向（0.12%）=工具（0.12%）>处所（0.10%）>方式（0.06%）=目的（0.06%）>致事（0.04%）>结果（0.03%）=原因（0.03%）>同源（0.01%）>分事（0.005%）[①]，词汇语义特征为 A 的单词或词组不能充当材料、时间、数量等语义角色。这样，我们就可以根据单词的词汇语义特征的优先度，来推算它们充当不同的语义角色的可能性。

由此观之，这些通过标注语料库统计得出的语言中所蕴藏的各种客观规律，对自然语言处理是非常有价值的。

通读全书，我认为该书具有如下特点：①语料为本。作者对大约 100 万字（70 万字+30 万字）的语料进行了语义角色、句法功能、词汇语义特征的标注，从中发现语义角色句法实现的词汇语义制约规律，具有很强的客观性。②数据导向。作者使用计算机软件对标注语料库中的大量数据进行统计，得出了具有说服力的、量化的可靠结论，具有很强的精确性。③系统性强。作者从主体语义角色句法实现的词汇语义制约、客体语义角色句法实现的词汇语义制约、凭借语义角色句法实现的词汇语义制约、情景语义角色句法实现的词汇语义制约等不同的方面，对标注语料库进行了系统而全面的研究，既进行了定量的研究，也进行了定性的研究，具有很强的系统性。④解释可信。作者根据语料库的标注结果，对有关语言现象进行了理论解释，这样的解释有理有据，具有很强的科学性。⑤使用方便。作者把统计结果编制成各种表格，便于查询和使用，具有很强的实用性。

该书的研究是在语料库的基础上进行的，全部标注工作都要通过手工完成，非常辛苦，统计工作要通过计算机编写程序进行，要求精准，面对这样的困难，作者不畏艰险，勇于攻关，出色地完成了任务。我在 40 年前曾经做过类似的初步

---

① 本书百分比一般保留小数点后两位数，四舍五入，但有的数太小，为了表明其存在，只好保留三位。也由此造成百分比合计有的多于 100%，有的少于 100%。特作说明。

探索，尽管我的研究非常幼稚，但是我深知其中的甘苦，在该书出版之际，我向作者表示热烈的祝贺。是为序。

冯志伟

中国中文信息学会会士

中国计算机学会自然语言处理中文计算杰出贡献奖获得者

香港圣弗兰西斯科技人文奖获得者

奥地利维斯特奖获得者

2022 年 3 月 20 日

目　　录

第 1 章

绪　论

汉语与印欧语有类型学上的差异。印欧语有丰富的形态变化，词固有的形态标记决定了其在句法结构中所充当的句法成分，句法成分之间潜在的语义关系与其结构关系大体是一致的，计算机利用词类、句法树等资源可以比较有效地分析句法结构、语义结构，从而达到理解句子语义的目的。汉语缺乏严格意义上的形态标记，词类与句法成分之间缺乏一一对应的关系，句法语义关系与句法结构并不完全一致。一个词入句后充当何种句法成分、语义角色因句法环境而改变，汉语信息处理依靠词类、句法树、语义角色很难有效地进行句法分析、语义理解。我们必须找到一个初始的特征即词的词汇语义类，通过建立词的词汇语义类、词类、句法成分、语义角色之间的关系，以词的词汇语义类为抓手，才能有效地解决汉语句法分析、语义推导的问题。本着这样的目的，我们进行本书的研究。所谓语义角色句法实现的词汇语义制约就是指语义角色映射为句法成分时在词语语义方面所受的制约，即哪个词汇语义类的词语充当哪些语义角色时可能映射为哪些句法成分，其中有什么样的规律、特征。

语义角色的句法实现就是要研究句法与语义接口问题或者说深层的语义格如何映射为表层的句法成分的问题，也称联接理论或映射理论。该理论旨在研究句法和语义的对应规律，以及题元角色同句法论元联接的制约条件，并对它们作出合适的形式化描写。

1.1　研究综述

1.1.1　国外相关研究

国外对词汇语义在句法语义实现中的作用认识大致经历了无意识、不自觉相联系和积极探索三个阶段。

1.1.1.1 词汇语义与句法语义关系无意识阶段

现代意义上的句法语义关系的探讨应在结构主义的鼎盛时期，乔姆斯基在《句法结构》（2022）中提到了主张建立语法需依赖于意义的学者的两条论据：主语—动词之间的语法关系（也就是把句子分析成名词组—动词组）对应于动作者—动作这一“结构意义”；动词—宾语之间的语法关系（也就是把动词组分析成动词—名词组）对应于动作—目标或动作—动作的宾语这一结构意义。

上面的“动作者”“目标”从一定意义上来说就是一种语义关系，由此可见，句法语义关系的探讨在 Chomsky 之前就有了，并且乔姆斯基（2022）本人也承认语言的形式和语义之间，不可否认地存在着某些对应关系，虽然这些对应关系不是十分贴切。一般认为结构主义和早期的生成语法是不考虑意义的，但句法语义关系的探讨恰恰孕育其中，这一时期 Chomsky 的词库只起到存放终端符号的作用。

这一阶段对句法语义的关系不够重视，句法研究和语义研究脱节，对词汇语义在句法语义实现中的作用的探讨是无意识的。

1.1.1.2 词汇语义与题元角色关系不自觉相联系阶段

动词的语义特征蕴含着题元角色，这一阶段人们探讨的是题元角色如何实现为句法结构，而词汇语义则是与题元角色直接相联系的。

Gruber（1965）和 Fillmore（1968）对题元角色的划分都是基于动词的词汇语义特征的，他们认为题元角色是谓项的语义特征中蕴含的某些固有语义角色。Chomsky 在标准理论阶段通过把词库里的词次范畴化和添加选择限制特征来保证所生成的句子的合法性。在管约论阶段，他指出每一个论旨角色能且只能分派给一个论元，而且每一个论元有且只有一个论旨角色，这时词库里的词通过论旨角色来映射为句法成分。在最简方案中，语言只包括词库和运算系统两部分，词库明确且详细地描写进入运算过程的词汇项目的特征，制约生成句子的合法性。在这三个阶段，Chomsky 的词汇语义是和论旨角色关联的，词汇语义通过论旨角色与表层结构发生关系。

1969 年 G. 赫尔比希（G. Herbig）与 W. 申克尔（W. Schenkel）合编了《德

语动词配价与分布词典》，他们在词典中标出了动词具有的语义特征和可词汇化的论元的语义特征，在词汇层面处理语义层到句法层的映射问题（冯志伟，2017）。

俄罗斯学者阿普列相（Апресян，1974）在界定他所说的“语义配价”时指出语义配价是从词汇意义中直接引出的，它不同于语法意义，语法意义是许多词共有的一类语法范畴的体现。语义配价直接从词的词汇意义中引出，并将这个词与其他词区别开来。语义配价赋予词的内容，即菲尔默（C. J. Fillmore）所说的“施事”“对象”“工具”等，实质上是这个词的词汇意义的一部分。

Jackendoff（1976）等立足“词汇—概念结构”观，认为题元角色是由词汇概念结构赋予某个结构位置，亦即题元是词汇的词汇蕴涵或词汇预设，词汇（谓词）语义就是题元结构、词汇概念结构的具体表现。

HPSG 由 C. Pollard 和 I. A. Sag 创建，是中文信息领域一种至关重要的语法。它是以制约条件为基础的词汇主义的语法理论，词汇尤其是动词语义和词语类化特征是语言描写的重要方面，这跟 Chomsky 标准理论阶段的词库描写有相似之处，词汇语义是用来描述论旨角色的（转引自冯志伟，2001）。

1989 年 Bresnan 和 Kenerva 提出了词汇功能语法，其中词汇映射理论集中探讨了词汇语义如何实现为句法的问题，他们认为论元结构是连接词汇语义和句法结构的纽带，词汇的语义特征只有赋予到论旨角色上才能映射为句法成分，即论旨角色是词汇语义和句法成分之间的桥梁。图 1.1 是词汇映射理论的示意图。

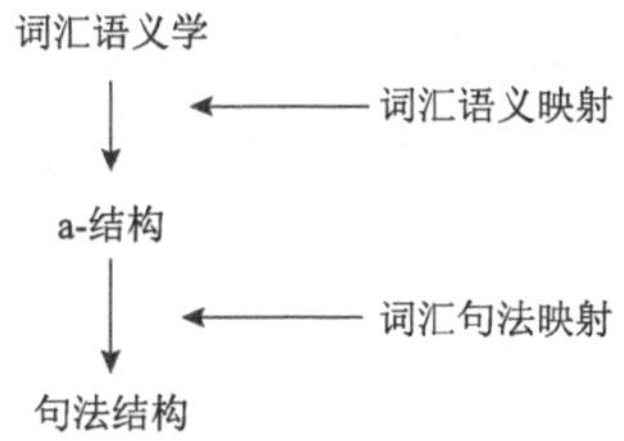

图 1.1　词汇映射理论示意图

这一阶段，词汇语义与论旨角色的关系是直接的，与句法成分的关系则必须通过论旨角色，是间接的。对词汇语义和句法成分关系的直接探讨将集中于下一个阶段。

1.1.1.3 词汇语义和句法成分关系积极探索阶段

Pinker（1989）运用语义分解的手段从词汇语义中提取与语法相关的、能直接影响动词语法表现的语义因素，以此研究句法语义的联接机制。

Levin 和 Hovav（1996）提出了谓词的词汇语义表达与其论元的句法表达形式之间的映射关系是完全可以预测的假设，他们认为既然一个论元的语义角色是由选择它的谓词的意义决定的，谓词的意义在句子的句法结构上就成为决定因素。

莫斯科语义学派认为动词所要求的句法成分深层次上来源于动词词汇语义，动词语义预示了其句法搭配特点，动词表层句法特征可由其深层语义推导，在特定的意义上说明了题元的语义实质，即“语义决定论”。

这一阶段人们开始迈过题元角色，直接假设词汇语义和句法表达之间的关系，并在此基础上进行相关研究。

1.1.2 国内相关研究

在国内，句法和语义的关系研究虽然较早，但将词汇语义与句法语义的关系联系起来大约是 20 世纪 90 年代的事了。

龚群虎（1996）指出，把句法—语义信息放入带“主目”的词中，不但可以解释句子的意思，而且可能实现句法和语义的接口。

陆俭明（2006a）认为，句法语义的接口问题可以有不同的研究、探索思路，但都不可忽视词语特征的研究。词语携带了丰富的句法语义信息，在很大程度上决定了它所在的句子的句法语义结构。反过来，句子之所以表现出不同于其他句子的句法语义结构，也正是因为其中所包含的某些关键词语不同。因此，重视词语的句法、语义特征的研究与描写，将是解决好句法语义接口问题的重要一步。

王葆华（2006）认为，动词为一个句子提供了复杂的句法和语义信息，决定了一个句子可能的句法结构或句法框架，也决定了那些与之共现的名词性成分的语义选择限制。动词的词汇语义在一定程度上决定了论元的句法表达。

孙道功和李葆嘉（2009）认为，“词汇语义—句法语义”的衔接是句法结构生成的关键。他们依据词汇语义（词汇义征，义场）—句法范畴义征—句法语义（句法范畴—角色）的思路，基于词汇义征和范畴义征的分析，初步揭示了动核结构中的“词汇语义—句法语义”，即词汇单位如何凭借范畴义征转化为句法范畴的衔接机制。当相关词元组合时，范畴义征虽然成为与角色衔接的环节，但是始终基于词汇语义。

以上的研究取得了骄人的成果，但还存在一些不足，表现在：①从所涉及的动词、名词类来看还是一些举例性质的，而不是全量的研究，其中分出的语义类程度、层次不同，有的是词汇语义，有的是抽象的语法意义，其结论理论意义突出，实用价值不高。②研究语料不是标注句法结构与语义结构、语义角色与句法成分、词汇语义类的对应的大规模真实文本的语料，研究结果不能反映大规模真实文本的实际状况，决定了其应用价值的局限性。

因此，我们有必要进行面向信息处理的、基于大规模真实文本标注语料库的语义角色句法实现的词汇语义制约研究。

1.2 研究思路

本书研究目标是为汉语信息处理提供语义角色映射为句法成分所受词汇语义制约的具体、实用的规则、规律。为此，我们拟选取大规模真实文本的现代汉语语料，进行分词、词性、句法成分、语义角色标注，并对涉及的每个谓语动词、名词进行词汇语义类的标注，建立句法结构、语义结构、词类、句法成分、语义角色、词语词汇语义类对应的语料库，在此基础上进行归纳、统计、分析，总结出系统的语义角色映射为不同句法成分时不同词汇语义类的优先度不等式序列。

我们认为词汇语义决定了一个论元的语义角色，语义角色可以映射为句法成分，这样，词汇语义也就在一定程度上预示、决定了句法成分。一般认为动词是句子的核心，决定了其语义角色、句法结构，但句子中动词词义和名词词义是互相缠绕的，两个词汇语义单位组合的前提是有共同的义素，即句子能否成立是动词词义和名词词义共同作用的结果。词汇语义与句法语义关系图见图 1.2。鉴于目前词汇语义特征提取的困难，我们选用梅家驹等编著、上海辞书出版社 1983 年出版的《同义词词林》的语义分类和标记体系作为词汇语义类的标注依据。

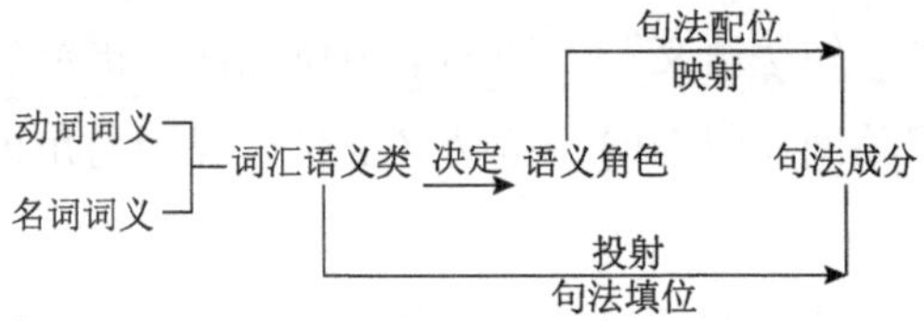

图 1.2　词汇语义与句法语义关系图

如图 1.2 所示，句法配位指语义角色可以映射为句法成分的关系，“配位”这一概念我们借用于袁毓林（1998a）的“配位方式”，他在《汉语动词的配价层级和配位方式研究》一文中指出：“为了方便，我们称动词的配项之间的这种同现选择限制以及主语宾语等句法成分对施事受事等语义成分的选择关系为配位方式（argument selection）。”语义角色和句法成分对应关系的抽象表达序列就是简缩的句模。句法填位指词汇语义类可以投射为句法语义成分（如施事主语、受事宾语）的关系，这个概念是为了研究的需要我们自己定义的一个概念，句法配位和句法填位将贯穿整个研究。投射和映射本来可以不去细分，但为了表述的明晰性，我们把语义角色和句法成分发生关系的手段称为映射，把词汇语义类和句法语义成分发生关系的手段称为投射。

从目前的语义角色自动标注研究来看，形式特征已经细化到了一定的程度，词汇语义的引入成为人们思考的一个方面，从邵艳秋等（2009）实验的结果来看，词汇语义特征对语义角色的标注有着一定的作用。建立语义角色句法实现的词汇语义制约信息库成为一条值得尝试的路。

语义角色是一个有层级的体系，由于语义角色与目标动词关系的亲疏远近并不一样，根据原型论的观点，可以把语义角色分为核心语义角色、非核心语义角色。核心语义角色与目标动词关系最为密切，不可或缺，如施事、受事等。核心语义角色一般出现在主宾语位置上，另外，“把”字句和“被”字句的状语、“和、跟、与、同、对”等介词引导的状语也往往是核心语义角色。借鉴前人的经验，根据处理语料的实际需要，我们对语义角色做如下分类，具体见表 1.1。

表 1.1　语义角色的层级分类表

第一级	第二级	第三级
核心语义角色	主体论元	施事、当事、领事、共事
	客体论元	受事、客事、与事、结果、致事、系事、分事

续表

第一级	第二级	第三级
非核心语义角色	凭借论元	工具、材料、方式、原因、目的
	情景论元	时间、处所、方向、范围、同源、数量、基准

具体来说，我们从两个角度进行考察：一方面，从语义角色与句法成分的对应关系、句法语义成分（如施事主语、受事宾语等）与词汇语义类的对应关系来看其中的规律；另一方面，从词汇语义类入手，来看词汇语义类与语义角色、句法成分的对应关系及其规律。

1.3 研究的主要内容及取得的成果

1.3.1 总结语义角色句法实现的词汇语义制约规则

在标注好的语料的基础上，系统、完整地总结了所有语义角色投射为句法成分的词汇语义制约规则，即一系列词汇语义类优先度不等式序列，比如充当当事主语的义类为 A>D>B>E>C>H>I>G>K>J>F，充当当事兼语的义类为 A>D>B>E>C>G>H>I，充当当事宾语的义类为 D=B>A>C=H，充当当事状语的义类为 A>B>D>C>E[①]，并且给出具体的百分比，为计算机自动汉语句法语义分析提供了重要依据。

1.3.2 语义角色句法实现的词汇语义制约的特点

对那些词汇语义类优先度不等式进行对比，我们发现其中是有规律的，有些词汇语义类可以充当某些语义角色映射为某种句法成分，有些则不行。比如，对 A 义类语义角色充当句法成分的统计结果如下：施事映射为主语的比例为 98.78%，映射为状语、宾语的比例为 1.22%；当事映射为主语的比例为 92.07%，映射为兼语、状语、宾语句法成分的比例为 7.93%；与事映射为状语的比例为 54.55%，映射为宾语、补语、兼语的比例为 45.45%；客事映射为宾语的比例为

① 其中字母即为《同义词词林》中语义大类的标记。

62.34%，映射为兼语、主语、状语、补语的比例为 37.66%；领事映射为主语的比例为 95.78%，映射为兼语、宾语的比例为 4.22%；受事映射为宾语的比例为 89.85%，映射为主语、状语的比例为 10.15%；基准映射为状语的比例为 89.91%，映射为宾语的比例为 10.09%；范围映射为状语的比例为 89.86%，映射为主语的比例为 10.14%；方向映射为状语的比例为 95.65%，映射为补语的比例为 4.35%；处所映射为主语的比例为 36.84%，映射为状语的比例为 31.58%，映射为宾语的比例为 21.05%，映射为补语的比例为 10.53%，A 义类处所语义角色映射为某句法成分的倾向不明显；目的映射为状语的比例为 90.91%，映射为主语的比例为 9.09%；结果映射为宾语的比例为 80.00%，映射为主语的比例为 20.00%。

在不同的序列中每个词汇语义类所处的位置也是不同的，反映出该词汇语义类的优先度不同。比如经过统计“A 人”义类充当各个语义角色的情况是：施事（60.79%）＞当事（21.69%）＞与事（4.87%）＞系事（3.88%）＞客事（3.26%）＞领事（2.54%）＞共事（0.81%）＞受事（0.71%）＞基准（0.56%）＞范围（0.35%）＞方向（0.12%）=工具（0.12%）＞处所（0.10%）＞方式（0.06%）=目的（0.06%）＞致事（0.04%）＞结果（0.03%）=原因（0.03%）＞同源（0.01%）＞分事（0.005%），没有出现的语义角色有材料、时间、数量。

另外，还将充当语义角色的词语的词汇语义类与充当动核的动词的词汇语义类进行对应，进一步说明词汇语义的限制。比如考察完语义角色当事后，我们认为，句子中动词词义和名词词义是互相缠绕的，两个词汇语义单位组合的前提应是有共同的义素，即句子能否成立是动词词义和名词词义共同作用的结果，我们可以通过义类的搭配规则来看当事句法实现的制约特点。

1.3.3 词汇语义制约特点的原因阐释

尽量从客观事理、认知规律等方面阐释语义角色句法实现的词汇语义制约的特点的原因，是便于理解。比如，出现在施事和受事成分常规配位、非常规配位的义类序列中排位靠前的义类主要集中在人（包括独立人和集体）、动物、植物、自然物、人造物几类。其中 A[人]类中概括度最高、范围最大的中类 Aa 在六个序列中都“名列前茅”，可见有[+生命性]特征的人类除了表现出较强的[+施动性]外，也同样表现出较强的[+受动性]。不难理解，人作为人类社会主体互相交往、共同劳动、相互协调（制约）、联系紧密，这种复杂的关系表现在社会生活的方方面面，也如实反映给社会生活的产物——语言。此外，优先充当受事成分的义类序列中比较靠前的Bk[全身]、Di[社会、政法]、Dk[文教]、Dm[机构]等也常常充当施事成分，因为它们和人有着紧密的联系，被人赋予了控制、施动的能力，对人类社会的生产生活发挥着积极的影响。

1.3.4 语义角色句法实现的词汇语义制约的实验研究

我们利用总结出来的规则在新的语料中进行实验，检验规则的可行性、准确性。我们选取了包含新词语（《同义词词林》中未收录的词语）的语料进行检验。比如根据处于SS施事主语位置的词语义类的分布情况，可得其优先度不等式：A人（2848）>B物（805）>D抽象事物（142）>E特征（42）>C时间与空间（40）>H活动（16）>K助语（8）>G心理活动（4）>I现象与状态（3）>F动作（2）。其中，A类占比最多，为72.84%。这与我们之前总结的施事主语位置词语义类情况比例是一致的。因篇幅所限，本书未能呈现这部分内容。

1.4 本书的学术价值和应用价值

（1）在大规模标注语料库的基础上采用定性与定量分析相结合、形式与意义相结合的方法，提高了研究的精确性和科学性。同时，对词汇语义、语义角色和句法成分的对应研究，正是把语法意义与语法形式相结合的原则应用于句法语义研究的具体表现。

（2）加深了对词汇语义与句法、语义的关系认识，深化了现代汉语的语义研究。句法成分、语义角色、词汇语义并不是简单的对应关系。研究语义成分的句法实现，实际上就是着眼于对语义关系的深入分析，探求语义成分与句法成分的对应和语义成分向句法成分的转化，并将研究深入到词汇语义层面，这一研究将会从理论上深化句法和语义接口问题的研究。

（3）推动汉语信息处理的发展。本项研究将得出的语义角色映射为不同句法成分的词汇语义类的优先度不等式序列，是基于大规模标注语料库总结出来的，反映了汉语真实的状况，为汉语自动句法分析提供了可靠的数据，对提高汉语信息处理水平具有重要意义。

（4）语义角色句法实现的研究可以将词汇、语法、语义结合起来，有利于对外汉语教学。我们从词汇语义角度入手，分析语义角色的搭配条件和动词的选择限制规则，可以提高汉语学习者的学习效率和理解、灵活运用语言的能力。

1.5 本书存在的不足和尚需深入研究的问题

（1）部分非核心语义角色的数据相对稀疏，对统计结果有一定的干扰，以后需要进一步扩大标注语料的规模，保证统计分析更科学。

（2）目前我们主要是进行了基于语料库的统计分析，但尚未利用这些规则、数据进行计算机自动句法语义分析。下一步要和计算机技术结合，在本项研究成果的基础上，进一步开发更大规模的语料库，进行计算机自动汉语句法语义的分析、训练，以达到实用的程度。

第 2 章

语料库的建设生成

本书全部都是基于语料库的，因此我们建立了大规模的标注语料库并生成了相关的信息库。下面将分别介绍。

2.1 《中小学语文课本标注语料库》介绍

我们标注了《中小学语文课本标注语料库》，将其中比较成熟的人教版初中、高中课本语料作为基础资源，加上其他相关语料，约 70 万字，在该库的基础上，根据需要，用 Matlab 设计程序，按规则抽取相应语料进行加工。下面对《中小学语文课本标注语料库》建库的步骤、原则及相关符号进行介绍。

2.1.1 词性、句法成分、语义角色（成分）及相应的标记

首先我们用北京大学计算语言学研究所开发的分词与词性标注系统对语料进行分词，打上词性标记。词类体系及标记（18 个基本类）包括名词（n）、动词（v）、形容词（a）、时间词（t）、处所词（s）、方位词（f）、区别词（b）、副词（d）、状态词（z）、代词（r）、数词（m）、量词（q）、叹词（e）、拟声词（o）、介词（p）、连词（c）、助词（u）、语气词（y）。另外，还有特殊的类及标记，即处所名词（ns）、人名（nr）、专名（nz）、机构名（nt）、名动词（具有名词作用的动词 vn）、名形词（具有名词作用的形容词 an）、副形词（直接作状语的形容词 ad）、副动词（直接作状语的动词 vd）、惯用语（l）、简略语（j）、成语（i）、语素（g）、名语素（Ng）、动语素（Vg）、形容词语素（Ag）、非语素字（x）、标点符号（w）。然后在人工校对的基础上，以

句子为单位，进行句法成分、语义角色以及语料来源等信息的标注。

句法成分及标记采用清华大学周强（2004）教授定义的句法成分及其标记 8 个，如表 2.1 所示。

表 2.1 句法成分及其标记

标记	含义	标记	含义
S	主语语块	D	状语语块
P	述语（谓语）语块	C	补语语块
O	宾语语块	J	兼语语块
A	定语语块	T	独立语块

语义角色（成分）在总结前人研究成果的基础上，根据我们的理解及研究需要定义了 23 个，如表 2.2 所示。

表 2.2 语义角色及其标记

语义角色中类	标记	含义	语义角色中类	标记	含义
主体论元	S	施事	凭借论元	I	工具
	D	当事		M	材料
	L	领事		Q	方式
	Y	共事		C	原因
客体论元	O	受事		G	目的
	K	客事	情景论元	H	时间
	T	与事		P	处所
	R	结果		A	方向
	Z	致事		E	范围
	X	系事		B	同源
	F	分事		N	数量
	—	—		J	基准

上面 23 个语义角色（成分）的具体定义如下所示：

S　施事。事件中自发动作行为的主体，即动作的发出者。有两种类型：

一是与人或动物有关的比较典型的施事，例：[我们]S 在田野散步。二是自然力方面的，例：[洪水]S 冲走了庄稼。

D　当事。事件中非自发动作行为或状态的主体，常与客事、系事相对。例：[大路]D 平顺。

L　领事。事件中有领属关系的主体，与分事和客事相对，动词表示领有或占有。例：[我]L 有大量数据。

Y　共事。事件中共同参与动作行为的角色，多由介词引导。例：他便又忙着[和他们]Y 讲价钱。

O　受事。事件中自发动作行为所涉及的已存在的直接客体，与施事相对。例：刮风时他们穿了[米色风衣]O。

K　客事。事件中非自发动作所涉及的已存在的直接客体，与当事相对。例：我感到了责任的[重大]K。

T　与事。事件中动作行为交接或针对的角色，有一部分是由介词引导的。例：园神告诉[我]T，每一个有激情的演员都难免是一个人质。

R　结果。事件中所产生、引起或达成的结局，经历了一个从无到有的过程。例：白水门板上用黑炭写着[两个字]R。

Z　致事。事件中因施事的影响发生某种动作行为或改变了原来的性状而有了新的性状的客体。例：我弯下[身]Z。

X　系事。事件主体的类别、身份或角色，常与当事相对，多出现在判断句中（“是”“为”）。例：总之，只好认为这是[缘分]X。

F　分事。事件领事的组成部分。例：人要有[两张嘴]F 就好了！

I　工具。事件中所用的器具，多用介词做格标。例：[用灌满热水的瓶子]I 取暖。

M　材料。事件中所用的原材料或耗费的物资。例：桥面[用石板]M 铺砌。

Q　方式。事件中所采用的方法或形式。例：[用这样的方法]Q，寄托我们的哀思。

C　原因。引起事件的原因。例：结果[因为头痛]C 而宣告失败。

G　目的。事件所要达到的目标。例：我这次是专[为了别他]G 而来的。

H　时间。事件发生的时点或持续的时段。例：[第二日清晨]H 我到了我家的门口了。

P　处所。事件发生的空间、场所，具体表现为事物存在的处所和事物位移过程中的起点、经过点和终点。例：我到了[自家的房外]P。

A　方向。事件中的时空趋向。例：我们的船[向前]A走了。

E　范围。事件中所关涉的领域或范围及所伴随的状况。例：[在一个孩子的眼睛里]E，他的老师是多么慈爱。

B　同源。离合词充当短语时的名词性宾语。例：白皙的少年出了[大半身汗]B。

N　数量。事件中相关的数量或频度。例：韭菜割了[三茬]N。

J　基准。事件中进行比较或测量所参照的对象。例：这[比沧浪之水]J还好。

另外，与上述语义角色相对应的谓词性成分（一般是动词，也有形容词、名词），我们标注为V。

除了上面常用的符号外，在我们使用的标注符号系统中还需要解释以下三个特殊标记：①“+”——连接充当兼语的两个语义角色；②“h”——“的”字短语标记；③当联合结构做成分时，先用“{}”把各部分括起来，用“@”作为中心语标记；④有些句子较长，往往包含不止一个谓词性成分，为了标明谓词性成分与其相对应的语义角色的关系，我们按照谓词性成分出现的顺序依次标注为V1、V2、V3……，与其相对应语义角色分别标注为S1、S2、S3和O1、O2、O3……。

2.1.2　标注原则

（1）以句子为单位，句子标志除常见的“。”“？”“！”外，还有“：”“；”。

（2）在句子中标注的不是单个词语，而是语块。语块是句元，即组成句子的句法元素。如“人民大学的教师广泛开展教书育人的活动”，这个句子有四个语块，即人民大学的教师、广泛、开展、教书育人的活动，分别是主语、状语、述语和宾语语块。谓词性语块和体词性语块之间的语义关系是格关系，语块内部的语义关系是槽关系。之所以还有一个定语语块，是因为有的定语是主谓或动宾结构，其内部还要分析语义关系，前面的“教书育人”这个定语就是这种情况。我们把句子分成主语、述语（谓语）、宾语、状语、补语、定语、兼语语块和独立语块八个语块，在语料标注中用方括号“[]”将语块标记出来，将句法成分标记标注在语块标记的前括号后，如：[S 人民大学的教师][D 广泛][P 开展][O 教书育人的活动]。

（3）再把语义角色标记标注在语块标记的后方括号后，如：[S 人民大学的教师]S[D 广泛][P 开展]V[O 教书育人的活动]O。

（4）句法标注与语义标注各自独立，不相牵连。语义角色和句法成分属于两个层面，它们并不是一一对应的关系，一个语义角色可以对应多个句法位置，一个句法位置同样可以对应多个语义角色，两者之间是一种复杂的交叉关系。如果在句法标注的基础上再进行语义分析，会使语义分析失于粗糙，丢失很多语义信息，有时还会造成判断错误。如“饭我吃了”，其句法结构分析：“饭”主语，“我吃了”大谓语，“我”小主语，“吃”小谓语；而语义关系分析：“我”施事，“吃”动作，“饭”受事，应该标注为[S 饭]O[P[S 我]S[P 吃]V]了，而不是受句法限制，将“饭”标为当事。

有些语块不充当语义角色，只做句法标注，保留前半截方括号，如独立语、一部分状语、补语等，如：[T 这样看来，[S{花香鸟语}@，{草长莺飞}@]D，[D 都[P 是]V[O 大自然的语言]X。

另外，语气词、助词、连词、叹词等不充当句法成分，不在标注范围之内。当语气词是宾语的一部分时，要保持宾语的完整，将语气词框在里面。

（5）句法标注要注意层次。在复句结构或有两套及以上主谓、动宾结构的句子中，语义成分标注序号，要按照顺序，与动词对应。如“老师傅还要试试他，把模型全部毁掉，让他重新造”，这句话中一共出现了“试试、毁掉、让、造”四个谓词（动词），我们将它们分别标注为 V1、V2、V3、V4，每个谓词（动词）都有一个或几个与之发生语义关系的成分，这些成分的序号都与动词对应，整个句子标注为：[S 老师傅]S1S2S3[D 还[D 要[P 试试]V1[O 他]O1，[D 把模型]OB2[D 全部[P 毁掉]V2，[P 让]V3[J 他]O3+S4[D 重新[P 造]V4。对于有跨层次语义关系的句子，我们就要按所有动词在句子中出现的顺序标序号。

2.1.3 标注实例

根据我们的标注原则，用我们的标记符号标注的实例如下：

（1）[S 夏天/t]D1[P 到/v]V1 了/y，[S 小树/n]S2[D 给/p 爷爷/n]T2[P 撑/v]V2[C 开/v[O 绿色/n 的/u 小伞/n]O2。[S 爷爷/n]D[D 不/d[P 热/a]V 了/y。

（2）[S 葡萄/n]O[P 种/v]V[C 在/p 山坡/n 的/u 梯田/n 上/f]P。[S 茂密/a 的/u 枝叶/n]D1[D 向/p 四面/n]A1[P 展开/v]V1，[D 就/d[D 像/v[P 搭/v 起/v]V2 了/u[O 一/m 个个/q 绿色/n 的/u 凉棚/n]O2。

以上标注实例中，“/n、/v、/a、/p、/u”等标记，是指“/”前词语的词类标记，即名词、动词、形容词、介词、助词；“[S、[P、[O、[D、[C”是句法成分的标记，即主语、述语（谓语）、宾语、状语、补语；“]S、]O、]D、]A、]T、]P”等是语义角色的标记，即施事、受事、当事、方向、与事、处所；“]V”为与语义角色对应的谓词性词语。

2.2 核心语义角色语料库

2.2.1 《标注例句语料库》的生成

我们把上面建成的《中小学语文课本标注语料库》编号整理后存放到“.txt”文件中，共得到带有各种句法语义标注信息的句子 15 835 句，总共 679 735 字。我们称之为《标注例句语料库》。这个语料库是我们分析语义角色的基础，后面抽取和生成其他语料库的工作大都在这一库中进行。例句如下：

（*6*）[S 母亲/n]S1S2S3[D 信服/v 地/u[P 点点/v]V1[O 头/n]O1，[D 使/d[P 去/v]V2[P 拿/v]V3[O 外套/n]O3。

由于句子的标志并不总是那么明显，机器自动处理难免会出现一些噪声，这样还需要我们进行人工干预，对一些不合法的句子进行筛选。

2.2.2 《语义角色句法实现的词汇语义制约信息库》的生成

《语义角色句法实现的词汇语义制约信息库》的生成主要分为以下三步。

2.2.2.1　提取中心词

我们利用已有的句法语义标记，使用 Matlab 设计抽取程序，以语义角色为纲、以动词为中心，从《标注例句语料库》中分别抽取出核心动词和各类语义角色的核心词，如果语义角色是由介词引导的则还需要把格标提取出来，在提取词的同时将词性一起提取出来，存放到“.txt”文件里（这是因为 Matlab 与电子表格和“.doc”文件的接口设计比较困难）。

在编程提取中心词时我们遵循朱德熙（1984）先生关于向心结构、离心结构的理论，向心结构指的是至少有一个直接成分与整体在语法上功能相同、在语义上受到相同的语义选择限制的句法结构。向心结构中与整体功能相同并且受到相同的语义选择限制的直接成分是它的核心。针对《同义词词林》的义类体系，在标注时我们采取的总原则是：中心词尽量是一个词，而不是短语或多个词，具体处理规范如下。

1. 名核处理规范

名核指带有核心语义角色语义块的中心词，大部分由名词充任。

1）并列短语充任语义角色

并列结构的每一成分都作为中心词，分条处理，例如：

小王和小明去了上海。

抽取时算作两条信息：“小王—去”和“小明—去”。

2）同位短语充任语义角色

同位结构充任语义角色，中心词为通称部分，例如：

敌人残酷地杀害了刘胡兰烈士。

我们只把“烈士”作为标注对象。

3）动宾短语充任语义角色

动词为动宾短语的中心词，例如：

同学告诉她明天公布高考成绩。

“公布”是中心词。

4）介宾短语充任语义角色

中心词为介宾短语的宾语成分，例如：

当然，这个过程跟蟹的意愿毫无关系。

“意愿”是介词短语的中心词。

5）偏正短语充任语义角色

把偏正短语的“正”作为中心词，例如：

他的作业做完了。

“作业”是中心词。

6）主谓短语充任语义角色

中心词是整个短语，但在标注《同义词词林》义类标记时，我们标注动词所反映的事件情景的义类，例如：

我去不对。

“我去”是中心词，但在标注《同义词词林》义类时标成“去”的义类。

7）方位短语、数量短语、“的”字短语充任语义角色

这三种情况是整个短语作为中心词。其中，方位短语我们标注为“C 时间与空间类”；数量短语多标注为 Ed61，因为其更多的是一种指代，而不仅是单纯表数量；“的”字短语比较复杂，目前我们只是将其提取出来，暂不做处理。例如：我的还没找到。

2. 动核处理规范

动核指带有“V”语义角色标记的语义块的中心词，一般由动词和形容词充任。动词在句中一般比较简单，抽取遇到的主要问题是动补结构问题，我们只管动词，而不管补语部分（结果类除外）。至于并列结构做谓语，也分条标注。

2.2.2.2 标注《同义词词林》义类

设计程序，按照《同义词词林》的语义分类体系和符号体系（参见附录）给

名核和动核（即上面提取到的中心词）打上相应的义类标记。

对《同义词词林》中的义类进行选择，主要有三条依据，分别是大类、词群和标题词。这三个依据的优先度不同，或者说是有先后顺序的。先用语义类符号来区分；区分不开的，则借助后面的词群帮助判定；对于极个别的动词或许经过前两步还不能选择出合适的义类，那么就查看《同义词词林》中该词群的标题词。

对于人名我们全标为 Aa05，数量短语有特定指代时则标为 Ed61，对于《同义词词林》没有的词我们采取最大相近度的原则，即通过寻找近义词和反义词义类来标记，再找不到的，我们运用词汇相似度公式进行计算，然后标注。

2.2.2.3　生成《语义角色句法实现的词汇语义制约信息库》

我们把标注好义类的信息导入 ACCESS 中，并进行人工干预标注，生成 ACCESS 格式的《语义角色句法实现的词汇语义制约信息库》。目前库内共包括 11 个核心语义角色子表，每个子表设立序号、句子号、名核、体词、名核义类、体词词类（体词性词语所属词类）、动核、谓词、动核义类、谓词词类（谓词性词语所属词类）、格标、句法语义格式等属性字段，具体样例如表 2.3 所示。

表 2.3　《语义角色句法实现的词汇语义制约信息库》样表

序号	句子号	名核	体词	名核义类	体词词类	动核	谓词	动核义类	谓词词类	格标	句法语义格式
1	（*4*）	她/r	她	Aa04	r	老/a	老	Eb36	a	—	SDPV
2	（*4*）	身体/n	身体	Dd17	n	好/a	好	Ib10	a	—	SDPV
3	（*4*）	她/r	她	Aa04	r	觉得/v	觉得	Gb02	v	—	SDPV
4	（*4*）	她/r	她	Aa04	r	累/a	累	Ic06	a	—	SDPV
5	（*8*）	天气/n	天气	Da24	n	好/a	好	Ed03	a	—	SDPV
6	（*9*）	春天/t	春天	Ca19	t	来/v	来	Hj63	v	—	SDPV
7	（*9*）	老人/n	老人	Ab02	n	挺/v	挺	Ib03	v	—	JDPV
8	（*12*）	有的/r	有的	Eb02	r	浓/a	浓	Ec05	a	—	SDPV
9	（*12*）	有的/r	有的	Eb02	r	淡/a	淡	Ec05	a	—	SDPV
10	（*13*）	嫩芽/n	嫩芽	Bh12	n	密/a	密	Eb03	a	—	SDPV

表 2.3 中，句子号指我们分句后的句子序号，方便我们回到原始语料，在语

境中进行判断。名核指带有核心语义角色语义块的中心词，大部分由名词充任。动核指带有“V”语义角色标记的语义块的中心词，一般由动词和形容词充任。在编程提取中心词时我们遵循朱德熙（1984）关于向心结构、离心结构的理论，对于“的”字结构做主宾语我们也提取出来，以备后续研究。名核义类、动核义类指名核和动核在《同义词词林》中的义类标记，体词和谓词指不带有词性的名核和动核，体词词类、谓词词类指名核所属的词类和动核所属的词类，由于《同义词词林》中词性和义类有着一个大致的对应关系，对词义消歧起着很大作用，这里我们也将其包含在库中。句法语义格式是指名核和动核的句法语义框架，即名核语块和动核语块“[ ]”内外的标记，如 SDPV 中 S 是主语的意思，D 指 S 的语义角色为当事，P 是谓语，V 是谓语 P 的语义角色，即相对于施事、受事等体词性语义角色的谓词，在句子中的格式是[S]D[P]V，其中 PV 一般是固定的。

2.3 非核心语义角色语料库

2.3.1 《凭借类标注例句语料库》和《情景类标注例句语料库》的生成

通过 Matlab 软件分别抽取出《中小学语文课本标注语料库》中含有凭借类语义角色成分和情景类语义角色成分的句子生成《凭借类标注例句语料库》和《情景类标注例句语料库》。《凭借类标注例句语料库》包括 5 个子库，分别是《工具类标注例句语料库》《材料类标注例句语料库》《方式类标注例句语料库》《原因类标注例句语料库》《目的类标注例句语料库》。《情景类标注例句语料库》包含 7 个子库，分别是《时间类标注例句语料库》《处所类标注例句语料库》《方向类标注例句语料库》《范围类标注例句语料库》《同源类标注例句语料库》《数量类标注例句语料库》《基准类标注例句语料库》。这一大类语料库中的每个句子都分别标注出句子编号、分词标记、词类信息、句法成分和语义角色。

2.3.2 《非核心词汇语义制约信息库》

在标注语料库的基础上，我们分别从工具 I 类、材料 M 类、方式 Q 类、原因 C 类、目的 G 类、时间 H 类、处所 P 类、方向 A 类、范围 E 类、同源 B 类、数量 N 类、基准 J 类中人工筛选出这 12 类语义角色的核心词和与之相搭配的动核。以相同的句法语义格式为分类标准建立 12 个 Excel 表格，设计程序，按照《同义词词林》的语义分类体系和符号体系，给名核和动核打上义类标记。

由此形成包含 5 个子库的《凭借类词汇语义制约信息库》和包含 7 个子库的《情景类词汇语义制约信息库》，它们共同形成《非核心词汇语义制约信息库》。《凭借类词汇语义制约信息库》包括 5 个子库，分别是《工具类词汇语义制约信息库》《材料类词汇语义制约信息库》《方式类词汇语义制约信息库》《原因类词汇语义制约信息库》《目的类词汇语义制约信息库》。《情景类词汇语义制约信息库》包含 7 个子库，分别是《时间类词汇语义制约信息库》《处所类词汇语义制约信息库》《方向类词汇语义制约信息库》《范围类词汇语义制约信息库》《同源类词汇语义制约信息库》《数量类词汇语义制约信息库》《基准类词汇语义制约信息库》。每个子表设立 ID、句子号、名核、名核义类、动核、动核义类、格标、句法语义格式等属性字段。《凭借类词汇语义制约信息库》和《情景类词汇语义制约信息库》我们各举一个样表，分别见表 2.4 和表 2.5。

表 2.4　《工具类词汇语义制约信息库》样表

工具类 ID	句子号	名核	名核义类	动核	动核义类	格标	句法语义格式
1	(*35*)	眼	Bk03	望	Fc04	—	SIPV
2	(*86*)	手	Bk08	攀	Fa03	用	DIPV
3	(*259*)	话	Dk11	安慰	Hi35	以	DIPV
4	(*269*)	铅笔	Bp16	画	Hg19	用	DIPV
5	(*1907*)	字母	Dk05	代表	Hi14	用	DIPV

表 2.5　《处所类词汇语义制约信息库》样表

处所类 ID	句子号	名核	名核义类	动核	动核义类	格标	句法语义格式
1	(*1*)	田野	Cb03	散步	Fb01	在	(D) SPPV
2	(*26*)	外面	Cb01	听	Hc01	在	DPPV
3	(*45*)	北京	Cb10	到	Hi35	从	DPPV

表 2.4 和表 2.5 中，句子号指例句库中的句子序号，名核指带有非核心语义角色语义块的中心词，动核指语料中带有“V”语义角色标记的语义块的中心词，

名核义类指名核在《同义词词林》中的义类标记，动核义类指动核在《同义词词林》中的义类标记。句法语义格式是指名核和动核的句法语义框架，即名核语块和动核语块“[ ]”里面和外面的标记。例如：

（*4741*）因为/c[S 葡萄/n 压榨机/n]I1I2[P 用来/v]V1[D 从/p 葡萄/n 中/f]P2[P 榨/v]V2[C 出/v[O 汁/n]O2，所以/c[S 它/r]S3[D 在/p 大/b 面积/n 上/f]P3[D 均等/ad[P 加/v]V3[O 力/n]O3。

这个例句中抽取的格式即为[S]I[P]V，括号内 S 是主语，括号外 I 是工具，括号内 P 是谓语，括号外 V 是谓语 P 的语义角色。

我们在这些语料库、数据库的基础上分类、统计、分析，进行各个语义角色句法实现的词汇语义制约研究。

第 3 章

主体语义角色句法实现的词汇语义制约

主体语义角色包括施事、当事、领事、共事。虽然受事属于客体语义角色，但因为施事和受事两类语义角色的显著性和强烈的关联性，故特将施事、受事放在一起讨论。

3.1 施事与受事句法实现的词汇语义制约

施事、受事与句法成分的对应在之前的研究中已经进行过比较充分的论述，本部分不再具体描述，我们直接进行词汇语义制约的研究。《语义角色句法实现的词汇语义制约信息库》中共包含施事主语 SSPV、施事宾语 PVOS、施事状语 DSPV、受事宾语 PVOO、受事主语 SOPV、受事状语 DOPV 等 6 个子表。

据统计，施事成分映射在主语位置共计 13 625 例，映射在宾语位置共计 170 例，映射在状语位置共计 274 例；受事成分映射在宾语位置共计 7606 例，映射在主语位置共计 199 例，映射在状语位置共计 371 例。由此可见，主语是施事的常规配位，宾语是受事的常规配位，其余位置分别是施事、受事的非常规配位。

3.1.1 施事、受事及其词汇语义类与句法成分的对应关系

3.1.1.1 施事、受事的句法填位

《同义词词林》中将词语按词义分类编排，包括 A[人]、B[物]、C[时间与空间]、D[抽象事物]、E[特征]、F[动作]、G[心理活动]、H[活动]、I[现象与状态]、J[关联]、K[助语]、L[敬语]12 个大类和 95 个中类。根据 12 大义类在施

事、受事句法投射形成的六个语块中出现的频度高低列出以下不等式序列：①施事主语 A>B>D>C>E>H>I>G>J；②施事状语 A>B>D>C>I>H；③施事宾语 B>A>D>E>G；④受事宾语 B>D>A>C>H>E>I>G>J>F；⑤受事状语 B>D>A>E>C>G>I>F；⑥受事主语 B>D>A>C>E>G。

结合标注语料及以上序列，我们注意到以下几个特点。

（1）出现在施事、受事常规配位的义类种类多于出现在非常规配位的义类种类，且出现在受事常规配位宾语位置的义类种类多于出现在施事常规配位主语位置的义类种类。

（2）根据语料统计，A[人]、B[物]、D[抽象事物]是最常见的充当施事和受事成分的义类，占到施事总量的 97.22%，占到受事总量的 87.71%，它们也可以出现在这两个成分所能映射到的全部句法位置。K[助语]和 L[敬语]一般不充当施事、受事成分。C[时间与空间]、E[特征]、G[心理活动]、H[活动]、I[现象与状态]虽然也可以充当施事、受事成分，但数量较少，并且只出现在施、受成分的常规配位，不出现或只是零星出现在非常规配位。

（3）从序列中可以看出，A[人]类优先充当施事，B[物]类优先充当受事，且 A[人]类施事优先选择主语位置，B[物]类受事优先选择宾语位置。按照陈平（1994）对主语、宾语与各种语义成分的配位原则的阐释，"语义成分的施事性越强，充任主语的倾向性越强；受事性越强，充任宾语的倾向性越强"。《同义词词林》中 A[人]类的施动性特征较强，B[物]类的受动性特征较强。这也可以印证施事优先选择主语位置、受事优先选择宾语位置的配位原则。

（4）值得注意的是，在施事主语和施事状语位置的义类不等式序列里，A 类处在最前端，而在施事宾语位置的义类不等式序列里，B 类处在最前端。由 A 类词语充当施事宾语共计 45 例（如例 1），由 B 类词语充当施事宾语共计 117 例（如例 2），涉及 B 大类下的 Bf[气象]（如雨、雪、风等）、Bg[自然物]（如雷声、洪水、灯光等）、Bh[植物]（如树、花、草等）、Bl[排泄物、分泌物]（如血、泪、汗等）等数十个中类。

（1）[S 梨花丛/n 中/f]P[P 闪/v]V[C 出/v[O 一/m 个/q 姑娘/n]S。

（2）[D 在/p 他/r 即将/d 离/v 去/v 的/u 前/f 一/m 个/q 晚上/t]H，[S 天/n]D[P 下/v]V[C 起/v 了/u[O 倾盆大雨/l]S。

以往的研究（史有为，1991）一般将施事分为直接施事和间接施事。直接施事亦即动作行为或活动是由人或动物等生命实体在无任何外力作用下自主发出并直接影响、直接涉及受事者的施事行为；间接施事是由无生命体借助外力产生动作行为或活动（包括自然现象）。据对数据库中子表“施事宾语”中充当宾语的词语的统计，映射在宾语位置上施事的以间接施事居多，所以出现在施事宾语位置的词语以语义类为 B[物]的词居多也不足为奇。

总的来说，从大类层面来看，不同义类（大类）的体词充当的施事、受事成分在所投射的句法位置中显示出明显的不平衡性。要想更深入地分析以上几个特点的形成原因，清楚地了解义类对语义成分句法投射的制约作用，有必要把研究的视角深入到义类中类层面上。

3.1.1.2　施事、受事的词汇语义中类的句法填位

通过对中类层面的义类在施事主语、施事状语、施事宾语和受事宾语、受事状语、受事主语 6 个语块的分布情况的细致考察，大致将其分为以下三种类型（图 3.1）。

（1）零填位型：Ea、Fb、Fc、Fd、Gc、Hk、Hl、Ja、Jb、Ka、Kb、Kc、Kd、Ke、Kf

（2）有限填位型：Bc、Fa、Hi、Hm、Hn、Ic、Jc

（3）集中填位型：
- 只投射在施事主语和受事宾语位置
  - 倾向于投射到施事主语：Ac、Ak、Bj、Dh、Id
  - 倾向于投射到受事宾语：Dg、Ee、Ga、Ha、Hb、Hd、Hf、Hh、Hc、Hg、Ia、Ih、Ie、Dl
  - 投射倾向不明显：Ig、Je、Jd、He
- 投射到多个位置，但主要集中在施事主语和受事宾语两个位置，在其他位置零星出现
  - 倾向于投射到施事主语：Aa、Ae、Ag、Ai、Am、Ab、Ad、Af、Ah、Aj、Al、An、Be、Bi、Bd、Bf、Dm
  - 倾向于投射到受事宾语：Bg、Bk、Bo、Bq、Bb、Bh、Bm、Bn、Bl、Bp、Br、Ca、Cb、Da、Dc、De、Di、Dk、Db、Dd、Df、Dn、Dj、Ed、Ef、Gb、Ib
  - 投射倾向不明显：Ba、Ec、Eb、Hj、If

图 3.1　中类层面义类在六个语块分布的三种类型

1. 零填位型

这个类型中的义类没有投射到任何语块，涉及 6 大类下 15 个中类，包括 Ea[外形]、Fb[下肢动作]、Fc[头部动作]、Fd[全身动作]、Gc[能愿]、Hk[宗教活动]、

Hl[迷信活动]、Ja[联系]、Jb[异同]、Ka[疏状]、Kb[中介]、Kc[联结]、Kd[辅助]、Ke[呼叹]和 Kf[拟声]。

2. 有限填位型

这个类型中的义类只能投射为一种语义成分。Bc[物体的部分]、Fa[上肢动作]、Hi[社交]、Hm[公安、司法]、Hn[恶行]、Ic[表情]、Jc[配合]7 类只能充当受事，除 Bc、Fa 等 2 类可以投射在宾语和主语位置，其他 5 类只能投射在宾语位置。

3. 集中填位型

集中投射型分两种情况，一种是只投射在语义成分的常规配位，也就是只投射在施事主语和受事宾语位置上，而不出现在其他四个位置上，共计 23 类，包括 Ac[体态]、Ak[品性]、Bj[微生物]、Dg[比喻物]、Dh[臆想物]、Dl[疾病]、Ee[德才]、Ga[心理状态]、Ha[政治活动]、Hb[军事活动]、Hd[生产]、Hf[交通运输]、Hh[文体活动]、Hc[行政管理]、He[经济活动]、Hg[教卫科研]、Ia[自然现象]、Id[物体状态]、Ih[变化]、Ie[事态]、Ig[始末]、Jd[存在]、Je[影响]。其中：Ac、Ak、Bj、Dh、Id 等 5 类倾向于投射到施事主语的位置；Dg、Ee、Ga、Ha、Hb、Hd、Hf、Hh、Hc、Hg、Ia、Ih、Ie、Dl 等 14 类倾向于投射到受事宾语的位置；Ig、Je、Jd、He 等 4 类倾向并不明显；投射到施事主语和受事状语的比例相差无几。另一种是虽然投射到多个位置，但主要集中在施事主语和受事宾语两个位置，在其他位置零星出现。属于此类情况的义类共 49 类，其又分为 3 个小类：Ⅰ类内的词语倾向于投射到施事主语，Ⅱ类内的词语倾向于投射到受事宾语，Ⅲ类内的词语投射倾向不明显。Ⅰ类包括 Aa[泛称]、Ae[职业]、Ag[状况]、Ai[辈次]、Am[信仰]、Ab[男女老少]、Ad[籍属]、Af[身份]、Ah[亲人、眷属]、Aj[关系]、Al[才识]、An[丑类]、Be[地貌]、Bi[动物]、Bd[天体]、Bf[气象]、Dm[机构]；Ⅱ类包括 Bg[自然物]、Bk[全身]、Bo[机具]、Bq[衣物]、Bb[拟状物]、Bh[植物]、Bm[材料]、Bn[建筑物]、Bl[排泄物、分泌物]、Bp[用品]、Br[食品、药品、毒品]、Ca[时间]、Cb[空间]、Da[事情、情况]、Dc[外貌]、De[性格、才能]、Di[社会、政法]、Dk[文教]、Db[事理]、Dd[性能]、Df[意识]、Dn[数量、单位]、Dj[经济]、Ed[性质]、Ef[境况]、Gb[心理活动]、Ib[生理现象]；Ⅲ类包括 Ba[统称]、Ec[颜色、味道]、Eb[表象]、Hj[生活]、If[境遇]。

总之，倾向于投射到施事主语的义类[+能动性]、[+控制性]、[+具体性]的特征较强，除了典型的具有[+生命性]特征的 A[人]、Bi[动物]之外，还有 Bf[气象]、Bd[天体]、Be[地貌]等，它们不以人的意志为转移，很少受到外力的干预和影响，所以很少充当受事。例："牵牛星[Bd 类]在移动、漳河水[Be 类]淹了他们的村庄。"

倾向于投射到受事宾语的义类具有[+受动性]、[+受控性]、[±具体性]的特征，这些义类下的词语生命力弱，受动性强，如 Bn[建筑物]、Bq[衣物]等几乎没有施动能力，它们充当施事成分受到许多的限制。或是用拟人手法赋予其人的动作，或是完全借助于外力才能表现出一定的动作性。例："小桥[Bn 类]走进我的心里""风筝[Bp 类]随风飘荡"。

还有一部分义类如 Ig[始末]、Je[影响]、If[境遇]、Ec[颜色、味道]，义类本身[+抽象性]特征比较强，[±控制性]特征并不明显，投射到施事主语和受事宾语的比例相当。

按照义类（中类）在六个位置出现频率的不同，生成六个不等式序列，表 3.1 展示了在六个义类不等式序列中排在前十位的义类及这十种义类在整个义类序列中所占的比例。

表 3.1　义类序列

语义角色	句法位置		义类序列（前十位）	所占比例/%	序列号
施事	主语	Ⅰ	Aa>Ah>Ab>Bi>Ba>Ae>Af>Bk>Dk>Dm	83.94	Ⅰ1
	状语		Aa>Dm>Ae>Ab>Aj>Di>Bf>Ba>Da>Ag	87.23	Ⅰ2
	宾语		Bf>Bg>Aa>Ab>Bi>Bh>Bl>Ae>Bk>Bd	81.74	Ⅰ3
受事	主语	Ⅱ	Da>Aa>Dk>Bk>Ba>Bp>Br>Di>Bg>Dd	55.67	Ⅱ1
	状语		Ba>Aa>Bk>Bp>Dj>Di>Bi>Da>Bq>Bm	68.84	Ⅱ2
	宾语		Aa>Dk>Da>Bn>Bh>Ba>Bp>Bo>Bi>Br	72.24	Ⅱ3

表 3.1 反映出如下三个特点：

（1）在施事成分对应的三个位置，Bf[气象]、Bg[自然物]、Bd[天体]三类在映射到宾语位置的序列中排位较靠前，而在主语、状语两个位置的序列中相对靠后，这受到了句子语义结构意义的影响。"$N_{施}V$"和"$PN_{施}V$"（$PN_{施}$表示介词引导的施事成分充当状语）结构主要突显的是施动体发出动作、产生某种影响的“制动”意义；而“VN施”结构主要突显的是“存现”意义。像“雨”“光”“声音”等自然物没有生命力，控制度相对低一些，所以常常出现在不表示“制动”义的存现句中。相对来说，施事主语、施事宾语和施事状语这三个位置中，施事状语对义类[+生命度]的要求最高，施事主语次之，施事宾语对义类[+生命度]的要求最低。这也印证了前文对施事宾语以间接宾语居多的判断。

（2）可以充当施事的词语所属的义类比较集中，可以充当受事的词语所属的义类则相对分散。在Ⅰ1、Ⅰ2、Ⅰ3 三个义类序列中，排在前十位的义类分别占到总量的 80%以上，在Ⅱ1、Ⅱ2、Ⅱ3 三个序列中均不足 80%，特别是在受事宾语的序列中排在前十位的义类之和仅占总量的 72.24%，“没有上榜”的 Df[意识]、Dj[经济]等义类的词语充当受事宾语所占的比例也较大。由此看来，充当受事的义类种类较多，分布也比较分散。名词的语义类与句式中的动词有直接的关系，通过对数据库中施事主语、受事宾语及对应的动词的义类的观察，我们注意到述语动词对主语位置上施事[自主性]、[使动性]典型特征的要求较高，与之相比，述语动词后可以带典型的受事宾语，也可以带典型性较弱的受事宾语。因为受事与动词之间的制约关系相对松散，所以受事的语义类型也就不集中。

（3）总的来说，出现在施事和受事成分常规配位、非常规配位的义类序列中排位靠前的这些义类都和日常生产生活有着最直接、紧密的联系，主要集中在人（包括独立人和集体）、动物、植物、自然物、人造物几类。其中 A[人]类中概括度最高的中类 Aa 在六个序列中都“名列前茅”，可见有[+生命性]特征的人类除了表现出较强的[+施动性]外，也同样表现出较强的[+受动性]。不难理解，人作为人类社会主体互相交往、共同劳动、相互协调（制约）、联系紧密，这种复杂的关系表现在社会生活的方方面面，也如实反映给社会生活的产物——语言。此外，优先充当受事成分的义类序列中比较靠前的 Bk[全身]、Di[社会、政法]、Dk[文教]也常常充当施事成分，因为它们和人有着紧密的联系，被人赋予了控制、施动的能力，对人类社会的生产生活发挥着积极的影响。

3.1.2 词汇语义制约语义角色句法实现的特点

总的来说，词汇语义类对施事和受事这两个语义角色投射句法成分的制约主要有以下三个特点。

3.1.2.1　不平衡性

可以充当施事的词语集中在几个义类中，而可以充当受事的词语则分布在很多义类当中。从施事、受事的常规配位来看，有 73 个中类可以充当施事主语，出现频率排在前十位的义类将近占到总量的 83.94%；有 80 个中类可以充当受事宾语，出现频率排在前十位的义类仅占到总量的 72.24%。这不仅与句式有关，也与句式中的述语动词有直接的关系。

3.1.2.2　聚合性

义类在句法语义位置分布的三种类型中，集中投射型所占的比例最大。有 72 个义类（中类）集中投射在施事、受事的常规配位，其中有 22 类优先选择施事主语的位置，41 类优先选择受事宾语的位置。有相同语义特征的义类的优选配位一致。此外，可以出现在非常规配位两个位置的义类也有规律可循，70%以上的义类在两个非常规配位对应出现。总之，有共同语义特征的义类聚合在一起，它们出现的句法语义位置具有一致性和类推性。

3.1.2.3　变异性

粗略地来看，共类词（co-taxonym）——指义类体系中同层次的词——充当的语义角色在句法配位的分布规律中趋于一致，但一致性中又透露出“不和谐”。

有些共类词投射的常规配位一致，但在非常规配位中却不尽一致，如 A 类下的 Aa[泛称]、Ag[状况]、Ah[亲人、眷属]、Aj[关系]充当的施事成分句法投射的优先度为“主语＞状语＞宾语”，Ab[男女老少]充当的施事成分句法投射的优先度为“主语＞宾语＞状语”，Ac[体态]、Ak[品性]等则在状语和宾语位置形成空位。形成句法空位也可能是限于语料的规模，但这种不平衡性和变异性也反映出语言使用存在一定的规律性，这还有待进一步的研究。

3.2　当事句法实现的词汇语义制约

不同的学者对当事的定义不同。林杏光（1999）认为当事是事件中非自发动作行为或状态的主体，按其所联系的动词性质不同可以分为两类：一是与非自发动作行为动词诸如“碰见、牲牺、丢、知道、懂得、塌、在、死”等相联系的主体；一是与形容词相联系的主体。鲁川（2001）认为“当事”是非可控状态、活动或自身变化的无意志的主体以及“类同”或“关联”关系的主体，包括静止状态的主体、自身变化的主体、非可控活动的无意志的主体、类同关系的主体、关联关系的主体五类。范晓和朱晓亚（1999）的当事指动作行为交接或指向的对象，常常有介词引导，而且在句法层面上一般充当状语。我们对当事的界定和林杏光相同，指事件中非自发动作行为或状态的主体。例如：[到处的野草荒藤]D 也都茂盛得自在坦荡。

3.2.1 当事及其词汇语义类与句法成分的对应关系

词汇语义类、句法成分、语义角色可以有两两之间的关系和三者之间的关系四种情况。由于抽取和建表是以某一语义角色为纲的，所以我们集中探讨语义角色与句法成分的关系即句法配位和词汇语义类与句法语义成分的关系即句法填位。

3.2.1.1 当事的句法配位

当事句法配位有 9 类，依次为 SDPV＞JDPV＞SDCV＞DDPV＞CVOD＞ODPV＞JDCV＞PVSD＞PVOD，具体见表 3. 2。

表 3.2 当事的句法配位情况

序号	句法语义格式	个数/个	百分比/%	序号	句法语义格式	个数/个	百分比/%
1	SDPV	10 031	92.61	6	ODPV	17	0.16
2	JDPV	528	4.87	7	JDCV	16	0.15
3	SDCV	182	1.68	8	PVSD	15	0.14
4	DDPV	22	0.20	9	PVOD	1	0.01
5	CVOD	19	0.18		合计	10 831	100.00

从前人举例来看，当事一般只能做主语，但通过语料库统计发现，当事除了可以映射为主语，还可以映射为兼语、宾语和状语。

1. 当事映射为主语

共 10 228 个，占总数的 94.43%，具体分类如下。

1）SDPV 类

这一类是当事句法配位最多的一类，共 10 031 个，占总数的 92.61%。例如：

（*4*）[S 她/r]D1D2S3D4D5[P 老/a]V1 了/y，[P[S 身体/n]D[D 不/d[P 好/a]V]V2……[①]

（*4*）中“好”是与形容词相联系的主体，不是动作的发出者。

2）SDCV 类

这种句法配位多是述补结构的补语语义指向了当事，形成了 SDCV 式，共 182 个，占当事主语的 1.68%。例如：

（*216*）……[P 等/v]V1[O[S 我/r]S1D2[P 长/v]V[C 大/a]V2]U1[D 还/d[P 要/v]V2[O 很/d 多/a 很/d 多/a 天/q]O2……

例子中“大”在语义上指向“我”，我们把“我”标注为当事。

3）PVSD 类

这一类谓语前置，形成谓语在前、主语在后的格式，共 15 个，占总数的 0.14%。例如：

（*3398*）[P 迫于/v]V1[O 生计/n]K1，[S 这些/r 宫廷/n 侍女/n]D1S2S3[D 只好/d[D 向/p 战场/n 附近/s 的/u 渔民/n]T2[P 卖/v]V2[O 鲜花/n]O2 或/c[P 提供/v]V3[O 其他/r 服务/vn]O3。

2. 当事映射为兼语

共 544 个，占总数的 5.02%，又分为两种格式。

1）JDPV 类

菲尔墨（2005）曾经提出过“一句一格一项原则”，而汉语存在自己的特殊情况，存在兼语句这一语言事实。范晓（2003）将兼语的语义角色称为“兼格”，我们根据动词特征，在具体的句子，兼语是何种角色就将其标成何种角色，而不

① 由于本书所用的一些例子字数比较多，为了不过多地占用篇幅，在不影响句意的情况下，我们将所有长例子进行减缩，减缩处用“……”表示。另外，例句前的序号如（*4*）为数据库中的序号。

是统一地处理为一种语义角色。在这里，兼语充当当事语义角色，共 528 个，占总数的 4.87%。例如：

（*4918*）[S[S 石原/nr 先生/n]S1S2[D 如此/r[P 不顾/v]V1[O 历史/n 事实/n]O1 而/c[P 信口雌黄/i]V2]U1，[D 实在/a[P 令/v]V1[J 人/n]O1+D2[P 吃惊/a]V2。

2）JDCV 类

这一格式是由于兼语后带有一个述补结构，补语的语义又指向了兼语造成的，共 16 个，占 0.15%。例如：

（*2133*）[S 这/r 腰鼓/n]S1S4S7，[P 使/v]V1[J 冰冷/z 的/u 空气/n]O1+D2D3[D 立即/d[P 变/v 得/u]V2[C 燥热/a]V3 了/y，[P 使/v]V4[J 恬静/a 的/u 阳光/n]O4+D5D6[D 立即/d[P 变/v 得/u]V5[C 飞溅/v]V6 了/y……

3. 当事映射为宾语

共 37 个，占总数的 0.34%。当事映射为宾语主要有三种情况。

1）CVOD 类

在这一类中，当事做述补结构的宾语，在语义上指向补语成分，可以变换成 DV 式。例如：

（*2589*）[S 煮/v 饭/n 老妈子/n]O1D4[D 从此/d[D 就/d[P 骇/v]V1[C 破/v 了/u]V2[O 胆/n]D2……

上例中“破了胆”可以变换成“胆破”。

2）ODPV 类

在 ODPV 类中，当事和动核跨句发生语义联系，这里的“宾”指的是名核在前面的小句做宾语。例如：

（*3724*）……[S 这/r 只/q 鹰/n]D1[P 患/v 了/u]V1[O 烟雾/n 诱发/v 的/u 肺尘埃沉着病/n]K1D2，[P 导致/v]V2[O 血液/n{中毒/v}@和/c 血管/n{破裂/v}@]K2。

3）PVOD 类

在 PVOD 类中，当事宾语是非自主动词陈述的对象。例如：

(*6781*)[D 三/m 岁/q 上/f]H1[D 就/d[P 死/v 了/u]V1[O 娘/n]D1，[S 爹/n]S2[P 种/v 了/u]V2[O 财主/n 黄世仁/nr 家/n 六/m 亩/q 地/n]O2。

4. 当事映射为状语

即 DDPV 式，共 22 个，占总数的 0.20%。这类句子是当事处于介词短语中，格标有“为、被、把、以、由、给”等。例如：

（*4785*）……[D 不/d[D 能/v[D 为/p 大家/r]DB5 所/u[P 知道/v]V5 罢了/y。

（*4885*）……[D 更/d 容易/a[D 被/p 人/n]DB[P 所/u 忽略/v]V。

（*4785*）的“大家”处于介词短语中，由介词“为”引导，做当事状语。（*4885*）亦然。

3.2.1.2　当事的句法填位

当事角色可以映射的句法成分是多样的，且不同语义特征的词的投射能力不一样，具体情况如表 3.3 所示。

表 3.3　当事的句法填位情况（单位：个）

义类	成分			
	当事主语 SDPV、SDCV、PVSD	当事兼语 JDPV、JDCV	当事宾语 CVOD、ODPV、PVOD	当事状语 DDPV
A 人	3 922	318	9	11
B 物	2 113	84	13	5
C 时间与空间	462	7	1	2
D 抽象事物	2 309	95	13	3
E 特征	1 026	33	0	1
F 动作	20	0	0	0
G 心理活动	65	4	0	0
H 活动	158	2	1	0

续表

义类	成分			
	当事主语 SDPV、SDCV、PVSD	当事兼语 JDPV、JDCV	当事宾语 CVOD、ODPV、PVOD	当事状语 DDPV
I 现象与状态	100	1	0	0
J 关联	22	0	0	0
K 助语	31	0	0	0
L 敬语	0	0	0	0
合计	10 228	544	37	22

从表 3.3 可以看出，当事义类的填位地位并不是一样的，有着先后序列：①充当当事主语的义类为 A>D>B>E>C>H>I>G>K>J>F；②充当当事兼语的义类为 A>D>B>E>C>G>H>I；③充当当事宾语的义类为 D=B>A>C=H；④充当当事状语的义类为 A>B>D>C>E。

充当当事主语、兼语、状语的义类基本上保持了一致的填位序列，即 A>D>B>E>C，但当事宾语类的填位序列是 D=B>A>C=H，这可以从充当宾语的最多的义类是物类来解释。充当当事的义类虽然分散，但却比较集中，A 人、D 抽象事物、B 物、E 特征、C 时间与空间已占到了 96.27%。

按照目前对当事的认识，充任当事的义类应是 A 人、B 物、D 抽象事物，为什么 E 类会有 1060 个，占总数的 10.36%，排在第四位呢？这主要有下面两个原因。

（1）按照《同义词词林》的体系，“E 特征多属形容词”，只是多属，而不是全部。

（2）“这”（共 555 个）《同义词词林》里义类标记为“Ed61 这个、那个、某个、各个、其他、何”，另外，我们又将做主语的“一个、一部”等数量短语也标为“Ed61”，这样处理是因为我们认为这些数量短语在此并不表示“Dn 数量、单位”而是起着指代的作用。例如：

（*1510*）[S 从/p 前线/n 回来/v 的/u 人/n]S1E2[P 说/v 到/v]V1[O 白求恩/nr]O1，[P 没有/v]V2[J 一/m 个/q]K2+D3[D 不/d[P 佩服/v]V3……

我们把（*1510*）里的“一个”标注成是指代“从前线回来的人”的义类，

即“Ed61”。

通过梳理词频排名前 100 的词更容易看出这个问题：

（1）我\922；（2）他\630；（3）这\555；（4）人\333；（5）你\273；（6）我们\240；（7）它\232；（8）她\207；（9）他们\158；（10）那\134；（11）自己\65；（12）人们\58；（13）谁\49；（14）它们\43；（15）声音\41；（16）话\40；（17）母亲\40；（18）孩子\37；（19）您\36；（20）花\35；（21）脸\35；（22）时间\31；（23）语言\31；（24）大家\30；（25）陈奂生\29；（26）东西\29；（27）天\28；（28）心\28；（29）父亲\27；（30）什么\27；（31）事\26；（32）水\26；（33）一切\25；（34）你们\24；（35）诗\24；（36）世界\24；（37）一个\24；（38）眼睛\23；（39）极光\22；（40）美\22；（41）问题\22；（42）地方\21；（43）格里高尔\21；（44）声\20；（45）心里\20；（46）颜色\20；（47）风\19；（48）空气\19；（49）一根\19；（50）字\19；（51）脸色\18；（52）身体\18；（53）生活\18；（54）有的\18；（55）春天\17；（56）精神\17；（57）生命\17；（58）石头\17；（59）家\16；（60）书\16；（61）太阳\16；（62）小说\16；（63）眼\16；（64）叶子\16；（65）斑羚\15；（66）方法\15；（67）树\15；（68）文字\15；（69）作品\15；（70）狗\14；（71）霍塞·阿卡迪奥·布恩地亚\14；（72）老人\14；（73）荔枝\14；（74）密度\14；（75）名字\14；（76）女人\14；（77）思想\14；（78）腿\14；（79）屋\14；（80）意义\14；（81）人民\13；（82）天气\13；（83）一种\13；（84）意思\13；（85）本身\12；（86）变化\12；（87）道理\12；（88）冬天\12；（89）鹤群\12；（90）回答\12；（91）浑身\12；（92）妈妈\12；（93）青年\12；（94）山\12；（95）数学\12；（96）太太\12；（97）小孩\12；（98）行为\12；（99）宇宙\12；（100）感情\11。①

---

①（ ）中为词频序号，紧接着是词，\后是词频，词与词之间用“；”间隔。以后出现词频皆用同类的表示方式。

在词频统计数据中，排在前面的几乎全是代词，“这”“那”“一个”等标为 Ed61 的这些词占了比较高的比例。另外，频次在 2 以上的，共 1156 个词，出现 9244 次，占总数的 85.35%，相对比较集中，便于自动标注阶段使用统计概率。

另外，E 类除了 Ed 类，还有 Ea、Eb、Ec、Ee、Ef 等类，具体情况如表 3.4 所示。

表 3.4 E 类句法填位情况

义类	个数/个	总个数/个	百分比/%
Ea	5	10 831	0.05
Eb	102	10 831	0.94
Ec	12	10 831	0.11
Ee	34	10 831	0.31
Ef	17	10 831	0.16

Eb 中多为代词，如“有的、一切、全部、全体”和 an（名形词）类词，如“精妙、健康、健全”，其作用和名词相仿，所以可以充任当事，如下面两例：

（*10438*）[S 裂片/n 中央/f] P1 [P 有/v] V1 [O 突起/vn 部分/n] K1，[S 有的/r] D2D3 [P 尖锐/a] V2 [P 如/v] V3 [O 刺/n] X3……

（*10987*）[D 原来/d [S 诗歌/n 语言/n 的/u 精妙/an] D1 [P 不同于/v] V1 [O 一般/a 的/u 概念/n] K1……

“Ec 颜色、味道”中多是颜色词，这些词的词性在现代汉语中就有争论，在此有不同的归属也不足为奇。例如：

（*5676*）[S 黄/a 与/c 绿/a] S1D2D3 [P 主宰/v 着/u] V1，[P 无边无垠/l] V2，[P 坦荡如砥/l] V2。

“Ee 德才”“Ef 境况”类多为名形词，也有一部分是在“N 的 V”结构中，还有一些在词汇层面上是形容词，在句法层面上则相当于名词。例如：

（*1691*）但是/c [P 过/v 了/u] V1 [C 不/d 久/a，[S 他/r 的/u 拘束/a] D2 [P 消失/v] V2 了/y，[D 给/p 我/r] T3 [P 讲/v 了/u] V3 [O 下面/f 这

个/r 故事/n]O3。

(*5824*)[S 那/r 种/q 紧张/a]D[D 就/d[P 像/v]V[O[D 天方夜谭/nz 里/f]P……

C、G、H、I、J、K 类充任当事，在句法层面表现出了名词的一面，多是谓语说明的对象，在句中起到一个话题的作用，这一部分将在义类的中类说明，在此只举一例：

(*6353*)[S{输/v}@{赢/v}@]D1[D 并/d[D 不/d[P 要紧/a]V1 的/u，[S 所/u 要/v[的/u]h]D2[P 是/v]V2[O 快活/a]X2。(输、赢：Hf04)

当事义类充当句法成分的能力是不一样的。当事映射为句法成分时，其内部不同的义类投射的优先级或者说投射强度并不一样，同为当事，有些义类的词语充当主语、兼语、宾语和状语的能力强，有些义类的词语充当当事的能力弱。总体来看，当事主语、兼语、状语对“人”类的优选力强，“人”类的词语在充当当事时，优先投射到主语、兼语和状语；当事宾语对“物”类的优选力强，“物”类的词语在充当当事时，优先投射到宾语。

为了更深入地研究词汇语义类填位的规律，我们深入到义类的中类来看。所有义类统计如表 3.5 所示。

表 3.5 当事角色词汇语义中类情况

义类	个数/个	百分比/%	义类	个数/个	百分比/%	义类	个数/个	百分比/%
Aa 泛称	3 525	32.55	Ak 品性	17	0.16	Bg 自然物	331	3.06
Ab 男女老少	163	1.5	Al 才识	69	0.64	Bh 植物	301	2.78
Ac 体态	3	0.03	Am 信仰	15	0.14	Bi 动物	178	1.64
Ad 籍属	22	0.2	An 丑类	13	0.12	Bj 微生物	0	0
Ae 职业	87	0.8	Ba 统称	376	3.47	Bk 全身	302	2.79
Af 身份	36	0.33	Bb 拟状物	6	0.06	Bl 排泄物、分泌物	10	0.09
Ag 状况	22	0.2	Bc 物体的部分	19	0.18	Bm 材料	73	0.67
Ah 亲人、眷属	216	1.99	Bd 天体	93	0.86	Bn 建筑物	167	1.54
Ai 辈次	18	0.17	Be 地貌	65	0.6	Bo 机具	60	0.55
Aj 关系	54	0.5	Bf 气象	61	0.56	Bp 用品	99	0.91

续表

义类	个数/个	百分比/%	义类	个数/个	百分比/%	义类	个数/个	百分比/%
Bq 衣物	29	0.27	Ee 德才	34	0.31	Hn 恶行	1	0.01
Br 食品、药品、毒品	45	0.42	Ef 境况	17	0.16	Ia 自然现象	5	0.05
Ca 时间	230	2.12	Fa 上肢动作	11	0.1	Ib 生理现象	21	0.19
Cb 空间	242	2.23	Fb 下肢动作	6	0.06	Ic 表情	10	0.09
Da 事情、情况	405	3.74	Fc 头部动作	3	0.03	Id 物体状态	15	0.14
Db 事理	140	1.29	Fd 全身动作	0	0	Ie 事态	14	0.13
Dc 外貌	138	1.27	Ga 心理状态	27	0.25	If 境遇	7	0.06
Dd 性能	264	2.44	Gb 心理活动	42	0.39	Ig 始末	5	0.05
De 性格、才能	56	0.52	Gc 能愿	0	0	Ih 变化	24	0.22
Df 意识	251	2.32	Ha 政治活动	8	0.07	Ja 联系	2	0.02
Dg 比喻物	3	0.03	Hb 军事活动	3	0.03	Jb 异同	4	0.04
Dh 臆想物	13	0.12	Hc 行政管理	9	0.08	Jc 配合	0	0
Di 社会、政法	247	2.28	Hd 生产	10	0.09	Jd 存在	12	0.11
Dj 经济	53	0.49	He 经济活动	6	0.06	Je 影响	4	0.04
Dk 文教	591	5.46	Hf 交通运输	7	0.06	Ka 疏状	30	0.28
Dl 疾病	12	0.11	Hg 教卫科研	27	0.25	Kb 中介	0	0
Dm 机构	27	0.25	Hh 文体活动	2	0.02	Kc 联结	1	0.01
Dn 数量、单位	220	2.03	Hi 社交	46	0.42	Kd 辅助	0	0
Ea 外形	5	0.05	Hj 生活	37	0.34	Ke 呼叹	0	0
Eb 表象	102	0.94	Hk 宗教活动	0	0	Kf 拟声	0	0
Ec 颜色、味道	12	0.11	Hl 迷信活动	0	0	L 敬语	0	0
Ed 性质	890	8.22	Hm 公安、司法	5	0.05	合计	10 831	100.00

从表 3.5 中可以看出，充当当事角色的义类的顺序为：Aa>Ed>Dk>Da>Ba>Bg>Bk>Bh……除了 Ed61 比较特殊外，汉语中优先实现为当事的是 A 人、B 物、C 时间与空间、D 抽象事物，其他类要排在 20 位以后。到 32 位时，共 10 050 个，占总数的 92.79%，且这里面只有 Ed 和 Ee 并无他类，这说明人、物、时间和空间、抽象事物优先映射为当事。

F 类和 J 类在表 3.5 中比较靠后，他们位于主语位置，不是谓词的论元，但是其语义角色是后面动核说明的对象，可以看成话题。例如：

（*8808*）[S 采莲/vn]D1[P 是/v]V1[O 江南/ns 的/u 旧俗/n]X1K2……（采莲：Fa08）

（*3872*）[S 石头/n 颜色/n 的/u 不/d 同/an]D，[D 也/d[D 常常/d[P 说明/v 着/u]V[O 地球/n 上/f 的/u 变化/vn]K。（不同：Jb02）

《同义词词林》有 95 个中类，仅有 11 类无法填位到当事句法成分中，占总数的 11.58%。这里必须说明的一点是，文中所说的零对应是针对我们的语料库而言的，只说明在我们的研究范围之内没有发现，不代表实际的语言现象之中绝对不会出现。但可以据此推断，这些现象在实际的语言运用中大多出现的频率比较低，甚至是几乎不出现。

为了更直接地看出当事短语核心词词汇语义类填位的情况，我们又将当事词汇语义类投射主语、兼语、宾语、状语情况进行了统计，如表 3.6 所示。

表 3.6　当事角色词汇语义中类句法填位情况（单位：个）

义类	当事主语	当事兼语	当事宾语	当事状语	义类	当事主语	当事兼语	当事宾语	当事状语
Aa 泛称	3231	279	5	10	Bd 天体	87	6	0	0
Ab 男女老少	154	9	0	0	Be 地貌	63	2	0	0
Ac 体态	3	0	0	0	Bf 气象	61	0	0	0
Ad 籍属	20	2	0	0	Bg 自然物	321	8	1	1
Ae 职业	81	6	0	0	Bh 植物	293	7	1	0
Af 身份	36	0	0	0	Bi 动物	168	8	2	0
Ag 状况	20	0	2	0	Bj 微生物	0	0	0	0
Ah 亲人、眷属	205	9	2	0	Bk 全身	294	4	4	0
Ai 辈次	17	1	0	0	Bl 排泄物、分泌物	10	0	0	0
Aj 关系	49	5	0	0	Bm 材料	69	4	0	0
Ak 品性	16	1	0	0	Bn 建筑物	154	11	2	0
Al 才识	64	4	0	1	Bo 机具	57	3	0	0
Am 信仰	15	0	0	0	Bp 用品	90	7	1	1
An 丑类	11	2	0	0	Bq 衣物	28	1	0	0
Ba 统称	350	22	1	3	Br 食品、药品、毒品	44	1	0	0
Bb 拟状物	6	0	0	0	Ca 时间	227	1	0	2
Bc 物体的部分	18	0	1	0	Cb 空间	235	6	1	0

续表

义类	当事主语	当事兼语	当事宾语	当事状语	义类	当事主语	当事兼语	当事宾语	当事状语
Da 事情、情况	394	11	0	0	He 经济活动	6	0	0	0
Db 事理	139	1	0	0	Hf 交通运输	7	0	0	0
Dc 外貌	133	4	1	0	Hg 教卫科研	25	2	0	0
Dd 性能	257	6	1	0	Hh 文体活动	2	0	0	0
De 性格、才能	52	2	2	0	Hi 社交	46	0	0	0
Df 意识	235	15	1	0	Hj 生活	36	0	1	0
Dg 比喻物	3	0	0	0	Hk 宗教活动	0	0	0	0
Dh 臆想物	11	2	0	0	Hl 迷信活动	0	0	0	0
Di 社会、政法	238	9	0	0	Hm 公安、司法	5	0	0	0
Dj 经济	46	3	4	0	Hn 恶行	1	0	0	0
Dk 文教	558	28	2	3	Ia 自然现象	5	0	0	0
Dl 疾病	11	0	1	0	Ib 生理现象	21	0	0	0
Dm 机构	27	0	0	0	Ic 表情	10	0	0	0
Dn 数量、单位	205	14	1	0	Id 物体状态	15	0	0	0
Ea 外形	5	0	0	0	Ie 事态	14	0	0	0
Eb 表象	97	5	0	0	If 境遇	7	0	0	0
Ec 颜色、味道	12	0	0	0	Ig 始末	5	0	0	0
Ed 性质	861	28	0	1	Ih 变化	23	1	0	0
Ee 德才	34	0	0	0	Ja 联系	2	0	0	0
Ef 境况	17	0	0	0	Jb 异同	4	0	0	0
Fa 上肢动作	11	0	0	0	Jc 配合	0	0	0	0
Fb 下肢动作	6	0	0	0	Jd 存在	12	0	0	0
Fc 头部动作	3	0	0	0	Je 影响	4	0	0	0
Fd 全身动作	0	0	0	0	Ka 疏状	30	0	0	0
Ga 心理状态	24	3	0	0	Kb 中介	0	0	0	0
Gb 心理活动	41	1	0	0	Kc 联结	1	0	0	0
Gc 能愿	0	0	0	0	Kd 辅助	0	0	0	0
Ha 政治活动	8	0	0	0	Ke 呼叹	0	0	0	0
Hb 军事活动	3	0	0	0	Kf 拟声	0	0	0	0
Hc 行政管理	9	0	0	0	L 敬语	0	0	0	0
Hd 生产	10	0	0	0	—	—	—	—	—

从横向来看，根据当事义类的填位情况，可以将其分为以下三种类型：①全填位型。这个类型中的义类可以填位到任何当事充当的句法成分，共 5 类：Aa 泛称、Ba 统称、Dk 文教、Bp 用品、Bg 自然物。②零填位型。这个类型中的义类不能填位到任何当事充当的句法成分，共 11 类：Bj 微生物、Fd 全身动作、Gc 能愿、Hk 宗教活动、Hl 迷信活动、Jc 配合、Kb 中介、Kd 辅助、Ke 呼叹、Kf 拟声、L 敬语。③有限填位型。这个类型中的义类可以有选择地填位到当事充当的句法成分，共 79 类，如 Ab 男女老少、Ac 体态等。

从纵向来看，有 84 类词可以投射为当事主语，42 类可以投射为当事兼语，21 类可以投射为当事宾语，8 类可以投射为当事状语，这说明充当当事的词汇最先投射为当事主语，并且种类繁多。

词类反映着义类，其对词义消歧、自动语义角色标注都有着重要的作用，有必要一起研究。《同义词词林》中词类和义类存在着一个大致的对应关系，第一至第四大类多属名词，数词、量词列入第四大类。第五大类多属形容词。而第六至第十大类（F、G、H、I、J）多属动词，第十大类主要是表明相互关系的动词，含义比较抽象，有的学者称之为关系动词。表 3.7 是映射为当事的词语的词性。

表 3.7　映射为当事的词语的词性

词性	个数/个	百分比/%	词性	个数/个	百分比/%	词性	个数/个	百分比/%
n	5 597	51.68	ns	65	0.60	L	11	0.10
r	4 000	36.93	s	61	0.56	J	7	0.06
nr	358	3.31	a	44	0.41	X	3	0.03
vn	204	1.88	f	31	0.29	B	2	0.02
an	105	0.97	Ng	29	0.27	K	1	0.01
t	104	0.96	nz	17	0.16	Tg	1	0.01
m	83	0.77	nt	16	0.15	U	1	0.01
v	80	0.74	i	11	0.10	合计	10 831	100.00

从表 3.7 中可见，充当当事语义角色的词涉及 23 种词类，名词（包括人名）、代词、动名词、形名词共 10 264 个，占总数的 94.77%。也就是说，充当当事语义角色的多是名词和代词。

正如前文所说 F 类和 J 类可以出现在主语位置，相对应的动词也可以出现在主语位置上充当话题。例如：

（*2357*）[S 一/m 场/q 壮烈/a 的/u 搏斗/v]D[D 就/d[P 开始/v]V 了/y。

主语位置出现形容词 a 大多在两种格式里，一是“N 的 V”格式，二是有指示代词引导的格式里。例如：

（*1691*）但是/c[P 过/v 了/u]V1[C 不/d 久/a，[S 他/r 的/u 拘束/a]D2[P 消失/v]V2 了/y，[D 给/p 我/r]T3[P 讲/v 了/u]V3[O 下面/f 这个/r 故事/n]O3。

（*7485*）[S 这种/r 乐观/a]D1D2S3[D 往往/d[P 形诸/v]V1[O 言语/n]I1，[P 成为/v]V2[O 炫耀/vn]X2……

另外，b 的出现与机用分词词性规则有关，下例中“创造性”在《现代汉语词典》（第 7 版）中标注为 n。

（*15605*）[S 所谓/b 创造性/b]D，[D 是/d[P 指/v]V[O[D 在/p 选择/v 运用/v 之中/f]E[P 有/v]V[O 独到之处/i]K]U。

3.2.2 当事句法实现的词汇语义制约特点

判定一个论元成分的论旨角色，应依据该论元所指的事物在相应谓词所表示的事件中实际表现出来的作用，而不是该事物在相关事件中潜在的各种可能的作用。义类在很大程度上反映了一个词的词汇语义特征，其实质是一种聚合关系，处在一个相同的语义类中的词语，从深层角度看具有相同的核心义素，他们和谓词组合后表现出相同的语法特征并遵从相同的组合规则。语义角色句法实现是动核和名核双向制约的过程，如果仅从当事来看制约条件还是不够的。要考察语义角色句法实现的特点就要考察与之相关的动词义类，为什么“A 人”类出现在第一位，其他的出现在后面，这都需要从与之相关的动词来说明。表 3.8 是与当事搭配的动核情况统计表。

表 3.8　与当事相搭配的动核义类大类分布

义类大类	个数/个	百分比/%	义类大类	个数/个	百分比/%
J 关联	3 982	36.76	D 抽象事物	18	0.17
E 特征	2 337	21.58	B 物	9	0.08
G 心理活动	2 048	18.91	A 人	7	0.06
I 现象与状态	1 336	12.33	C 时间与空间	1	0.01
H 活动	482	4.45	L 敬语	1	0.01
F 动作	441	4.07	—	—	—
K 助语	169	1.56	合计	10 831	100.00

与当事角色搭配的动核义类占比由多到少的排列顺序为 J 关联>E 特征>G 心理活动>I 现象与状态>H 活动>F 动作>K 助语>D 抽象事物>B 物>A 人>C 时间与空间>L 敬语，如图 3.2 所示。

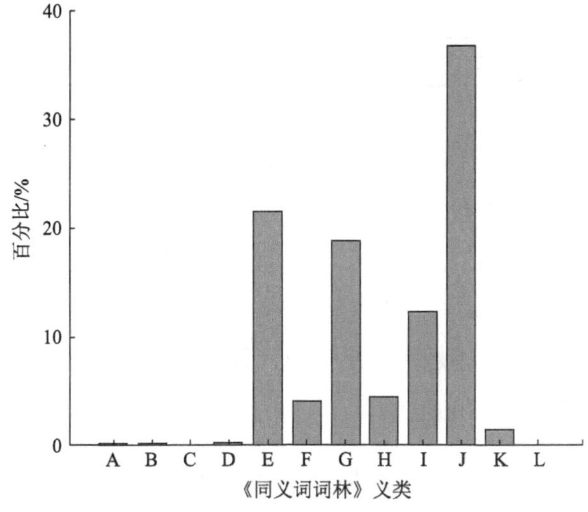

图 3.2　与当事相搭配的动核义类大类分布图

为了更直观地看出不同动核义类与当事句法成分搭配情况，我们作了统计，如表 3.9 所示。

表 3.9 动核义类与当事句法成分搭配情况（单位：个）

动核义类	句法成分			
	当事主语 SDPV、SDCV、PVSD	当事兼语 JDPV、JDCV	当事宾语 CVOD、ODPV、PVOD	当事状语 DDPV
A 人	7	0	0	0
B 物	9	0	0	0
C 时间与空间	1	0	0	0
D 抽象事物	17	1	0	0
E 特征	2 236	86	15	0
F 动作	416	21	0	4
G 心理活动	1 874	167	1	6
H 活动	460	21	0	1
I 现象与状态	1 241	85	7	3
J 关联	3 803	158	0	0
K 助语	163	5	13	8
L 敬语	1	0	1	0
合计	10 228	544	37	22

从纵向来看，与当事主语相搭配的谓语可以是《同义词词林》中任一义类，与当事兼语相配的动词义类较多一些，而与当事宾语和当事状语相搭配的动词义类则比较少。从横向来看，G 心理活动、I 现象与状态、K 助语类动核可以搭配任一当事句法成分。

义类大类反映的信息还是比较粗糙的，我们把考察视角深入到动核义类中类上，具体分布情况如表 3.10 所示。

表 3.10 与当事搭配的动核义类中类分布

义类	个数/个	百分比/%	义类	个数/个	百分比/%
Aa 泛称	4	0.04	Af 身份	1	0.01
Ab 男女老少	0	0	Ag 状况	2	0.02
Ac 体态	0	0	Ah 亲人、眷属	0	0
Ad 籍属	0	0	Ai 辈次	0	0
Ae 职业	0	0	Aj 关系	0	0

续表

义类	个数/个	百分比/%	义类	个数/个	百分比/%
Ak 品性	0	0	Df 意识	0	0
Al 才识	0	0	Dg 比喻物	0	0
Am 信仰	0	0	Dh 臆想物	0	0
An 丑类	0	0	Di 社会、政法	2	0.02
Ba 统称	1	0.01	Dj 经济	0	0
Bb 拟状物	0	0	Dk 文教	2	0.02
Bc 物体的部分	0	0	Dl 疾病	0	0
Bd 天体	0	0	Dm 机构	0	0
Be 地貌	0	0	Dn 数量、单位	1	0.01
Bf 气象	0	0	Ea 外形	312	2.88
Bg 自然物	1	0.01	Eb 表象	702	6.48
Bh 植物	0	0	Ec 颜色、味道	130	1.2
Bi 动物	0	0	Ed 性质	685	6.32
Bj 微生物	0	0	Ee 德才	311	2.87
Bk 全身	2	0.02	Ef 境况	197	1.82
Bl 排泄物、分泌物	0	0	Fa 上肢动作	27	0.25
Bm 材料	4	0.04	Fb 下肢动作	5	0.05
Bn 建筑物	0	0	Fc 头部动作	390	3.6
Bo 机具	0	0	Fd 全身动作	19	0.18
Bp 用品	0	0	Ga 心理状态	515	4.75
Bq 衣物	0	0	Gb 心理活动	1 483	13.69
Br 食品、药品、毒品	1	0.01	Gc 能愿	50	0.46
Ca 时间	0	0	Ha 政治活动	10	0.09
Cb 空间	1	0.01	Hb 军事活动	2	0.02
Da 事情、情况	7	0.06	Hc 行政管理	19	0.18
Db 事理	1	0.01	Hd 生产	8	0.07
Dc 外貌	1	0.01	He 经济活动	35	0.32
Dd 性能	4	0.04	Hf 交通运输	10	0.09
De 性格、才能	0	0	Hg 教卫科研	25	0.23

续表

义类	个数/个	百分比/%	义类	个数/个	百分比/%
Hh 文体活动	6	0.06	Ih 变化	470	4.34
Hi 社交	143	1.32	Ja 联系	2 752	25.41
Hj 生活	208	1.92	Jb 异同	416	3.84
Hk 宗教活动	0	0	Jc 配合	67	0.62
Hl 迷信活动	3	0.03	Jd 存在	425	3.92
Hm 公安、司法	10	0.09	Je 影响	322	2.97
Hn 恶行	3	0.03	Ka 疏状	109	1.01
Ia 自然现象	57	0.53	Kb 中介	46	0.42
Ib 生理现象	314	2.9	Kc 联结	11	0.1
Ic 表情	77	0.71	Kd 辅助	0	0
Id 物体状态	173	1.6	Ke 呼叹	0	0
Ie 事态	110	1.02	Kf 拟声	3	0.03
If 境遇	89	0.82	L 敬语	1	0.01
Ig 始末	46	0.42	合计	10 831	100

表 3.10 中排在前 20 位的动核义类顺序是 Ja（2752）>Gb（1483）>Eb（702）>Ed（685）>Ga（515）>Ih（470）>Jd（425）>Jb（416）>Fc（390）>Je（322）>Ib（314）>Ea（312）>Ee（311）>Hj（208）>Ef（197）>Id（173）>Hi（143）>Ec（130）>Ie（110）>Ka（109）。前 20 类占总数的 93.87%，且集中在 J、G、E、F 和 H 类，成离散性分布，即除了“Hk 宗教活动”都可以做当事引导的动核。

根据义类大类和中类分布情况，可以将与当事搭配的动核分为以下六类。

（1）关联类。用来连接关联关系的主体，这一类是最多的。例如：

（*5410*）[S 金/b 表/n] D1 [P 匹配/v] V1 [O 这/r 条/q 链子/n] K1……（匹配：Jc01）

（2）特征描述类。用来连接性质、状态的主体。例如：

（*571*）[D 在/p 一个/m 孩子/n 的/u 眼睛/n 里/f] E，[S 他/r 的/u

老师/n]D1D2D3[D 是/d[D 多么/d[P 慈爱/a]V1，[D 多么/d[P 公平/a]V2，[D 多么/d[P 伟大/a]V3 啊/y。（慈爱：Ee01；公平：Ee40；伟大：Ed20）

（3）心理活动类。包括心理动词和一些与心理有关的形容词，如“高兴、愤怒、懂事”等。例如：

（*340*）……[S 心里/s]D2[P 难过/a]V2[C 极/d 了/y。（难过：Ga01）

（*1305*）[S 我/r]D1S2S3[P 害怕/v]V1[C 到/v 了/u 极点/n]P1……（害怕：Ga16）

（4）现象状态变化类。用来连接状态、活动变化的主体。例如：

（*4242*）[S 这些/r{斗争/vn}@和/c{探索/vn}@]S1D2……[D 又/d[D 一/m 次/q 一/m 次/q 地/u[P 失败/v]V2 了/y。（失败：If21）

（5）社交、生活类。用来连接社交、生活活动的主体。例如：

（*941*）[S 他们/r]D[D 向/p 皇帝/n]T[P 建议/v]V，[O[D 用/p 这/r 新/a 的/u、美丽/a 的/u 布料/n]I1[P 做/v]V1[C 成/v[O 衣服/n]R1……（建议：Hc14）

（*1385*）[S 幸福/an]D[D 也/d[VT 需要/v][P 提醒/v]V 吗/y?（提醒：Hg02）

（6）看、听等头部动作类。用来连接头部动作的主体。例如：

（*88*）[D 这时/r]H[P 我/r]D1[P 看见/v]V1[O 他/r 的/u 背影/n]K1……（看见：Fc04）

鲁川（2001）在《汉语语法的意合网络》中指出：“配元体现的是谓词能带特有周边角色的意合潜力。这种意合潜力是由谓词本身的词汇意义决定的。”根据上述对动词的分析，并参考袁毓林（2007）对相关语义角色的鉴定，我们将当事自身表现出来的词汇语义特征进行分析，结果如下所示：自立性、先存性，即其所指的事物先于动词所表示的事件独立存在，主体不能自由指派该动作行为；无意志性，即主体在由动词所表示的事件中表现出了不经意性；变化性，即其所指的事物的状态在由动词所表示的事件中发生了变化；感知性，即其所指的事物在由动词所表示的事件中表现出了某种感知能力，主要是心理动词和一些与心理有关的形容词的主语；关联性，即其所指的事物在由动词所表示的事件中表现出了关联性；特征性，即有关性状的主体在事件中表现了某种特征；非可控性，即在形容词、动词所表示的事件中，主体是不能控制的；话题性，即主体并不参与到动作中去，只是谓语说明的一个对象。名核只有具备[+自立性]和其他任一语义特征才可能充任当事。

一般来说“A 人”最先实现的是施事，但从上面的动词义类可以发现，在这里他们并不表现出“使动”的一面，而表现出感知性、关联性、特征性、非可控性、话题性的特征，因而出现了 A 类在当事中占有绝对优势的情况。

语义角色句法实现的词汇语义制约不仅体现在名核和动核各自的语义特征上，还体现在双方的搭配制约上，当事角色义类与动核义类搭配情况如表 3.11 所示。

表 3.11 当事角色义类与动核义类搭配情况（单位：个）

动核义类	名核义类												合计
	A	B	C	D	E	F	G	H	I	J	K	L	
A	2	0	1	1	0	0	0	0	1	1	1	0	7
B	1	1	0	1	4	0	0	0	1	0	1	0	9
C	0	1	0	0	0	0	0	0	0	0	0	0	1
D	10	2	0	3	3	0	0	0	0	0	0	0	18
E	512	731	154	731	127	3	8	36	19	1	15	0	2 337
F	366	56	3	13	1	0	1	1	0	0	0	0	441
G	1 807	88	7	105	31	1	0	3	3	2	1	0	2 048
H	257	76	11	95	24	2	5	8	3	0	1	0	482
I	478	403	62	302	45	1	10	23	9	2	1	0	1 336
J	787	823	226	1 121	798	13	42	86	62	13	11	0	3 982
K	39	34	8	48	27	0	3	4	3	3	0	0	169
L	1	0	0	0	0	0	0	0	0	0	0	0	1
合计	4 260	2 215	472	2 420	1 060	20	69	161	101	22	31	0	10 831

句子中动词词义和名词词义是互相缠绕的，两个词汇语义单位组合的前提应是有共同的义素，即句子能否成立是动词词义和名词词义共同作用的结果，在这里我们通过义类的搭配规则来看当事句法实现的制约特点。由于 L 类比较特殊，很少和其他类组合，我们在论述中将其排除在外。从表 3.11 中横向可以看出 E 类、I 类、J 类可以和任一类的名核义类相组合；从纵向来看，没有一类名核可以自由地和动核搭配，只是 A、D、B、E、C 类较其他类多，占总数的 96.27%，这也说明当事主要由 A、D、B、E、C 类充当。上面规则排在前 10 位的是 A+G（1807）＞D+J（1121）＞B+J（823）＞E+J（798）＞A+J（787）＞B+E（731）=D+E（731）＞A+E（512）＞A+I（478）＞B+I（403）。同时，在封闭域中也可以将表 3.11 看成一张二维真值表，再配以概率统计数据可以为语义角色自动标注提供数据基础。

3.3　领事句法实现的词汇语义制约

不同学者在对语义角色数量及名称的确定上有比较大的差异，甚至同一个学者在不同时期、不同的研究论著中的表述也不尽相同。提到领事的有邵敬敏（1997）、林杏光（1999）、鲁川（2001）、董振东等（2007）。鲁东大学汉语句法语义标注库将领事定义为领有者（亢世勇等，2018）等。另外，史有为（1984）提出过一个“领属”，与上面的领事不同，领属是指以指称词为核心的语义格。本体学者的领事含义大致相同，都是指“领属关系的主体或整分关系的整体”，工程体系中的 possessor 只指第一个方面“领属关系的主体”，整分关系中的整体一般会用另外的语义角色去细化表示。我们对领事的定义是：事件中有领属关系的主体，与分事和客事相对。

3.3.1　领事及其词汇语义类与句法成分的对应关系

3.3.1.1　领事的句法配位

领事的句法配位有 6 类，依次为 SLPV、JLPV、PVSL、PVOL、OLPV、PVJL，具体见表 3.12。

表 3.12 领事的句法配位情况

序号	格式	个数/个	百分比/%
1	SLPV	1040	93.95
2	JLPV	24	2.17
3	PVSL	19	1.72
4	PVOL	15	1.36
5	OLPV	6	0.54
6	PVJL	3	0.27
合计		1107	100.00

从表 3.12 可以看出，领事除了可以映射为主语，还可以映射为兼语、宾语。

1. 领事映射为主语

共 1059 个，占总数的 95.66%，具体分类如下。

1）SLPV 式

这是领事句法配位最多的一类，共 1040 个，占总数的 93.95%。例如：

（*525*）可是/c[S 他/r]L1D2[P 有/v]V1[O 足够/a 的/u 勇气/n]K1[D 把/p 今天/t 的/u 功课/n]KB2[P 坚持到底/l]V2。

2）PVSL 式

这一类谓语前置，一般形成谓语在前、主语在后的格式，也有跨小句的例子出现，共 19 个，占总数的 1.72%。例如：

（*686*）[P 没有/v]V1[O 爱/vn]K1[S 你/r]L1L2[D 就/d[P 没有/v]V2[O 欢乐/an]K2,[S 你/r]S3[D 就/d[D 不/d[D 愿/v[P 游玩/v]V3。

（*9490*）[P 有/v 了/u]V1[O 这个/r 信念/n]K1,[S 我们/r]L1S2[D 将/d[D 能/v[D 把/p 这个/r 国家/n 刺耳/a 的/u 争吵声/n]OB2D3,[P 改变/v]V2[P 成为/v]V3[O 一/m 支/q 洋溢/v 手足/n 之/u 情/n 的/u 优美/a 交响曲/n]X3。

2. 领事映射为兼语

共 27 个，占总数的 2.44%，又分为两种格式。

1）JLPV 式

这一类在整个领事配位中占第二位，共 24 个，占总数的 2.17%。例如：

（*3640*）[P 让/v]V1[J 他们/r]O1+L2S3L4S5[D 既/d[P 没有/v]V2[O 淡水/n]K2O3[P 喝/v]V3，[D 也/d[P 没有/v]V4[O 淡水/n]K4[P 种/v]V5[O 庄稼/n]O5。

这里的“让”是“致使、容许、听任”的意思，必带兼语。

2）PVJL 式

这一类共 3 个，占总数的 0.27%，其谓语带有“归属”的语义特征。例如：

（*1975*）[S 这/r 虾/n]K1[D 照例/d[D 是/d[P 归/v]V1[J 我/r]L1+S2[P 吃/v]V2 的/u。

3. 领事映射为宾语

共 21 个，占总数的 1.90%，主要有两种情况。

1）PVOL 式

PVOL 类中的动核带有[+属于]或[+构成]的语义特征，共 15 个，占总数的 1.36%。例如：

（*2195*）[D 莫非/d，[S 艺术/n]K[D 是/d[P 属于/v]V[O{弱者/n}@、{失败者/n}@]L 的/u？

2）OLPV 式

在这种情况下，领事和动核跨句发生语义联系。这里的“宾”是指名核在前面的小句作宾语，共 6 个，占总数的 0.54%。例如：

（*12609*）[S 他/r]S1[P 做/v]V1[O 各种/r 事/n]O1L2，[P 有/v]V2[O 各种/r 意义/n]K2……

3.3.1.2 领事的句法填位

领事角色词汇语义类句法填位情况如表 3.13 所示。

表 3.13 领事角色词汇语义类大类的句法填位情况（单位：个）

义类	成分		
	领事主语 SLPV、PVSL	领事兼语 JLPV、PVJL	领事宾语 OLPV、PVOL
A 人	477	14	7
B 物	207	4	8
C 时间与空间	37	0	2
D 抽象事物	271	7	4
E 特征	42	0	0
F 动作	1	0	0
G 心理活动	2	0	0
H 活动	11	1	0
I 现象与状态	6	1	0
J 关联	5	0	0
K 助语	0	0	0
L 敬语	0	0	0
合计	1059	27	21

从表 3. 13 中可见，领事的词汇语义填位地位并不是一样的，而是有着先后顺序：①充当领事主语的义类：A>D>B>E>C>H>I>J>G>F；②充当领事兼语的义类：A>D>B>H=I；③充当领事宾语的义类：B>A>D>C。

充当领事主语、兼语的义类保持了一致的填位序列，即 A>D>B>H。领事宾语则有些变化，即 B>A>D>C，这说明充当宾语的义类最多的还是物类。充当领事的义类虽然整体上看比较分散，但有几个类比较突出，A 人、D 抽象事物、B 物、E 特征、C 时间与空间已占到了 97.56%。E 类之所以占到第四位，和当事的情况一样，是因为我们把“这、那、各……”都标为 Ed61。

通过梳理词频排名前 100 的词可以更直观地看出这个问题：

（1）我\91；（2）他\67；（3）我们\44；（4）它\40；（5）人\36；

（6）她\30；（7）你\27；（8）他们\20；（9）这\17；（10）花\15；（11）谁\13；（12）自己\13；（13）东西\8；（14）话\8；（15）其中\8；（16）宇宙\8；（17）语言\8；（18）家\7；（19）那\7；（20）事\7；（21）母亲\6；（22）诗\6；（23）它们\6；（24）字\6；（25）本身\5；（26）格里高尔\5；（27）社会\5；（28）我国\5；（29）作品\5；（30）部门\4；（31）各\4；（32）故事\4；（33）孩子\4；（34）声\4；（35）时钟\4；（36）颜色\4；（37）城\3；（38）地区\3；（39）歌曲\3；（40）叫声\3；（41）老人\3；（42）律诗\3；（43）名称\3；（44）您\3；（45）秋\3；（46）人们\3；（47）生活\3；（48）数字\3；（49）天空\3；（50）小说\3；（51）修辞\3；（52）徐霞客游记\3；（53）学说\3；（54）中国\3；（55）中国人\3；（56）班\2；（57）材料\2；（58）陈奂生\2；（59）答案\2；（60）道路\2；（61）杜小康\2；（62）法律\2；（63）方法\2；（64）方式\2；（65）妇女\2；（66）工作\2；（67）姑娘\2；（68）闺女\2；（69）汉语\2；（70）好人\2；（71）河水\2；（72）鹤\2；（73）黑洞\2；（74）坏人\2；（75）鲫鱼\2；（76）阶段\2；（77）境界\2；（78）句子\2；（79）昆虫\2；（80）马克思主义\2；（81）美国\2；（82）孟子\2；（83）民族\2；（84）母女\2；（85）木叶\2；（86）那儿\2；（87）能力\2；（88）品种\2；（89）青年\2；（90）青山\2；（91）情况\2；（92）人生\2；（93）肉\2；（94）身子\2；（95）生人\2；（96）石拱桥\2；（97）石头\2；（98）时代\2；（99）事情\2；（100）数学\2。

词频统计结果显示，排在前面的几乎全是代词，A、D、B、H 类都占有一定的数量。词频在 2 以上的，共 124 个词，746 词次，占总数的 67.39%。

除了 Ed 类外，E 大类中的 Eb（3 个）、Ee（2 个）分别为代词、名形词。例如：

（*10459*）[S 有的/r]L 则/c[P 微带/v]V[O 黄色/n]K。

（*9168*）要是/c[P 没有/v]V1[O 愚钝/an]K1，[S 机智/an]L2[D 还/d[P 有/v]V2[O 什么/r 光荣/an]K2 呢/y?

在现实中，除了人、物可以拥有事物外，“C 时间与空间”也可以拥有、占有人或事物。例如：

（*4336*）……[S 每个/r 时代/t]L2[D 都/d[P 有/v]V2[O 很/d 多/a 这样/r 有/v 骨气/n 的/u 人/n]K2。（时代：Ca01）

表 3.13 中 F、G、H、I、J 也占了一小部分，这些动词义类的出现是词汇层面的词性和句法层面的词性不同造成的，也就是这部分词在词汇层面是动词（《同义词词林》中的义类是建立在这个层面上的），但在句法层面却转换成了名词性质的。例如：

（*8793*）……[S 小/a 睡/v]L3[D 也/d[D 别/d[P 有/v]V3[O 风味/n]K3 的/y]U。（睡：Fd03）

领事角色映射为主语、兼语时，其内部不同的义类投射的优先级或者说投射强度并不一样。总体来看，主语、兼语对"人"类的优选力强，"人"类的词语在充当领事时优先投射到主语、兼语；宾语对"物"的优选力强，"物"类的词语在充当领事时优先投射到宾语。

领事角色词汇义类中类分布情况如表 3.14 所示。

表 3.14 领事角色词汇义类中类分布

义类	个数/个	百分比/%	义类	个数/个	百分比/%
Aa 泛称	407	36.77	An 丑类	2	0.18
Ab 男女老少	19	1.72	Ba 统称	60	5.42
Ad 籍属	5	0.45	Bb 拟状物	17	1.54
Ae 职业	9	0.81	Be 地貌	10	0.9
Af 身份	6	0.54	Bf 气象	6	0.54
Ag 状况	2	0.18	Bg 自然物	30	2.71
Ah 亲人、眷属	20	1.81	Bh 植物	34	3.07
Ai 辈次	2	0.18	Bi 动物	19	1.72
Aj 关系	7	0.63	Bk 全身	11	0.99
Ak 品性	9	0.81	Bm 材料	5	0.45
Al 才识	9	0.81	Bn 建筑物	15	1.36
Am 信仰	1	0.09	Bo 机具	4	0.36

续表

义类	个数/个	百分比/%	义类	个数/个	百分比/%
Bp 用品	6	0.54	Ed 性质	37	3.34
Bq 衣物	2	0.18	Ee 德才	2	0.18
Ca 时间	15	1.36	Fd 全身动作	1	0.09
Cb 空间	24	2.17	Gb 心理活动	2	0.18
Da 事情、情况	42	3.79	Ha 政治活动	1	0.09
Db 事理	19	1.72	Hb 军事活动	3	0.27
Dc 外貌	3	0.27	Hd 生产	1	0.09
Dd 性能	13	1.17	Hg 教卫科研	1	0.09
De 性格、才能	6	0.54	Hi 社交	3	0.27
Df 意识	10	0.9	Hj 生活	3	0.27
Dg 比喻物	2	0.18	Ib 生理现象	2	0.18
Dh 臆想物	1	0.09	Id 物体状态	1	0.09
Di 社会、政法	52	4.7	Ie 事态	2	0.18
Dj 经济	2	0.18	If 境遇	1	0.09
Dk 文教	123	11.11	Ih 变化	1	0.09
Dm 机构	2	0.18	Jd 存在	2	0.18
Dn 数量、单位	7	0.63	Je 影响	3	0.27
Eb 表象	3	0.27	合计	1107	100

充当领事角色排位前 20 的义类顺序为：Aa>Dk>Ba>Di>Da>Ed>Bh>Bg> Cb>Ah>Ab=Bi=Db>Bb>Bn=Ca>Dd>Bk>Be=Df。

除了 Ed 比较特殊外，汉语中优先实现为领事的是 A 人、D 抽象事物、B 物、C 时间与空间，其他类要排在 30 位以后，到第 33 位时，已经达到 1059 个，占总数的 95.66%，这说明人、物、时空优先投射为领事。

《同义词词林》的 95 个中类中，有 36 类无法投射填位到领事句法成分中，占 37.89%，其他中类的词都可以投射到领事句法成分上。

领事角色词汇义类中类句法填位情况如表 3.15 所示。

表 3.15 领事角色词汇义类中类句法填位情况（单位：个）

义类	领事主语	领事兼语	领事宾语	义类	领事主语	领事兼语	领事宾语
Aa 泛称	391	12	4	Dc 外貌	3	0	0
Ab 男女老少	19	0	0	Dd 性能	12	0	1
Ad 籍属	5	0	0	De 性格、才能	6	0	0
Ae 职业	9	0	0	Df 意识	10	0	0
Af 身份	4	1	1	Dg 比喻物	2	0	0
Ag 状况	2	0	0	Dh 臆想物	1	0	0
Ah 亲人、眷属	20	0	0	Di 社会、政法	51	1	0
Ai 辈次	2	0	0	Dj 经济	2	0	0
Aj 关系	6	1	0	Dk 文教	118	4	1
Ak 品性	7	0	2	Dm 机构	2	0	0
Al 才识	9	0	0	Dn 数量、单位	7	0	0
Am 信仰	1	0	0	Eb 表象	3	0	0
An 丑类	2	0	0	Ed 性质	37	0	0
Ba 统称	52	2	6	Ee 德才	2	0	0
Bd 天体	17	0	0	Fd 全身动作	1	0	0
Be 地貌	10	0	0	Gb 心理活动	2	0	0
Bf 气象	4	0	2	Ha 政治活动	1	0	0
Bg 自然物	30	0	0	Hb 军事活动	3	0	0
Bh 植物	33	1	0	Hd 生产	1	0	0
Bi 动物	19	0	0	Hg 教卫科研	1	0	0
Bk 全身	11	0	0	Hi 社交	2	1	0
Bm 材料	5	0	0	Hj 生活	3	0	0
Bn 建筑物	15	0	0	Ib 生理现象	2	0	0
Bo 机具	3	1	0	Id 物体状态	1	0	0
Bp 用品	6	0	0	Ie 事态	2	0	0
Bq 衣物	2	0	0	If 境遇	1	0	0
Ca 时间	15	0	0	Ih 变化	0	1	0
Cb 空间	22	0	2	Jd 存在	2	0	0
Da 事情、情况	38	2	2	Je 影响	3	0	0
Db 事理	19	0	0	—	—	—	—

从横向来看，按照领事义类的填位情况，我们将其分为以下三种类型：①全填位型。这个类型中的义类可以填位到任何领事充当的句法成分，共 5 类，即 Aa 泛称，Af 身份，Ba 统称，Da 事情、情况，Dk 文教。②零填位型。这个类型中的义类不能填位到任何领事充当的句法成分，共 36 类，如 Ac 体态、Bb 拟状物、Bc 物体的部分、Bj 微生物和 Bl 排泄物、分泌物等。③有限填位型。这个类型中的义类可以有选择地填位到领事充当的句法成分中，共 54 类，如 Ab 男女老少、Ad 籍属等。从纵向来看，有 58 类词可以投射为领事主语，11 类可以投射为领事兼语，9 类可以投射为领事宾语，也就是说充当领事的词汇最先投射为领事主语。

词类对词义消歧乃至语义角色标注都有着重要的影响，表 3.16 是领事角色词汇词性分布统计表。

表 3.16　充当领事的词语的词性

名核词性	个数/个	百分比/%	名核词性	个数/个	百分比/%	名核词性	个数/个	百分比/%
n	586	52.94	Ng	4	0.36	Tg	2	0.18
r	416	37.58	s	4	0.36	a	1	0.09
nr	43	3.88	an	3	0.27	m	1	0.09
vn	20	1.81	f	3	0.27	nt	1	0.09
ns	11	0.99	t	3	0.27	—	—	—
v	7	0.63	nz	2	0.18	合计	1107	100

由表 3.16 可见，充当领事语义角色的词涵盖 16 种词类，其中名词、代词、人名（nr）、名动（vn）、处所名词（ns）、处所词、机构名词（nt）、名形（an）、方位词、专名（nz）、时间词、名语素（Ng）共 1096 个，占总数的 99.01%，这说明充当领事语义角色的多是名词和代词等体词性词语。其中 v、a 的出现则是由词性的变化造成的。

3.3.2　领事句法实现的词汇语义制约特点

语义角色句法实现是名核和动核词汇语义双向制约的过程，如果仅从领事来看制约条件还不够，表 3.17 是与领事角色搭配的动核义类大类分布情况。

表 3.17　与领事相搭配的动核义类大类分布

义类大类	个数/个	百分比/%	义类大类	个数/个	百分比/%
J 关联	842	76.06	E 特征	4	0.36
K 助语	202	18.25	G 心理活动	1	0.09
H 活动	48	4.34	—	—	—
I 现象与状态	10	0.90	合计	1107	100.00

与领事搭配的动核义类大类占比由多到少的排列顺序为 J 关联>K 助语>H 活动>I 现象与状态>E 特征>G 心理活动。这说明与领事相配的动词需要具有[+关联]、[+疏状]、[+活动]、[+现象状态]、[+特征]、[+心理活动]等方面的语义特征，如图 3.3 所示。

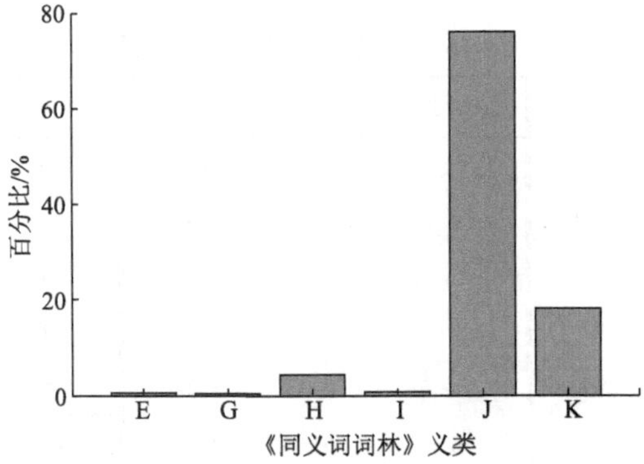

图 3.3　与领事相搭配的动核义类大类分布图

表 3.18 是动核义类与领事角色不同句法成分搭配情况统计。

表 3.18　动核义类大类与领事各句法成分相搭配情况（单位：个）

义类	成分		
	领事主语 SLPV、PVSL	领事兼语 JLPV、PVJL	领事宾语 OLPV、PVOL
A 人	0	0	0
B 物	0	0	0
C 时间与空间	0	0	0
D 抽象事物	0	0	0
E 特征	4	0	0

续表

义类	成分		
	领事主语 SLPV、PVSL	领事兼语 JLPV、PVJL	领事宾语 OLPV、PVOL
F 动作	0	0	0
G 心理活动	1	0	0
H 活动	47	1	0
I 现象与状态	9	0	1
J 关联	799	23	20
K 助语	199	3	0
L 敬语	0	0	0
合计	1059	27	21

从纵向来看，没有一类动核义类可以自由地与领事各句法成分搭配、做谓语；与领事主语搭配、做谓语的多一些。从横向来看，“J 关联”类动核可以连接任一领事句法成分。

动核义类中类与领事角色搭配的具体情况如表 3.19 所示。

表 3.19 与领事搭配的动核义类中类分布

义类	个数/个	百分比/%	义类	个数/个	百分比/%
Jd 存在	820	74.07	Eb 表象	3	0.27
Ka 疏状	202	18.25	Ie 事态	2	0.18
Hj 生活	35	3.16	Ed 性质	1	0.09
Ja 联系	21	1.90	Gb 心理活动	1	0.09
He 经济活动	13	1.17	Je 影响	1	0.09
Ib 生理现象	4	0.36	—	—	—
Id 物体状态	4	0.36	合计	1107	100.00

与领事搭配的动核义类中类占比由多到少排序为：Jd＞Ka＞Hj＞Ja＞He＞Ib= Id＞Eb＞Ie＞Ed=Gb=Je。

“Jd 存在”多集中在“Jd04 有、占有”和“Jd06 充满、满怀、包含、显露、呈现”上，这两类都带有[+拥有]的语义特征；“Ka 疏状”全是“Ka18 不、没”

类，这一类具有[–拥有]的语义特征；“Hj 生活”类集中在“Hj36 携带、跟随”上，在具体句子中多由词汇“带”来充当，也具有[+拥有]的语义特征；“Ja 联系”全部集中在“Ja06 归于、属于”类上，这一类具有[+拥有]的语义特征；“He 经济活动”集中在“He14 足够、相抵、剩余、结存、亏欠”和“He15 缺少、遗漏”上，也具有[+拥有]或[–拥有]的语义特征。其他中类也是如此，不再赘述。

根据上面的分析，我们可以发现，与领事搭配的动核都带有[+拥有]、[–拥有]的语义特征。

通过对领事搭配的动核义类的分析，可以将领事的语义特征归纳如下：自立性，即其所指的事物先于动词所表示的事件独立存在，领事都具有自立性；非自主性，即领事不能发出该动作行为，是表领属关系的主体。

一般来说，B 最可能充当受事角色，但这里为什么排在第二呢？从与之搭配的动词义类可以发现，在这里它们并不表现出“受动性”的一面，而表现出拟人性、整体性的特征，使之成为[+拥有]的主体。

领事角色义类与动核义类的搭配情况统计如表 3.20 所示。

表 3.20 领事角色义类与动核义类搭配情况（单位：个）

动核义类	名核义类												合计
	A	B	C	D	E	F	G	H	I	J	K	L	
A	0	0	0	0	0	0	0	0	0	0	0	0	0
B	0	0	0	0	0	0	0	0	0	0	0	0	0
C	0	0	0	0	0	0	0	0	0	0	0	0	0
D	0	0	0	0	0	0	0	0	0	0	0	0	0
E	1	0	0	3	0	0	0	0	0	0	0	0	4
F	0	0	0	0	0	0	0	0	0	0	0	0	0
G	1	0	0	0	0	0	0	0	0	0	0	0	1
H	23	17	0	5	2	0	0	1	0	0	0	0	48
I	3	5	1	1	0	0	0		0	0	0	0	10
J	336	172	30	246	37	1	2	8	6	4	0	0	842
K	134	25	8	27	3	0	0	3	1	1	0	0	202
L	0	0	0	0	0	0	0	0	0	0	0	0	0
合计	498	219	39	282	42	1	2	12	7	5	0	0	1107

从横向来看，J 类可以和除 K、L 外的任一类的名核义类相组合；从纵向来看，没有一类名核可以完全自由地和动核搭配，只是 A、D、B、E、C 类较其他类多，占总数的 97.56%，这也说明领事主要由 A、B、D、E、C 类充当。搭配组合排在前 10 位的是 A+J（336）＞D+J（246）＞B+J（172）＞A+K（134）＞E+J（37）＞C+J（30）＞D+K（27）＞B+K（25）＞A+H（23）＞B+H（17），占总数的 94.58%。领事角色义类与动核义类的搭配分布比较集中，对排除规则的制定非常有利。

3.4　共事句法实现的词汇语义制约

共事这一类语义角色多和前面的主语共同参与了某个事件，其语义角色可以标注为与主语一样的角色，所以很多学者并不将其单列为一类。但也有学者将其归为别的语义角色中，如北大中文网库没有共事，就将其归为与事。北大中文网库的与事是指作为谓词所表示的事件的非主动的参与者，包括：①共同参与者（具有一定的主体性质，但处于从属地位）；②被动的受益者和施益者；③动作所朝向或针对的对象（一般是人物），相当于我们的共事和与事两个语义角色。鲁川（2001）则将共事放入到涉事中，共包含了五类：①关联关系中的相关者；②事件中的伴随者；③事件中的排除者；④事件中的受益者；⑤事件中的受损者。显然鲁川的涉事也包含了我们的共事和与事。范晓（1991）、范晓和朱晓亚（1999）、陈昌来（2003）对共事采取了大致相同的处理办法，他们将共事放在与事下，认为共事是和施事或系事协同参与某动作行为的参与者，多由介词“和、跟、同、与”引导。

林杏光（1999）则将这一类语义角色称为“同事”，指事件中所伴承或排除的间接客体，他按其带格标的情况将其分为四类：①“跟”类（包括跟、和、与、同等介词），如“你跟同事好好商量”；②“除了”类，如“除了他别人都知道”；③“连”类，如“这个橘子她连皮也吃了”；④“¢”类（零介词），如“我们需要团结群众”。

在 HowNet 中，这一语义角色被分成了两类：一类是合作施事（coagent），表示一个事件中与主体相对的实体，而且这个实体是不可或缺的，如果缺少了，那么这个事件就不能成立，如“今天下午，我和小王下了一盘棋”；二是相伴体

（partner）表示关联关系、变关联、时空关系或较量等事件中的与主体相对的实体，如“她跟她妈妈相处得不好”。

本书的共事指事件中共同参与动作行为的角色，不包含表示针对对象的角色，后者我们归入与事。例：他便又忙着[和他们]Y 讲价钱。

3.4.1 共事及其词汇语义类与句法成分的对应关系

3.4.1.1 共事的句法配位

共事只有一种句法配位，即 DYPV 式，共 296 例。例如：

（*110*）[S 我/r]D[P 不知/v]V[O[D 何时/r]H[D 再/d[D 能/v[D 与/p 他/r]Y[P 相见/v]V]U!

我们所建信息库中的共事都由介词来引导，不包括林杏光（1999）所说的“ø”类，如“我们需要团结群众”中的“群众”我们并不标注为共事；也不包括三元互向动词句中共事跟主事融合或结合在一起的情况，如“我们商量过这件事”“小王小李商量过这件事”中的“我们”和“小王小李”。

3.4.1.2 共事的句法填位

不同义类投射共事状语的能力是不一样的，具体情况如表 3.21 所示。

表 3.21 共事的句法填位情况

义类	个数/个	百分比/%	义类	个数/个	百分比/%
A 人	159	53.90	I 现象与状态	4	1.36
D 抽象事物	57	19.32	C 时间与空间	3	1.02
B 物	56	18.98	G 心理活动	1	0.34
E 特征	8	2.71	—	—	—
H 活动	7	2.37	合计	295	100.00

共事角色不同义类填位为状语的能力不同，其序列如下：A>D>B>E>H>I>C>G。

按照常识来看，共事应只有“A 人”类来充当，为什么 A 类却只占到一半多一点，为什么D、B、E、H、I、C、G类还有相当一部分（几近占了一半）呢？下面通过例子来分析：

（*3345*）（四/m）[S 全桥/n]D1S2[PD[SX 结构/n]D[P 匀称/a]V]V1,[D和/p四周/s景色/n]Y2[P配合/v]V2得/u[C十分/d和谐/a。（景色：Dc02）

（*688*）[S 我/r]D[P 感到/v]V[O[S 我/r 的/u 心/n]S[D 跟/p 我/r 看/v 不/d 见/v 的/u 东西/n]Y，[D 跟/p 别人/r 的/u 心/n]Y，[D 都/d[D 是/v[D 紧紧地/z[P 连接/v]V[C 在/p 一起/s]P 的/y]U。（东西：Ba01；心：Df02）

（*2507*）……[O[S[S 爷爷/n]S1[D 给/p 他们/r]T1[P 起名/v]V1[D 都/d[D 和/p 植树/v]Y2[P 联系/v]V2[C 起来/v……（植树：Hd20）

从我们的定义来看，这些绝对不是典型的共事，但又和与事有区别。例如：

（*4181*）[S 你们/r]S[D 跟/p 他/r]T 怎么/r[P 说/v]V 的/u?

（*3345*）、（*688*）、（*2507*）和（*4181*）不同，前面三个句子中的“景色”“东西”“心”“植树”和主语一起参与到动核管辖的事件中，而（*4181*）中的“他”并不参与到动核中去，只是动核针对的对象。将共同参与到动核所承载的事件中的语义角色归为与事显然不合适，但如何处理目前这种情况呢？由于这部分词数量小、可辨性差，显然将这部分词单列为一个语义角色也是不太合适的，我们认为还是将其归为共事能好一些，且符合人们的普遍认知（中小学语文课本语料是由30多位本科生、研究生花费近两年的时间标注的，在没有特别强调的情况下，标注了将近150条有共性的角色，这说明其符合人们的认知）。我们可以将其分为典型与非典型两类，“他便又忙着[和他们]Y讲价钱”中的“他们”是一个典型的共事，而“[和四周景色]Y配合得十分和谐”是非典型的共事。

通过梳理词频大于2的词可以更直观地看出义类分布情况：

（1）我\22；（2）他\12；（3）人\11；（4）朋友\8；（5）我们\8；（6）你\7；（7）爷爷\6；（8）他们\5；（9）爸爸\4；（10）她

\4；（11）做\4；（12）大家\3；（13）儿子\3；（14）工人\3；（15）妈妈\3；（16）之\3；（17）俺\2；（18）船\2；（19）敌人\2；（20）父亲\2；（21）富贵\2；（22）节奏\2；（23）历史\2；（24）男孩\2；（25）您\2；（26）牛\2；（27）女孩\2；（28）社会\2；（29）生活\2；（30）实际\2；（31）事物\2；（32）手\2；（33）它\2；（34）无产阶级\2；（35）先生\2；（36）学说\2；（37）意义\2；（38）丈夫\2；（39）侦探\2；（40）资料\2；（41）自己\2。

排在前面的大部分都是“A 人”类，排在后面的则以物类居多，这也反映出“人”是典型的共事，“物”是非典型的共事。

表 3.22 是共事角色词汇义类中类分布情况。

表 3.22　共事角色词汇义类中类分布

义类	个数/个	百分比/%	义类	个数/个	百分比/%
Aa 泛称	84	29.47	Bp 用品	1	0.35
Ab 男女老少	8	2.81	Bq 衣物	1	0.35
Ae 职业	13	4.56	Br 食品、药品、毒品	3	1.05
Af 身份	6	2.11	Cb 空间	3	1.05
Ah 亲人、眷属	29	10.18	Da 事情、情况	17	5.96
Aj 关系	14	4.91	Db 事理	3	1.05
Al 才识	4	1.4	Dc 外貌	2	0.7
Am 信仰	1	0.35	Dd 性能	2	0.7
Ba 统称	5	1.75	Df 意识	5	1.75
Bd 天体	7	2.46	Dg 比喻物	1	0.35
Be 地貌	1	0.35	Dh 臆想物	2	0.7
Bf 气象	3	1.05	Di 社会、政法	6	2.11
Bg 自然物	7	2.46	Dk 文教	15	5.26
Bh 植物	8	2.81	Dn 数量、单位	4	1.4
Bl 排泄物、分泌物	1	0.35	Eb 表象	1	0.35
Bm 材料	3	1.05	Ed 性质	4	1.4
Bn 建筑物	2	0.7	Ee 德才	1	0.35
Bo 机具	4	1.4	Ef 境况	2	0.7

续表

义类	个数/个	百分比/%	义类	个数/个	百分比/%
Gb 心理活动	1	0.35	Ie 事态	1	0.35
Hd 生产	1	0.35	If 境遇	1	0.35
Hj 生活	5	1.75	Ih 变化	1	0.35
Hm 公安、司法	1	0.35	—	—	—
Ib 生理现象	1	0.35	合计	285	100.00

充当共事角色排位前 24 的义类顺序为：Aa＞Ah＞Da＞Dk＞Aj＞Ae＞Ab=Bh＞Bd= Bg＞Di=Af＞Ba=Hj=Df＞Al=Bo=Dn=Ed＞Bf=Bm=Br=Cb=Db。

排在前 20 位的义类多数为 A、D、B 三类，共 248 个，占总数的 87.02%，这说明最先投射为共事状语的义类为 A、D、B。另外，共事状语对填位的义类要求还是比较严格的，有 44 类可以填位到共事状语，有 51 类无法投射。

词类对词义消歧乃至语义角色标注都有着重要的影响，表 3.23 是共事角色词汇词性分布统计表。

表 3.23　共事角色词汇词性分布

词类	个数/个	百分比/%	词类	个数/个	百分比/%
n	197	66.78	a	3	1.02
r	76	25.76	m	2	0.68
v	6	2.03	an	1	0.34
nr	5	1.69	s	1	0.34
vn	4	1.36	合计	295	100.00

从表 3.23 中可见，充当共事语义角色的词涵盖 9 种词类，其中名词、代词共 273 个，占总数的 92.54%。这说明充当共事语义角色的多是名词和代词。v、a 等做共事是非典型共事，其也参与到后面的谓语主宰的事件中。

3.4.2　共事句法实现的词汇语义制约特点

表 3.24 是与共事搭配的动核义类大类分布情况。

表 3.24　与共事相搭配的动核义类大类分布

义类	个数/个	百分比/%	义类	个数/个	百分比/%
H 活动	134	45.42	K 助语	7	2.37
J 关联	66	22.37	E 特征	5	1.69
I 现象与状态	55	18.64	G 心理活动	2	0.68
F 动作	26	8.81	合计	295	100.00

与共事搭配的动核义类占比由多到少的排列顺序为：H>J>I>F>K>E>G。其中前四类占了绝大多数，如图 3.4 所示。

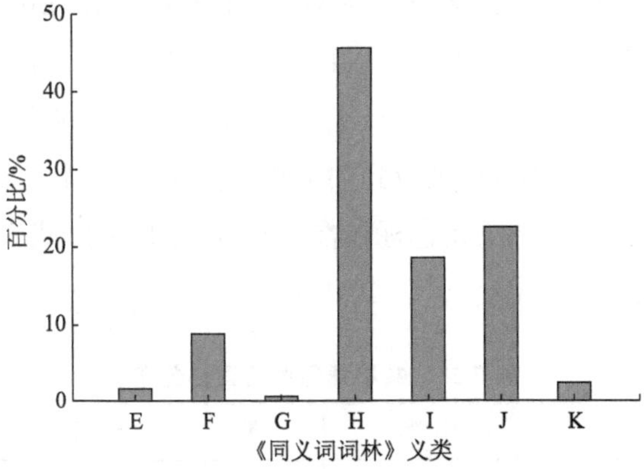

图 3.4　与共事相搭配的动核义类大类分布图

动核义类中类与共事角色搭配的具体情况如表 3.25 所示。

表 3.25　与共事搭配的动核义类中类分布

义类	个数/个	百分比/%	义类	个数/个	百分比/%
Hj 生活	59	20.00	Fa 上肢动作	10	3.39
Hi 社交	56	18.98	Fb 下肢动作	10	3.39
Ie 事态	26	8.81	Jb 异同	10	3.39
Jd 存在	24	8.14	Hd 生产	7	2.37
Je 影响	20	6.78	Ka 疏状	7	2.37
Id 物体状态	18	6.10	Hh 文体活动	6	2.03
Jc 配合	11	3.73	Ed 性质	5	1.69

续表

义类	个数/个	百分比/%	义类	个数/个	百分比/%
Fc 头部动作	5	1.69	Fd 全身动作	1	0.34
Ia 自然现象	4	1.36	Hm 公安、司法	1	0.34
Hg 教卫科研	3	1.02	Ib 生理现象	1	0.34
Gb 心理活动	2	0.68	Ic 表情	1	0.34
Hb 军事活动	2	0.68	Ih 变化	1	0.34
If 境遇	2	0.68	Ja 联系	1	0.34
Ig 始末	2	0.68	合计	295	100.00

与共事搭配的动核义类中类占比由多到少排在前 21 位的是：Hj＞Hi＞Ie＞Jd＞Je＞Id＞Jc＞Fa=Fb=Jb＞Hd=Ka＞Hh＞Ed=Fc＞Ia＞Hg＞Gb=Hb=If=Ig。

这说明与共事搭配最多的动核是“Hj 生活”“Hi 社交”类，人是群居动物，也是交互性合作动物，在共事领域里，这两类最先与其搭配。例如：

（*8968*）[D 有/v 一/m 次/q]N1[D 与/p 一/m 个 q 作家/n 朋友/n]Y1[P 聊天/v]V1……（聊天：Hi12）

“Ie 事态”类多集中在“Ie02 连接、纠缠、积压、结合、割裂”“Ie08 团结、离别”“Ie09 团聚、离别”上，这三类也是交互类动词，具有[+动作]、[+自主]、[+交互]的语义特征，也需要人的共同参与。例如：

（*1501*）[S 我们/r]S1S2S3S4S5[D 要/v[D 和/p 一切/r 资本主义/n 国家/n 的/u 无产阶级/n]Y1[P 联合/v]V1[C 起来/v……（联合：Ie08）

“Jd 存在”类在此表示共存或共无，也需要共事的参与。例如：

（*2031*）[D 其实/d[S 我们/r 这/r 白篷/n 的/u 航船/n]D1，[D 本/d[D 也/d[D 不/d[D 愿意/v[D 和/p 乌篷/n 的/u 船/n]Y1[P 在/v]V1[O 一处/s]P1……（在：Jd01）

影响是互相的，所以共事与“Je 影响”类搭配是很正常的；Fa、Fb、Fc 类是动作类，需要人们共同完成，共事应运而生；“Jb 异同”“Ed 性质”这两类需要比较才能确定，这样介词后的名核就成了共事，其他几类大致也都有了[+交互]的性质。通过上述分析可以将与共事搭配的动核归为一点：具有[+交互性]语义特征。

通过对与共事搭配的动核义类的分析，可以将共事的语义特征归纳如下：①依赖性，即不能离开主体而独自与动核结合表达完整句意。如前述例句（*110*）中包含了当事、动核和共事，句子才成立；如果只有共事和动核则不能够构成完整的句子，意思不明确。②标志性，即共事出现时都有格标引导，此次考察的格标情况统计如下：和（121）＞跟（85）＞与（63）＞同（17）＞连（2）=随着（2）＞除（1）=对（1）=跟着（1）=连同（1）=向（1）。

共事角色义类与动核义类搭配的情况如表 3.26 所示。

表 3.26　共事角色义类与动核义类搭配情况（单位：个）

动核义类	名核义类												合计
	A	B	C	D	E	F	G	H	I	J	K	L	
A	0	0	0	0	0	0	0	0	0	0	0	0	0
B	0	0	0	0	0	0	0	0	0	0	0	0	0
C	0	0	0	0	0	0	0	0	0	0	0	0	0
D	0	0	0	0	0	0	0	0	0	0	0	0	0
E	4	0	0	1	0	0	0	0	0	0	0	0	5
F	21	4	0	1	0	0	0	0	0	0	0	0	26
G	1	1	0	0	0	0	0	0	0	0	0	0	2
H	103	11	2	11	4	0	1	1	1	0	0	0	134
I	14	19	0	13	0	0	0	5	1	0	0	0	52
J	15	21	1	26	3	0	0	1	2	0	0	0	69
K	1	0	0	5	1	0	0	0	0	0	0	0	7
L	0	0	0	0	0	0	0	0	0	0	0	0	0
合计	159	56	3	57	8	0	1	7	4	0	0	0	295

从横向来看，没有一类动核可以和任一类的共事名核义类相组合，只是 H 类、J 类和 I 类可以较其他类更多；从纵向来看，没有一类共事名核义类可以自由地和动核搭配，A、D、B 类较其他类多，占总数的 92.20%，这也说明共事主要由 A、D、B 类充当。搭配组合排在前 10 位的是 A+H（103）＞D+J（26）＞B+J（21）=A+F（21）＞B+I（19）＞A+J（15）＞A+I（14）＞D+I（13）＞D+H（11）=B+H（11），占总数的 86.10%。

第 4 章

客体语义角色句法实现的词汇语义制约

客体是事件主体所涉及或改变的客观事物，在我们的体系中包括受事、客事、系事、与事、结果、致事、分事。其中受事在上一章已经论述过，此章不再重复。

4.1　客事句法实现的词汇语义制约

目前使用客事这一术语的学者有贾彦德（1997）和林杏光（1999）。贾彦德认为与遭遇格搭配的谓词可以带客体，这样的客体叫客事格。遭遇格是一种特殊的主体格，对谓词所表示的行为、变化、状况等是非自主的，不能或不完全能使谓词所表示的行为、变化、状况等出现或不出现，但人们仍然把言谈中处于遭遇格的人和事物看作主体。与遭遇格组合的谓词通常是“遇见、碰见、撞见、收到……”，这些谓词后面的客体就是客事格。林杏光则认为客事是事件中非自发动作所涉及的已存在的直接客体和所属动词“有”涉及的客体，按动词的性质不同分为两类，一类是非自发动作行为动词诸如“收到、撞见、丢、知道、懂得、得到”等所涉及的直接客体，另一类是所属动词“有”涉及的客体。根据实际语料，结合我们的需要，我们将客事定义为：事件中非自发动作所涉及的已存在的直接客体，如“我一下子就理解了[它的意图]K”中的“它的意图”。客事是与“当事”相对的语义角色，包括林杏光提到的第二类情况。

4.1.1　客事及其词汇语义类与句法成分的对应关系

4.1.1.1　客事的句法配位

客事的句法配位有 7 类，依次为 PVOK、PVJK、SKPV、DKPV、OKPV、PVCK、JKPV，具体见表 4.1。

表 4.1 客事的句法配位情况

类型	个数/个	百分比/%	类型	个数/个	百分比/%
PVOK	4063	86.50	OKPV	5	0.11
PVJK	387	8.24	PVCK	5	0.11
SKPV	217	4.62	JKPV	4	0.08
DKPV	16	0.34	合计	4697	100.00

从表 4.1 中可以看出，客事除了可以映射为宾语，还可以映射为兼语、主语、状语和补语。

1. 客事映射为宾语

共 4068 个，占总数的 86.61%，是优势映射格式，具体分类如下。

1）PVOK 类

这是客事句法配位最多的一类，共 4063 个，占总数的 86.50%。例如：

（*251*）[D 幸得/d[S 我/r]D[D 已经/d[D 慢慢/d[P 了解/v]V[O《封神榜/nz》香烟片/n 背后/f 的/u 故事/n 说明/vn]K 了/y。

2）OKPV 类

这一类语义角色跨小句发生联系，宾语是前一个句子的宾语，而后面的谓语是另一个小句的谓语，共 5 个，占总数的 0.11%。例如：

（*439*）……[D 总/d[P 有/v]V1[O 一 m 阵/q 喧闹/vn]K1K2，就是/c[D 在/p 街上/s]P2[D 也/d[D 能/v[P 听/v 到/v]V2。

2. 客事映射为兼语

共 391 个，占总数的 8.32%，又分为两种格式。

1）PVJK 类

这一类在整个客事配位中占第二位，共 387 个，占总数的 8.24%。例如：

（*153*）[D 这/r 时候/n]H1 如果/c[P 有/v]V1[J 客人/n]K1+S2[P 来/v]V2，[S{爸爸/n}@{妈妈/n}@]S3D4[D 就/d[D 磨磨蹭蹭/i[P 起身/v]V3……

PVJK 类的出现与我们对“有”字句的处理有关，我们把“N1+有+N2”分为三种情况。

（1）“有”表存在。“N1+有+N2”指某时或某处存在某人、某物或某种现象。N1 标记为处所或时间，N2 标记为客事。例如：

[S 阶上]P[P 有]V[O 半张被坐皱的报纸]K。

[S 每个时代]H[D 都[P 有]V[O 很多这样有骨气的人]K。

（2）“有”表领有。N1 和 N2 之间是领属关系，N2 隶属于 N1，N1 和 N2 是整体与部分的关系。那么 N1 与 N2 分别被标记为领事和分事。例如：

[S 班上]L[P 有]V[J 一“能文”的大师兄]F。

[S 周瑜手下]L[P 有]V[O 一员老将]F。

上两例中，“大师兄”和“一员老将”作为“班级成员”和“周瑜的部下”的一分子，与“班级成员”和“周瑜手下”构成部分与整体的关系，所以将“班上/周瑜手下”和“大师兄/一员老将”都分别标记为领事和分事。

N1 与 N2 之间存在领有关系，即 N1 占有、拥有 N2 或是 N1 具有 N2 所指的某种特性，N1 和 N2 分别是领事和客事。N1 可以是人也可以是物，N2 可以是实体也可以是抽象体。例如：

[S 她]L[P 有]V[O 一个长到二十岁上忽然截瘫了的儿子]K。

[S 落日]L[P 有]V[O 落日的妙处]K。

[S 我们中国人]L[D 是[P 有]V[O 骨气]K 的。

“有”的名词性宾语有具体名词，也有抽象名词。当宾语和主语之间是整体与部分的关系时，将宾语标注为分事；而像“{……}有{印象/经历/念头/办法/理由/见解/坏脾气/信心/缺点/责任/了解/运气/机会……}”这类比较抽象的宾语都标注为客事。

（3）“有”后带非名词性宾语。“有”字后可以跟短语，这些短语已经具有名词的性质，可以看作“名物化”。N1、N2 之间的关系可以理解为 N2 是 N1 所具有的特点。所以我们同样把 N1 标注为领事，把充当“有”的宾语的形容词或动词标注为客事，并将其词性标注为 vn 或 an。例如：

[S 机智]L[D 还[P 有]V[O 什么光荣]K 呢?

[S 儿子的画]L[P 有]V[O 进步]K。

2）JKPV 类

这一类里的 J 在语义上是其后面谓语的客事，跨小句发生语义联系，共 4 个，占总数的 0.08%。例如：

（*15575*）……可是/c[P 有/v]V3[J 许多/m 这样/r 的/u 字/n]K3+K4[D 按/p 现代/t 的/u 读音/n 来/v 看/v]W4[D 是/d[D 不/d[D 可/v[P 理解/v]V4 的/y。

3. 客事映射为主语

即 SKPV 类，这种格式的谓语多由“忽视、知道、撞见、懂得”等充任，共 217 个，占总数的 4.62%。例如：

（*4887*）[D 对于/p 小儿/n]T，[S 这个/r 因素/n]K[D 尤其/d[D 不/d[D 可/v[P 忽略/v]V。

（*4785*）……[D 不/d[D 能/v[D 为/p 大家/r]DB5 所/u[P 知道/v]V5 罢了/y。

4. 客事映射为状语

即 DKPV 类，共 16 个，占总数的 0.34%。在这种类型中，客事处于介词短语中，格标有“把、向、至于、以……”。例如：

（*13356*）……[D 把/p 这/r 一切/r 晦气事/n]KB2[D 统统/d[P 忘掉/v]V2 吧/y。

5. 客事映射为补语

即 PVCK 类，共 5 个，占总数的 0.11。这种类型中，客事也处于介词结构中，格标为“于”。例如：

(*3303*)[D 不久/d]H，[S 一/m 只/q 鹤/n]D1[D 慢慢/d 地/u[P 落后/v]V1[C 于/p 伙伴/n]K1，[S 这/r]S2[D 才/d[P 引起/v]V2[O 我/r 强

烈/a 的/u 关注/vn]O2。

4.1.1.2　客事的句法填位

客事角色词汇语义类大类句法填位情况如表 4.2 所示。

表 4.2　客事的句法填位情况（单位：个）

义类	成分				
	客事宾语 PVOK、OKPV	客事兼语 PVJK、JKPV	客事主语 SKPV	客事状语 DKPV	客事补语 PVCK
A 人	399	223	13	4	1
B 物	975	74	78	1	0
C 时间与空间	185	6	6	0	0
D 抽象事物	1749	63	86	4	2
E 特征	259	24	15	2	1
F 动作	21	0	2	0	0
G 心理活动	159	0	5	0	0
H 活动	174	1	8	3	0
I 现象与状态	93	0	3	2	0
J 关联	45	0	1	0	1
K 助语	9	0	0	0	0
L 敬语	0	0	0	0	0
合计	4068	391	217	16	5

客事义类的填位地位并不是一样的，有着先后序列：①充当客事宾语的义类：D>B>A>E>C>H>G>I>J>F>K；②充当客事兼语的义类：A>B>D>E>C>H；③充当客事主语的义类：D>B>E>A>H>C>G>I>F>J；④充当客事状语的义类：D=A>H>I=E>B；⑤充当客事补语的义类：D>A=E=J。

充当客事宾语、主语、状语、补语的义类大致序列相似度较高，即 D>B>A，这可以从充当客体的最多的义类是物类来解释。客事兼语类却是 A>B>D>E>C>H，这是由我们对“N1+有+N2”这种句法格式的特殊处理造成的。充当客事的义类虽然分散，但却比较集中，“D 抽象事物”“B 物”“A 人”“E 特征”

“C 时间与空间”类共 4170 个，占总数的 88.78%。

按照常识，充任客事的义类应是“B 物”“D 抽象事物”“C 时间与空间”，为什么会有 A、E、H、G 等类呢？原因如下。

（1）A 类主要是我们对“N1+有+N2”的特殊处理造成的。

（2）E 类一方面是我们将做宾语的“一个、一部……”这些数量短语标为“Ed61”，另一方面是“N 的 V”结构中 V 多属于形容词。例如：

（*3355*）……[D 足/d[P 见/v]V4[O 它/r 的/u 坚固/an]K4。

另外，还有一部分是名形词，这部分词的义类也是 E 类。

（3）H、G 类是动名词和动词转类造成的。例如：

（*3915*）……[S[S 人类/n 的/u 生存/vn]D[D 将/d[D 会/v[P 受到/v]V[O 多/d 大/a 的/u{威胁/n}@和/c{考验/vn}@]K]U[D 就/d[P 可想而知/i]V 了/u。

通过梳理词频排名前 100 的词可以更直观地看出这个问题：

（1）人\204；（2）什么\61；（3）东西\45；（4）事\41；（5）意义\39；（6）我\34；（7）话\31；（8）他\27；（9）声音\24；（10）意思\23；（11）你\22；（12）它\19；（13）道理\18；（14）钱\18；（15）办法\17；（16）地方\17；（17）希望\17；（18）字\17；（19）变化\16；（20）精神\16；（21）时间\16；（22）谁\16；（23）影响\16；（24）机会\15；（25）价值\15；（26）关系\14；（27）这一点\14；（28）斑羚\13；（29）诗\13；（30）样子\13；（31）知识\13；（32）她\12；（33）力量\12；（34）声\12；（35）事情\12；（36）树\12；（37）花\11；（38）我们\11；（39）作用\11；（40）路\10；（41）问题\10；（42）信念\10；（43）一切\10；（44）音乐\10；（45）语言\10；（46）境界\9；（47）水\9；（48）他们\9；（49）物质\9；（50）颜色\9；（51）用\9；（52）儿子\8；（53）方法\8；（54）感觉\8；（55）故事\8；（56）好处\8；（57）历史\8；（58）认识\8；（59）形象\8；（60）意味\8；（61）自己\8；（62）可能\7；（63）

理由\7；（64）能力\7；（65）山\7；（66）时候\7；（67）四季\7；（68）心情\7；（69）一点\7；（70）智慧\7；（71）状态\7；（72）斑点\6；（73）必要\6；（74）处\6；（75）发现\6；（76）风格\6；（77）工夫\6；（78）骨气\6；（79）活动\6；（80）脸\6；（81）猫\6；（82）密度\6；（83）名字\6；（84）鸟\6；（85）情景\6；（86）情况\6；（87）人家\6；（88）色彩\6；（89）神情\6；（90）生命\6；（91）世界\6；（92）特点\6；（93）痛苦\6；（94）危险\6；（95）先生\6；（96）需要\6；（97）因素\6；（98）影子\6；（99）勇气\6；（100）皱纹\6。

可以看出，充任客事的词语大多是人类和物类，其他义类的词则很少且出现频率不高，同时多与兼类和转类有关。

客事角色词汇义类中类的分布如表 4.3 所示。

表 4.3　客事角色的词汇义类中类分布

义类	个数/个	百分比/%	义类	个数/个	百分比/%
Aa 泛称	406	8.64	Bc 物体的部分	7	0.15
Ab 男女老少	41	0.87	Bd 天体	14	0.3
Ac 体态	2	0.04	Be 地貌	33	0.7
Ad 籍属	2	0.04	Bf 气象	36	0.77
Ae 职业	39	0.83	Bg 自然物	250	5.32
Af 身份	24	0.51	Bh 植物	132	2.81
Ag 状况	4	0.09	Bi 动物	83	1.77
Ah 亲人、眷属	55	1.17	Bk 全身	68	1.45
Ai 辈次	2	0.04	Bl 排泄物、分泌物	8	0.17
Aj 关系	31	0.66	Bm 材料	32	0.68
Ak 品性	8	0.17	Bn 建筑物	82	1.75
Al 才识	16	0.34	Bo 机具	47	1
Am 信仰	3	0.06	Bp 用品	86	1.83
An 丑类	7	0.15	Bq 衣物	25	0.53
Ba 统称	177	3.77	Br 食品、药品、毒品	41	0.87
Bb 拟状物	7	0.15	Ca 时间	118	2.51

续表

义类	个数/个	百分比/%	义类	个数/个	百分比/%
Cb 空间	79	1.68	Hd 生产	1	0.02
Da 事情、情况	433	9.22	He 经济活动	3	0.06
Db 事理	193	4.11	Hf 交通运输	3	0.06
Dc 外貌	94	2	Hg 教卫科研	27	0.57
Dd 性能	220	4.68	Hh 文体活动	5	0.11
De 性格、才能	77	1.64	Hi 社交	69	1.47
Df 意识	236	5.02	Hj 生活	37	0.79
Dg 比喻物	11	0.23	Hk 宗教活动	1	0.02
Dh 臆想物	14	0.3	Hl 迷信活动	3	0.06
Di 社会、政法	117	2.49	Hm 公安、司法	5	0.11
Dj 经济	69	1.47	Ia 自然现象	4	0.09
Dk 文教	339	7.22	Ib 生理现象	6	0.13
Dl 疾病	26	0.55	Ic 表情	19	0.4
Dm 机构	13	0.28	Id 物体状态	12	0.26
Dn 数量、单位	62	1.32	Ie 事态	19	0.4
Ea 外形	7	0.15	If 境遇	16	0.34
Eb 表象	64	1.36	Ig 始末	6	0.13
Ec 颜色、味道	15	0.32	Ih 变化	16	0.34
Ed 性质	142	3.02	Ja 联系	3	0.06
Ee 德才	41	0.87	Jb 异同	4	0.09
Ef 境况	32	0.68	Jc 配合	1	0.02
Fa 上肢动作	8	0.17	Jd 存在	13	0.28
Fc 头部动作	10	0.21	Je 影响	26	0.55
Fd 全身动作	5	0.11	Ka 疏状	5	0.11
Ga 心理状态	60	1.28	Kb 中介	1	0.02
Gb 心理活动	104	2.21	Kc 联结	1	0.02
Ha 政治活动	9	0.19	Kf 拟声	2	0.04
Hb 军事活动	6	0.13	—	—	—
Hc 行政管理	17	0.36	合计	4697	100.00

充当客事角色排位前 21 的义类的顺序为：Da＞Aa＞Dk＞Bg＞Df＞Dd＞Db＞ Ba＞Ed＞Bh＞Ca＞Di＞Gb＞Dc＞Bp＞Bi＞Bn＞Cb＞De＞Dj=Hi。

上面 21 类中，除 Aa 泛称、Ed 性质、Gb 心理活动、Hi 社交四类外均是 B 类、C 类和 D 类，占 59.29%。Aa 类排在第 2 位，一是我们对“N1+有+N2”的特殊处理造成的，二是我们规定心理活动动词（情意类心理动词、认知类心理动词）和遭受动词所连接的为客事。Ed 类排在第 9 位，一方面是我们对数量短语的特殊处理造成的，另一方面是名形词较多造成的。G 类多由“有”或“遭受类动词”连接，该类词大都是名动词或动词、名词之间很容易转类的词。例如：

（*13782*）[S 萨姆沙/nr 太太/n]S1[P 问/v]V1，[S 她/r]D2[D 还/d[D 最/d[P 受到/v]V2[O 老妈子/n 尊敬/vn]K2。

除上述探讨的几类，其他义类的词大多是名形词、名动词，这些词在句法层面上表现了名词的一面。

《同义词词林》95 个中类，仅有 7 类无法投射填位到客事句法成分中，占 7.37%，也就是说绝大多数义类都可以填位到客事句法成分上去。客事角色的句法填位情况如表 4.4 所示。

表 4.4　客事角色词汇义类中类的句法填位情况（单位：个）

义类	客事宾语	客事兼语	客事主语	客事状语	客事补语	义类	客事宾语	客事兼语	客事主语	客事状语	客事补语
Aa 泛称	215	179	9	3	0	Am 信仰	2	1	0	0	0
Ab 男女老少	28	10	3	0	0	An 丑类	3	4	0	0	0
Ac 体态	2	0	0	0	0	Ba 统称	129	16	31	1	0
Ad 籍属	2	0	0	0	0	Bb 拟状物	6	0	1	0	0
Ae 职业	35	4	0	0	0	Bc 物体的部分	7	0	0	0	0
Af 身份	19	4	0	1	0	Bd 天体	12	2	0	0	0
Ag 状况	3	0	1	0	0	Be 地貌	27	5	1	0	0
Ah 亲人、眷属	45	10	0	0	0	Bf 气象	34	0	2	0	0
Ai 辈次	2	0	0	0	1	Bg 自然物	233	3	14	0	0
Aj 关系	25	5	0	0	0	Bh 植物	106	14	12	0	0
Ak 品性	6	2	0	0	0	Bi 动物	60	21	2	0	0
Al 才识	12	4	0	0	0	Bk 全身	65	0	3	0	0

续表

义类	客事宾语	客事兼语	客事主语	客事状语	客事补语	义类	客事宾语	客事兼语	客事主语	客事状语	客事补语
Bl 排泄物、分泌物	8	0	0	0	0	Fa 上肢动作	8	0	0	0	0
Bm 材料	29	2	1	0	0	Fc 头部动作	8	0	2	0	0
Bn 建筑物	72	7	3	0	0	Fd 全身动作	5	0	0	0	0
Bo 机具	43	4	0	0	0	Ga 心理状态	59	0	1	0	0
Bp 用品	84	0	2	0	0	Gb 心理活动	100	0	4	0	0
Bq 衣物	23	0	2	0	0	Ha 政治活动	9	0	0	0	0
Br 食品、药品、毒品	37	0	4	0	0	Hb 军事活动	6	0	0	0	0
Ca 时间	112	1	5	0	0	Hc 行政管理	17	0	0	0	0
Cb 空间	73	5	1	0	0	Hd 生产	1	0	0	0	0
Da 事情、情况	404	14	12	2	1	He 经济活动	3	0	0	0	0
Db 事理	180	3	10	0	0	Hf 交通运输	3	0	0	0	0
Dc 外貌	84	3	7	0	0	Hg 教卫科研	3	0	2	2	0
Dd 性能	208	4	8	0	0	Hh 文体活动	5	0	0	0	0
De 性格、才能	73	2	2	0	0	Hi 社交	65	1	3	0	0
Df 意识	214	4	18	0	0	Hj 生活	33	0	3	1	0
Dg 比喻物	11	0	0	0	0	Hk 宗教活动	1	0	0	0	0
Dh 臆想物	13	1	0	0	0	Hm 公安、司法	5	0	0	0	0
Di 社会、政法	107	6	4	0	0	Hn 恶行	3	0	0	0	0
Dj 经济	66	0	3	0	0	Ia 自然现象	4	0	0	0	0
Dk 文教	294	24	18	2	1	Ib 生理现象	6	0	0	0	0
Dl 疾病	26	0	0	0	0	Ic 表情	18	0	1	0	0
Dm 机构	11	1	1	0	0	Id 物体状态	12	0	0	0	0
Dn 数量、单位	58	1	3	0	0	Ie 事态	18	0	0	1	0
Ea 外形	7	0	0	0	0	If 境遇	13	0	2	1	0
Eb 表象	57	2	5	0	0	Ig 始末	6	0	0	0	0
Ec 颜色、味道	14	0	0	0	1	Ih 变化	16	0	0	0	0
Ed 性质	110	20	10	2	0	Ja 联系	2	0	1	0	0
Ee 德才	39	2	0	0	0	Jb 异同	4	0	0	0	0
Ef 境况	32	0	0	0	0	Jc 配合	1	0	0	0	0

续表

义类	客事宾语	客事兼语	客事主语	客事状语	客事补语	义类	客事宾语	客事兼语	客事主语	客事状语	客事补语
Jd 存在	13	0	0	0	0	Kb 中介	1	0	0	0	0
Je 影响	25	0	0	0	1	Kc 联结	1	0	0	0	0
Ka 疏状	5	0	0	0	0	Kf 拟声	2	0	0	0	0

从横向来看，根据客事角色义类的填位情况，可以将其分为以下三种类型：①全填位型。这个类型中的义类可以填位到任何客事充当的句法成分，共 2 类，即 Da 事情、情况和 Dk 文教。②零填位型。这个类型中的义类不能填位到任何客事充当的句法成分，共 7 类，即 Bj 微生物、Fb 下肢动作、Gc 能愿、Hl 迷信活动、Kd 辅助、Ke 呼叹、L 敬语。原因一方面在于我们使用的语料是中小学课文语料，很少会收入 Hl 类词；另一方面是由句法成分所要求的填位情况决定的。③有限填位型。这个类型中的义类可以有选择地填位到客事充当的句法成分，共 86 类，如 Aa 泛称、Ab 男女老少、Bh 植物等。在有限填位中还有一些是较强填位型的，这类除了不能做客事补语外，其余的句法成分都可以填位，有 Aa 泛称、Ba 统称、Ed 性质三类。

从纵向来看，有 88 类词可以投射为客事宾语，36 类词可以投射为客事兼语，40 类词可以投射为客事主语，10 类词可以投射为客事状语，5 类词可以投射为客事补语。这说明充当客事的词语最先投射为客事宾语，并且种类繁多。

词类信息对词义消歧乃至语义角色标注都有着重要的影响，表 4.5 是客事角色词汇的词性统计情况表。

表 4.5　映射为客事的词语词性统计表

名核词性	个数/个	百分比/%	名核词性	个数/个	百分比/%	名核词性	个数/个	百分比/%
n	3612	76.90	t	36	0.77	q	4	0.09
r	315	6.71	nr	22	0.47	nt	3	0.06
vn	251	5.34	i	12	0.26	g	2	0.04
an	169	3.60	l	12	0.26	j	2	0.04
a	81	1.72	Ng	12	0.26	f	2	0.04
v	79	1.68	nz	11	0.23	o	2	0.04
m	57	1.21	ns	7	0.15	s	2	0.04

续表

名核词性	个数/个	百分比/%	名核词性	个数/个	百分比/%	名核词性	个数/个	百分比/%
Ag	1	0.02	u	1	0.02	—	—	—
b	1	0.02	i	1	0.02	合计	4697	100.00

从表 4.5 中可见，充当客事语义角色的词涵盖 25 类，其中名词、代词、动名、形名共 4347 个，占总数的 92.55%。也就是说，充当客事语义角色的多是名词、代词、名动词和名形词。

出现在客事上的动词（v）、形容词（a）是由其前的心理动词或遭受类动词决定的，其中有一部分是极易转类的词。例如：

（*2185*）[S 雨声 /n]S1[P 使 /v]V1[J 我 /r]O1+D2[P 感到 /v]V2[O{活泼/a}@、{跳荡/v}@、{滋润/v}@]K2……

（*4884*）……而/c[P 致使/v]V2[J 人/n]O2+D3[P 受到/v 了/u]V3[O 感染/v]K3。

4.1.2 客事句法实现的词汇语义制约特点

表 4.6 是与客事搭配的动核义类大类分布情况。

表 4.6 与客事相搭配的动核义类大类分布

义类	个数/个	百分比/%	义类	个数/个	百分比/%
J 关联	2591	55.16	I 现象与状态	270	5.75
G 心理活动	644	13.71	E 特征	19	0.40
K 助语	528	11.24	L 敬语	2	0.04
F 动作	370	7.88	—	—	—
H 活动	273	5.81	合计	4697	100.00

与客事角色搭配的动核义类占比由多到少的排列顺序为 J 关联>G 心理活动>K 助语>F 动作>H 活动>I 现象与状态>E 特征>L 敬语（图 4.1）。

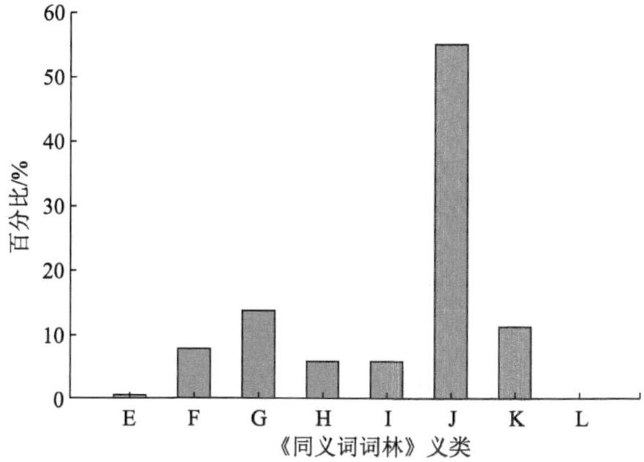

图 4.1　与客事相搭配的动核义类大类分布图

表 4.7 是动核义类与客事角色搭配情况。

表 4.7　动核义类与客事角色搭配情况（单位：个）

义类	成分				
	客事宾语 PVOK、OKPV	客事兼语 PVJK、JKPV	客事主语 SKPV	客事状语 DKPV	客事补语 PVCK
A 人	0	0	0	0	0
B 物	0	0	0	0	0
C 时间与空间	0	0	0	0	0
D 抽象事物	0	0	0	0	0
E 特征	15	1	1	2	0
F 动作	336	4	30	0	0
G 心理活动	583	7	46	6	2
H 活动	249	8	14	1	1
I 现象与状态	252	1	13	2	2
J 关联	2207	309	70	5	0
K 助语	424	61	43	0	0
L 敬语	2	0	0	0	0
合计	4068	391	217	16	5

从纵向来看，没有一类义类可以自由地充任与客事相搭配的谓语；从横向来

看，G心理活动、H活动、I现象与状态类可以连接任一客事句法成分。

动核义类中类与客事角色搭配的具体情况如表4.8所示。

表4.8　与客事相搭配的动核义类中类分布

义类	个数/个	百分比/%	义类	个数/个	百分比/%
Ag 状况	1	0.02	Hi 社交	73	1.55
Da 事情、情况	1	0.02	Hj 生活	114	2.43
Di 社会、政法	1	0.02	Hm 公安、司法	4	0.09
Eb 表象	7	0.15	Ia 自然现象	12	0.26
Ec 颜色、味道	1	0.02	Ib 生理现象	21	0.45
Ed 性质	6	0.13	Id 物体状态	122	2.6
Ee 德才	2	0.04	Ie 事态	56	1.19
Ef 境况	2	0.04	If 境遇	12	0.26
Fa 上肢动作	16	0.34	Ig 始末	4	0.09
Fc 头部动作	352	7.49	Ih 变化	43	0.92
Fd 全身动作	2	0.04	Ja 联系	77	1.64
Ga 心理状态	46	0.98	Jb 异同	36	0.77
Gb 心理活动	591	12.58	Jc 配合	44	0.94
Gc 能愿	6	0.13	Jd 存在	2109	44.9
Ha 政治活动	1	0.02	Je 影响	325	6.92
Hb 军事活动	2	0.04	Ka 疏状	499	10.62
Hc 行政管理	9	0.19	Kb 中介	26	0.55
Hd 生产	3	0.06	Kc 联结	1	0.02
He 经济活动	50	1.06	Ke 呼叹	2	0.04
Hf 交通运输	2	0.04	L 敬语	2	0.04
Hg 教卫科研	13	0.28	—	—	—
Hh 文体活动	1	0.02	合计	4697	100.00

与客事搭配的动核义类中类占比排在前20位的是：Jd>Gb>Ka>Fc>Je>Id>Hj>Ja>Hi>Ie>He>Ga>Jc>Ih>Jb>Kb>Ib>Fa>Hg>If=Ia，这21类占总数的98.49%，且集中在J、G、K、F、H、I类上。

（1）J 关联类。具体又可分为“Jd 存在”，以“有”最多，即“N1+有+N2”格式中的“有”；“Ja 联系”，主要指“显示、预示、证明”类；“Jb 异同”，如“超过”等；“Jc 配合”，如“需要、对应、满足”等；“Je 影响”，如“遭受、获得”等。例如：

（*52*）[D 到/v 南京/ns 时/Tg]H1，[P 有/v]V1[J 朋友/n]K1+S2S3S4[P 约/v]V2[P 去/v]V3[P 游逛/v]V4，[P 逗留/v 了/u]V5[C 一日/t]H5。（有：Jd01）

（2）G 心理活动类。又可分为情意类心理动词和认知类心理动词。例如：

（*159*）[S[S[P 怕/v]V1[O 采访/vn]K1[P 怕/v]V2[O 发言/vn]K2]U1[D 还/d[P 说/v]V1 得/u[C 过去/v……（怕：Ga16）

（3）K 助语类。之所以有这个类是因为《同义词词林》里没有将“没有”归入到“存在”类，而是放在助语里，这样助语里的“没有”还包括表存在的“没有”。

（4）F 动作。一般指 Fc 头部动作，如“看、听”等。

（5）H 活动类。多指科教文卫、社交生活等。例如：

（*478*）[S 他们/r]D1D2[D 像/v[D 是/v[D 用/p 这种/r 方式/n]Q1[D 来/v[P 感谢/v]V1[O 我们/r 老师/n 四十/m 年/q 来/f 忠诚/a 的/u 服务/vn]K1，[D 来/v[P 表示/v]V2[O 对/v 就/d 要/d 失去/v 的/u 国土/n 的/u 敬意/n]K2。（感谢：Hi29）

（6）I 现象与状态。多是生理现象和物体状态类。例如：

（*257*）……[O[S 哥哥/n]D1D2[D 竟/d[D 在/d 将要/d 动身/v 的/u 前/t 一/m 星期/n]H，[P 患/v]V1[O 急性/b 肾脏炎/n]K1[P 去世/v]V2 了/y]U。（患：Ib10）

（*1227*）[S 我/r]D1[D 几乎/d[D 是/v[D 第一/m 次/q]N1[P 遇见/v]V1[O 生命/n]K1——虽然/c[P 是/v]V2[P 植物/n]X2 的/y。（遇见：Id18）

根据上述对动词的分析，并参考客事义类本身的特点，我们将客事角色词汇的语义特征归纳如下：自立性、先存性，即其所指的事物先于动词所表示的事件独立存在，具有这一特征的词多与存在类、头部动作类和活动类动词搭配；事件性，即充任客事的词可以表达一个事件，如“怕发言”中“发言”可以表达一个独立的事件，这一类多与心理动词搭配；非变化性，即其所指的事物的状态在由动词所表示的事件中未发生变化，这一类多与“收到、撞见、知道、懂得”等活动类动词和心理动词相连接；依赖性，指客事的出现必须以当事的存在为前提，这一特性是所有客事所拥有的；关联性，即其所指的事物在由动词所表示的事件中表现出了关联性，多与关联类动词相连。

一般来说“A 人”最先充当的是施事，但从上面的动词义类可以发现，在这里他们并不表现出“使动”的一面，而表现出非变化性、依赖性、事件性的特征，因而表现出 A 类在客事中占有绝对优势。

表 4.9 是客事角色义类与动核义类搭配的情况。

表 4.9　客事角色义类与动核义类的搭配情况（单位：个）

动核义类	名核义类												合计
	A	B	C	D	E	F	G	H	I	J	K	L	
A	0	0	0	0	0	0	0	0	0	0	0	0	0
B	0	0	0	0	0	0	0	0	0	0	0	0	0
C	0	0	0	0	0	0	0	0	0	0	0	0	0
D	0	0	0	0	0	0	0	0	0	0	0	0	0
E	5	5	0	8	0	0	0	1	0	0	0	0	19
F	55	198	10	72	17	3	2	5	6	1	1	0	370
G	91	83	28	282	83	2	25	19	19	10	2	0	644
H	32	58	14	125	17	1	16	6	4	0	0	0	273
I	29	96	24	87	13	1	2	9	7	2	0	0	270
J	326	574	95	1111	145	13	105	129	57	32	4	0	2591
K	100	114	26	219	26	3	14	17	5	2	2	0	528
L	2	0	0	0	0	0	0	0	0	0	0	0	2
合计	640	1128	197	1904	301	23	164	186	98	47	9	0	4697

从横向看，F 类、G 类、J 类、K 类可以和除 L 类外的其他所有类的客事角色名核义类相组合。从纵向看，没有一类客事角色名核义类可以自由地和动核搭配，

只是 D、B、A 类较其他类多，占总数的 78.18%，这也说明客事角色主要由 D、B、A 类充当。搭配组合排在前 10 位的是 D+J（1111）>B+J（574）>A+J（326）>D+G（282）>D+K（219）>B+F（198）>E+J（145）>H+J（129）>D+H（125）>B+K（114）。

4.2　系事句法实现的词汇语义制约

国内外学者将系事单独列为一类的有鲁川和林杏光（1989）、范晓（1991）、邵敬敏（1997）、林杏光（1999）、朱晓亚（2001）、陈昌来（2003）等。这些学者的观点可以分成两大类。

（1）客体类。他们认为“系事”是客体语义角色，用在系词、他动词、自动词或“作为”类动词之后，如鲁川和林杏光（1989）的系事包括：①“¢”类（¢指零介词），在系词之后，如“他是研究生”“他当了教授”；②“¢”类，在他动词或自动词之后，如“他踢中锋”“他跑第四棒”；③“作为”类，在谓词之前，如“他‘作为’一个知识分子，非常热爱祖国”。邵敬敏（1997）提出一个七大类二十四小类的分层次的语义框架，他将系事也归为了“客体”，从其举例来看，他的系事跟鲁川和林杏光（1989）一样。林杏光（1999）在《词汇语义和计算语言学》中依然坚持以前的看法，只是将三类概括出一个小的层级体系，上位层是“作为”类和“¢”类，“¢”的下位层又分为判断动词类和行为动词类。在判断动词类中，系事的外延和当事相等或属于同一范围；行为动词类“行为动词+系事”的隐性形式是“以¢的身份，V”，如“演厂长”可以换成“以厂长的身份，演”。

（2）主体类。范晓（1991）把性状动词所联系的主事动元称为系事，从施事里分化出来，但没有涉及性状动词的客体论元。朱晓亚（2001）认为系事是和性状动词相联系着的主体动元，是性状的系属者。性状动词包括两大类：一类表示事物的性质，如“聪明、勇敢、高、低、深、浅”等；另一类表示事物的状态，如“死、醒、倒塌、开（花开了）、绿油油”等。这两类动词联系的主体是系事，如“他很聪明”“房子倒塌了”中的“她”和“房子”便是。朱晓亚的系事是主体语义角色，大致相当于我们的当事。陈昌来（2003）则延续了范晓的观点，把性状动词所联系的主体（主事）动元叫系事。

在语言工程领域，北大中文网库的系事是一个难处理语义角色的收容所，它把事件中跟主体论元相对的除受事、与事、结果、对象外的其他各种客体都归为系事。

我们的系事跟林杏光（1999）的一致，即系事指事件主体的类别、身份或角色，如“总之，只好认为这是[缘分]X”。系事与当事相对，多出现在判断句（判断词多为“是、为”等）中。

4.2.1 系事及其词汇语义类与句法成分的对应关系

4.2.1.1 系事的句法配位

系事的句法配位只有一种，只能映射为宾语，构成PVOX式，共3752个。例如：

（*132*）[S 这/r]D[P 是/v]V[O 谁/r 家/n 的/u 孩子/n]X?

在信息库中，系事的数量在客体语义角色中排第3位，仅次于受事和客事，这说明判断句在我们现实中是一种常用的句型，值得我们深入研究。

4.2.1.2 系事的句法填位

系事角色词汇语义大类的句法填位情况如表4.10所示。

表4.10 系事的句法填位情况

义类	个数/个	百分比/%	义类	个数/个	百分比/%
D 抽象事物	1336	35.61	I 现象与状态	51	1.36
B 物	895	23.85	G 心理活动	26	0.69
A 人	761	20.28	K 助语	43	1.15
E 特征	292	7.78	J 关联	25	0.67
C 时间与空间	159	4.24	F 动作	19	0.51
H 活动	145	3.86	合计	3752	100.00

系事义类的句法填位地位并不是一样的，而是有着先后顺序：D＞B＞A＞E＞C＞H＞I＞K＞G＞J＞F。

通过表4.10可以看出，系事义类“D 抽象事物”类最多，其次为“B 物”类，再次为“A 人”类。系事角色词汇义类中类分布如表 4.11 所示。

表 4.11　系事角色词汇义类中类分布

义类	个数/个	百分比/%	义类	个数/	百分比/%
Aa 泛称	252	6.72	Ab 男女老少	77	2.05
Ac 体态	6	0.16	Ad 籍属	6	0.16
Ae 职业	81	2.16	Af 身份	65	1.73
Ag 状况	32	0.85	Ah 亲人、眷属	52	1.39
Ai 辈次	7	0.19	Aj 关系	64	1.71
Ak 品性	36	0.96	Al 才识	59	1.57
Am 信仰	4	0.11	An 丑类	20	0.53
Ba 统称	89	2.37	Bb 拟状物	6	0.16
Bc 物体的部分	6	0.16	Bd 天体	46	1.23
Be 地貌	49	1.31	Bf 气象	49	1.31
Bg 自然物	96	2.56	Bh 植物	104	2.77
Bi 动物	95	2.53	Bk 全身	59	1.57
Bm 材料	55	1.47	Bn 建筑物	10	0.27
Bo 机具	51	1.36	Bp 用品	73	1.95
Bq 衣物	22	0.59	Br 食品、药品、毒品	85	2.27
Ca 时间	119	3.17	Cb 空间	40	1.07
Da 事情、情况	328	8.74	Db 事理	116	3.09
Dc 外貌	51	1.36	Dd 性能	94	2.51
De 性格、才能	18	0.48	Df 意识	123	3.28
Dg 比喻物	12	0.32	Dh 臆想物	84	2.24
Di 社会、政法	115	3.07	Dj 经济	12	0.32
Dk 文教	329	8.77	Dl 疾病	42	1.12
Dm 机构	9	0.24	Dn 数量、单位	3	0.08
Ea 外形	3	0.08	Eb 表象	53	1.41
Ec 颜色、味道	7	0.19	Ed 性质	34	0.91
Ee 德才	45	1.2	Ef 境况	150	4
Fb 下肢动作	14	0.37	Fc 头部动作	4	0.11
Fd 全身动作	1	0.03	Ga 心理状态	22	0.59

续表

义类	个数/个	百分比/%	义类	个数/	百分比/%
Gb 心理活动	2	0.05	Gc 能愿	2	0.05
Ha 政治活动	27	0.72	Hb 军事活动	2	0.05
Hc 行政管理	2	0.05	Hd 生产	3	0.08
He 经济活动	11	0.29	Hg 教卫科研	6	0.16
Hh 文体活动	3	0.08	Hi 社交	23	0.61
Hj 生活	27	0.72	Hk 宗教活动	34	0.91
Hm 公安、司法	4	0.11	Hn 恶行	3	0.08
Ia 自然现象	5	0.13	Id 物体状态	7	0.19
Ic 表情	3	0.08	If 境遇	7	0.19
Ie 事态	9	0.24	Ih 变化	5	0.13
Ig 始末	9	0.24	Jb 异同	2	0.05
Ja 联系	12	0.32	Jd 存在	3	0.08
Jc 配合	8	0.21	Kb 中介	10	0.27
Ka 疏状	30	0.8	—	—	—
Kf 拟声	3	0.08	合计	3752	100.00

充当系事角色排位前 20 的义类顺序为：Dk>Da>Aa>Ef>Df>Ca>Db>Di>Bh>Bg>Bi>Dd>Ba>Br>Dh>Ae>Ab>Bp>Af>Aj。充当系事角色最多的是“Dk 文教”类，其次是“Da 事情、情况”类，例如：

（*380*）[S 您/r]D[D 不/d[P 知道/v]V[O[S 那/r]D[P 是/v]V[O 多么/d 名贵/a 的/u 木雕/n]X]U。（木雕：Dk31）

（*1836*）[P 有/v]V1[O 一/m 幅/q 名画/n]K1，[S 画/v[的/u]h]D2[D 就/d[P 是/v]V2[O 这个/r 故事/n]X2。（故事：Dk10）

这与“是”字句本身有关，“是”在句子大致可以分为两种。

（1）动词，又分为两种情况：

第一，表等同和归类，是对身份、角色性质等的判定（判断句）。语义角色可以标注为 D_V_X。例如：

[S 小明]D[P 是]V[O 学生]X。

第二，表存在，指某时某地有某物(存现句)。语义角色可以标注为 H/P_V_K。例如：

[S 满手]P[P 是]V[O 泥]K。

（2）副词，表示强调。例如：

我是昨天进的城。→[S 我]S[D 是[D 昨天]H[P 进]V 的[O 城]P。

这里我们研究的是在“是”表示等同、归类时的情况，与之连接的义类有时是 A 类，有时为 D 类，但 D 类多于 A 类。这应与现实世界中物多于人有关，也与人在现实中对事物归类的表达多于对人物角色的判定有关。

通过梳理词频排位居前 100 的词，可以更好地看出这一点：

（1）人\108；（2）事\61；（3）什么\40；（4）东西\32；（5）朋友\21；（6）问题\21；（7）之一\19；（8）树\18；（9）狗\17；（10）孩子\17；（11）这样\17；（12）工具\16；（13）事情\16；（14）话\15；（15）时候\15；（16）境界\14；（17）谁\14；（18）王\14；（19）结果\13；（20）精神\13；（21）样子\13；（22）意思\13；（23）地方\12；（24）事实\11；（25）书\11；（26）我\11；（27）现象\11；（28）部分\10；（29）他\10；（30）因素\10；（31）花\9；（32）例子\9；（33）路\9；（34）钱\9；（35）诗人\9；（36）一部分\9；（37）语言\9；（38）儿子\8；（39）过程\8；（40）力量\8；（41）美\8；（42）诗\8；（43）形象\8；（44）英雄\8；（45）缘故\8；（46）状态\8；（47）创造\7；（48）对象\7；（49）母亲\7；（50）人质\7；（51）食物\7；（52）数字\7；（53）希望\7；（54）幸福\7；（55）学生\7；（56）标志\6；（57）产物\6；（58）姑娘\6；（59）红色\6；（60）幻想\6；（61）季节\6；（62）名字\6；（63）能量\6；（64）女人\6；（65）闰土\6；（66）音乐\6；（67）原因\6；（68）云\6；

（69）重复\6；（70）白色\5；（71）创作\5；（72）道理\5；（73）方法\5；（74）画\5；（75）家\5；（76）脸\5；（77）梦\5；（78）鸟\5；（79）桥\5；（80）青年\5；（81）人物\5；（82）石头\5；（83）世界\5；（84）条件\5；（85）现实\5；（86）小说\5；（87）形式\5；（88）烟雾\5；（89）一个\5；（90）中心\5；（91）主人\5；（92）字\5；（93）阿长\4；（94）保证\4；（95）背景\4；（96）变化\4；（97）兵\4；（98）饼子\4；（99）持续\4；（100）传说\4。

上面 100 个词中，表物（B 物、D 抽象事物）的共 61 个，而表人的只有 20 个，D 类多于 A 类的原因由此可见一斑。

另外，“Bj 微生物”“Bl 排泄物、分泌物”“Fa 上肢动作”“Hf 交通运输”“Hl 迷信活动”“Jc 配合”“Kc 联结”“Kd 辅助”“Ke 呼叹”“L 敬语”10 类无法投射到系事角色充当的句法成分，一方面与语料性质有关，另一方面与词性有关。

4.2.2 系事句法实现的词汇语义制约特点

表 4.12 是与系事搭配的动核义类大类分布情况。

表 4.12 与系事相搭配的动核义类大类分布

义类	个数/个	百分比/%	义类	个数/个	百分比/%
J 关联	3316	88.38	D 抽象事物	4	0.11
I 现象与状态	312	8.32	E 特征	2	0.05
H 活动	97	2.59	G 心理活动	1	0.03
K 助语	20	0.53	合计	3752	100.00

与系事搭配的动核义类大类占比由多到少的排列顺序为 J 关联＞I 现象与状态＞H 活动＞K 助语＞D 抽象事物＞E 特征＞G 心理活动，如图 4.2 所示。

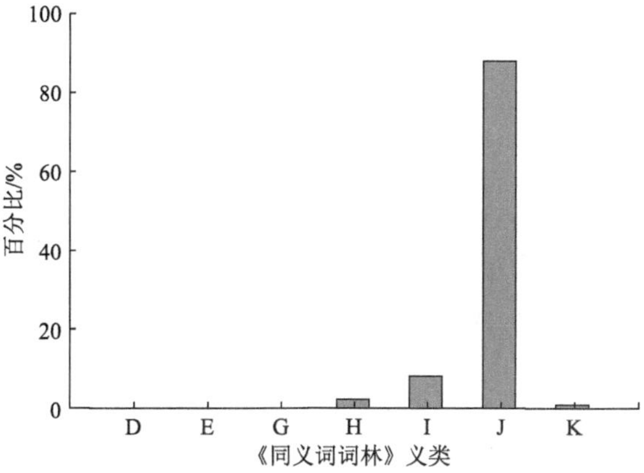

图 4.2　与系事相搭配的动核义类大类分布图

动核义类中类与系事角色搭配的具体情况如表 4.13 所示。

表 4.13　与系事相搭配的动核义类中类分布

义类	个数/个	百分比/%	义类	个数/个	百分比/%
Da 事情、情况	1	0.03	Ic 表情	3	0.08
Dd 性能	3	0.08	Id 物体状态	3	0.08
Eb 表象	2	0.05	Ie 事态	3	0.08
Gb 心理活动	1	0.03	Ih 变化	301	8.02
Hc 行政管理	2	0.05	Ja 联系	3043	81.1
Hd 生产	1	0.03	Jb 异同	262	6.98
Hg 教卫科研	4	0.11	Jd 存在	11	0.29
Hh 文体活动	3	0.08	Ka 疏状	15	0.4
Hi 社交	5	0.13	Kb 中介	5	0.13
Hj 生活	82	2.19	—	—	—
Ib 生理现象	2	0.05	合计	3752	100.00

与系事搭配的动核义类中类占比由多到少排在前 20 位的是：Ja＞Ih＞Jb＞Hj＞Ka＞Jd＞Hi=Kb＞Hg＞Hh=Id=Dd=Ic=Ie＞Ib=Eb=Hc＞Da=Hd=Gb。

其中 I 类以 Ih 为最多，共 301 个，占 I 类的 96.47%。Ih 为“变化”类，大都带有[+变成了]语义特征。例如：

（*2271*）[D 爆炸/v 后/f]H，[S 航天/b 飞机/n]D1S2[P 变成/v]V1[O 熊熊/z 燃烧/v 的/u 巨大/a 火/n 球/n]X2……（变成：Ih01）

Ib、Ic、Id、Ie 虽然只有 11 个，但也都有[+变成了]的语义特征。例如：

（*10872*）[D 向/p 武人/n]T1[P 卖弄/v]V1[O 风雅/n]O1，[D 向/p 文人/n]T2[P 装作/v]V2[O 英雄/n]X2。（装作：Ic09）

H 类以“Hj 生活”类最多，共 82 个，占 H 类的 84.54%。该类具有[+作为]、[+担任]的语义特征。例如：

（*203*）[P 当/v]V1[O 作家/n]X1[D 整天/d[P 趴/v]V2[C 在/p 桌上/f]P2[D 多/d[P 没/v]V3[O 意思/n]K3，[S 我/r]D4[D 要/v[P 当/v]V4[O 司机/n]X4。（当：Hj24）

Hh 则是[+扮演]类动词。例如：

（*6610*）[S 鲍西娅/nr]D1S2[P 扮/v]V1[O 律师/n]X1[P 上/v]V2。（扮：Hh01）

H 类中的其他部分都是“指”的意思。例如：

（*6765*）鲍西娅/nr[S 这/r]D1D2[D 是/d[P 说/v]V1[O 没/d 入/v 公库/n 的/u 一部分/m]X1，[D 不/d 是/d[P 说/v]V2[O 划归/v 安东尼奥/nr 的/u 一部分/m]X2。（说：Ja01）

K 类则是“算是、算为”类。例如：

（*513*）……[S 他们/r]D5S6[D 正/d[D 在/d[P 专心/a]V5[P 画/v]V6“[O 杠子/n]R6”，[D 好像/p[S 那/r]D7[D 也/d[P 算是/v]V7[O 法国/ns 字/n]X7。（算是：Ka13）

D 类是名词类，按理不应该做谓语，之所以在这里出现与“姓”在《同义词词林》里只有一个词性有关，这里可以把“姓”看成是转类。例如：

（*2527*）[D 也/d[D 终于/d[D 不/d[P 知道/v]V[O[S 她/r]D[P

姓/v]V[O 什么/r]X]U。（姓：Dd15）

E 类、G 类 3 个词都可以看作是系词，所以其宾语也被标成了系事。

可以看出，与系事角色搭配的动核具有[+判断]、[+作为]、[+扮演]的语义特征。根据上面对动词的分析，并参考系事义类本身的特点，我们将系事角色的词汇语义特征分析如下：依赖性，这一点与客事相似，也是要与相应的主体同现，否则，所表达的事件是不完整的；同一性，是指主体与客体往往所指相同；概括性、抽象性，指系事基准件主体更概括、更抽象，这与其自身表示事件主体的类别、身份或角色有关；非变化性，即其所指的事物的状态在由动词所表示的事件中未发生变化。

系事角色义类与动核义类的搭配情况如表 4.14 所示。

表 4.14　系事角色义类与动核义类搭配情况（单位：个）

动核义类	名核义类												合计
	A	B	C	D	E	F	G	H	I	J	K	L	
A	0	0	0	0	0	0	0	0	0	0	0	0	0
B	0	0	0	0	0	0	0	0	0	0	0	0	0
C	0	0	0	0	0	0	0	0	0	0	0	0	0
D	1	0	2	0	1	0	0	0	0	0	0	0	4
E	0	0	1	1	0	0	0	0	0	0	0	0	2
F	0	0	0	0	0	0	0	0	0	0	0	0	0
G	0	1	0	0	0	0	0	0	0	0	0	0	1
H	70	8	1	10	5	0	0	2	1	0	0	0	97
I	55	102	12	94	31	0	7	6	4	0	0	0	311
J	631	821	217	1158	216	7	44	115	53	23	32	0	3317
K	4	3	2	10	0	0	0	0	0	0	1	0	20
L	0	0	0	0	0	0	0	0	0	0	0	0	0
合计	761	935	235	1273	253	7	51	123	58	23	33	0	3752

从横向来看，J 类可以和除 L 类外的其他类系事角色的名核义类相组合，其次是 I 类比较自由。从纵向来看，没有一类系事角色名核可以自由地和动核搭配，只是 D、B、A、E、C 类较其他类多，占总数的 92.14%，这也说明系事主要由 D、

B、A、E、C 类充当。上面规则排在前 10 位的是 D+J（1158）>B+J（821）>A+J（631）>C+J（217）>E+J（216）>H+J（115）>B+I（102）>D+I（94）>A+H（70）>A+I（55）。可以看出，D 类优先充当系事，其次是 B、A、C 类，与系事搭配的动核以 J 类最多。

4.3 与事句法实现的词汇语义制约

与事是一种重要的语义角色，并且具有类型学上的意义，从菲尔墨的格语法创立以来，几乎每个学者都论述过与之相同或相关的格。

菲尔墨 1971 年将其称为受益格（Benefactive），表示某种活动或某事件中的受益者（程琪龙，1995）。采用同样称谓的还有邓守信（1983）。还有一部分学者将其称为与事，如鲁川和林杏光（1989）、贾彦德（1997）、朱晓亚（2001）、陈昌来（2003），另有一部分学者将其称为对象、涉事，其范畴略有差异。在工程领域则更加具体，如 HowNet 称其为 beneficiary（受益者）。

林杏光（1999）认为与事是事件中有利害关系的间接客体。按其带格标的情况来分类，分为六类：①“给”类，如“工人们给厂长提了很多意见”；②“向”类，如“我国政府向对方提出强烈抗议”；③“替”类，如“他替我请了假”；④“跟”类，如“我跟亲戚借了两千块钱”；⑤“为”类，如“干部要为群众谋利益”；⑥“¢”类，如“老师送我一支笔”。贾彦德（1997）则认为这种格情况比较单一就不再细分，将其称为与格（也就是与事）。

朱晓亚（2001）、陈昌来（2003）的与事要比林杏光（1999）的范围广，他们把跟主事或主事和客事一块儿参与某动作行为的另一参与者成分称为与事，是跟主事、客事同一层次的语义成分，都是上位语义成分。其下面包括当事和“同事”两类，当事又分为两类：①当事表示交接对象，由“给、向、从”等介词引导置于动核之前，或处在间接宾语位置上；②当事表示针对（指向）对象，有“向、为、给、替、对”等形式标志。共事是施事或系事协同参与某动作行为的参与者，与林杏光（1999）的“同事”相同。

北大中文网库则将与事（dative，D）定义为动作、行为的非主动的参与者，包含林杏光（1999）的“同事”，他们把对象另立一类。我们的与事相当于陈昌来的“当事”，指事件中动作行为交接或针对的角色。例：园神告诉[我]T，每一个有激情的演员都难免是一个人质。

4.3.1　与事及其词汇语义类与句法成分的对应关系

4.3.1.1　与事的句法配位

与事的句法配位有 4 类，按占比依次为 DTPV＞PVOT＞PVCT＞PVJT，具体见表 4.15。

表 4.15　与事的句法配位情况

类型	个数/个	百分比/%
DTPV	830	62.93
PVOT	388	29.42
PVCT	74	5.61
PVJT	27	2.05
合计	1319	100.00

从表 4.15 中可以看出，与事除了可以映射为状语，还可以映射为宾语、补语、兼语。

1. 与事映射为状语

即 DTPV，这一类多由介词引导，与事处在介词短语中，共 830 例，占总数的 62.93%。例如：

（*199*）……[S 妈妈/n]S4[D 又/d[D 给/p 我/r]T4[P 买/v]V4[O 小/a{剪刀/n}@和/c{彩纸/n}@]O4。

2. 与事映射为宾语

即 PVOT，这一类与事处在间接宾语的位置上，表示交接的对象，是被动的受益者和施益者，共 388 例，占总数的 29.42%。例如：

（*329*）……[O[S 那么/r 贵重/a 的/u 东西/n]O[D 怎么/r]C[D 能/v[D 随便/a[P 送/v]V[O 人/n]T 呢/y]U?

3. 与事映射为补语

即 PVCT，这一类补语多由介词短语充当，用介词引出行为的对象或受益者，共 74 例，占总数的 5.61%。例如：

（*9562*）[P 没有/v]V1[O 好/a 的/u 思想/n 品德/n]K1，[D 也/d[D 不/d[D 可能/v[D 把/p 学/v 到/v 的/u 知识/n]OB2[D 真正/b[P 奉献/v]V2[C 给/p{祖国/n}@和/c{人民/n}@]T2，[D 也/d[D 就/d[D 难以/d[P 大有作为/i]V3。

4. 与事映射为兼语

即 PVJT，这一类的系事是前面谓语的宾语，同时又是后面的主语，共 27 例，占总数的 2.05%。例如：

（*8206*）[S 南/f 食堂/n]P1P2[P 空/v]V1[C 出来/v[P 给/v]V2[J 开会/vn 干部/n]T2+S3[P 用/v]V3。

4.3.1.2 与事的句法填位

与事角色词汇语义类大类的句法填位情况如表 4.16 所示。

表 4.16 与事的句法填位情况（单位：个）

义类	成分			
	与事状语 DTPV	与事宾语 PVOT	与事补语 PVCT	与事兼语 PVJT
A 人	533	360	61	23
B 物	61	10	3	3
C 时间与空间	35	3	1	0
D 抽象事物	143	13	8	1
E 特征	16	1	1	0
F 动作	2	0	0	0
G 心理活动	4	0	0	0
H 活动	17	1	0	0
I 现象与状态	14	0	0	0

续表

义类	成分			
	与事状语 DTPV	与事宾语 PVOT	与事补语 PVCT	与事兼语 PVJT
J 关联	5	0	0	0
K 助语	0	0	0	0
L 敬语	0	0	0	0
合计	830	388	74	27

与事义类的填位能力表现为如下序列：①充当与事状语的义类：A>D>B>C>H>E>I>J>G>F；②充当与事宾语的义类：A>D>B>C>H=E；③充当与事补语的义类：A>D>B>C=E；④充当与事兼语的义类：A>B>D。

从上面顺序可知，充当与事状语、宾语、补语和兼语的义类基本上保持了一致的填位序列，即 A>D>B>C>E。A 类共 977 例，占总数的 74.07%。按理说与事应该都由 A 类投射成，为什么还有一部分 D、B、C 类的词呢？先看下面的例子：

（*3294*）[S 鹤/n]S1[P 分为/v]V1[O 几/m 群/q]O1……[D 拼命/d[D 向/p 苍鹰/n]T4[P 扑/v]V4[C 去/v。（苍鹰：Bi12）

（*12833*）……[S 每个/r 人/n]L3[D 对/p{过去/t}@、{现在/t}@和/c{将来/t}@]T3[D 都/d[P 持有/v]V3[O 不同/a 的/u 态度/n]K3。（过去：Ca11；现在：Ca10；将来：Ca12）

（*6500*）……[D 不/d[P 敢/v]S4[D 稍稍/d[D 对/p 这/r 画图/n]T5[D 有/v[P 破坏/v]V5。（画图：Dk31）

（*3294*）、（*12833*）、（*6500*）分别为“Bi 动物”、“Ca 时间”和“Dk 文教”类，这与我们对与事的界定有关，我们认为与事是事件中动作行为交接或针对的角色。交接很大程度是针对 A 类的，但也有一部分是针对 D 类的，比如“赠给图书馆两千本书”中的“图书馆”，至于动作行为针对的对象就更有可能是物类了。在与事里出现 E、F、G、H、I、J 类也是这个原因。

通过梳理词频位于前 100 的词可以更直观地看出义类分布情况：

（1）我\174；（2）他\142；（3）你\70；（4）人\64；（5）我们\54；（6）她\36；（7）他们\26；（8）自己\26；（9）您\15；（10）它\15；（11）人们\13；（12）孩子\12；（13）此\11；（14）母亲\11；（15）别人\10；（16）你们\10；（17）父亲\9；（18）朋友\8；（19）人家\8；（20）大家\7；（21）人民\7；（22）世界\7；（23）老师\6；（24）谁\6；（25）同志\6；（26）妹妹\5；（27）人类\5；（28）生活\5；（29）学生\5；（30）爸爸\4；（31）儿子\4；（32）姑娘\4；（33）老者\4；（34）沙漠\4；（35）上帝\4；（36）事物\4；（37）变化\3；（38）长者\3；（39）格里高尔\3；（40）工作\3；（41）皇帝\3；（42）霍塞·阿卡迪奥·布恩地亚\3；（43）吉姆\3；（44）她们\3；（45）客人\3；（46）老人\3；（47）妈妈\3；（48）鸟笼\3；（49）气候\3；（50）青年\3；（51）情形\3；（52）天\3；（53）同胞\3；（54）先生\3；（55）员工\3；（56）战士\3；（57）主人\3；（58）主席\3；（59）祖国\3；（60）俺\2；（61）斑羚\2；（62）别里科夫\2；（63）成就\2；（64）答案\2；（65）敌人\2；（66）殿下\2；（67）东家\2；（68）东西\2；（69）读者\2；（70）杜小康\2；（71）父母\2；（72）工人\2；（73）话\2；（74）伙伴\2；（75）将来\2；（76）老板\2；（77）老栓\2；（78）老太太\2；（79）老爷\2；（80）历史\2；（81）利益\2；（82）领导\2；（83）卢进勇\2；（84）罗密欧\2；（85）民族\2；（86）奶奶\2；（87）年轻人\2；（88）荠菜\2；（89）群众\2；（90）若瑟夫\2；（91）上司\2；（92）少东家\2；（93）少女\2；（94）生存\2；（95）诗\2；（96）事\2；（97）事情\2；（98）事业\2；（99）水\2；（100）太太\2。

可以看出，A 人占据了绝对优势，但与事里不乏“世界、生活、沙漠、上帝、事物、变化、工作”等物类、现象状态类的词。

与事角色词汇义类中类的分布如表 4.17 所示。

表 4.17　与事角色词汇义类中类分布

义类	个数/个	百分比/%	义类	个数/个	百分比/%
Aa 泛称	744	56.41	Db 事理	9	0.68
Ab 男女老少	47	3.56	Dc 外貌	4	0.3
Ad 籍属	5	0.38	Dd 性能	8	0.61
Ae 职业	40	3.03	De 性格、才能	2	0.15
Af 身份	25	1.9	Df 意识	7	0.53
Ag 状况	4	0.3	Dh 臆想物	6	0.45
Ah 亲人、眷属	53	4.02	Di 社会、政法	36	2.73
Ai 辈次	9	0.68	Dj 经济	2	0.15
Aj 关系	36	2.73	Dk 文教	33	2.5
Ak 品性	3	0.23	Dm 机构	7	0.53
Al 才识	7	0.53	Dn 数量、单位	3	0.23
Am 信仰	1	0.08	Ea 外形	1	0.08
An 丑类	3	0.23	Eb 表象	3	0.23
Ba 统称	21	1.59	Ed 性质	7	0.53
Bd 天体	5	0.38	Ee 德才	5	0.38
Be 地貌	6	0.45	Ef 境况	2	0.15
Bf 气象	2	0.15	Fa 上肢动作	2	0.15
Bg 自然物	8	0.61	Gb 心理活动	4	0.3
Bh 植物	3	0.23	Ha 政治活动	3	0.23
Bi 动物	11	0.83	Hc 行政管理	2	0.15
Bk 全身	6	0.45	Hd 生产	2	0.15
Bm 材料	3	0.23	He 经济活动	1	0.08
Bn 建筑物	5	0.38	Hf 交通运输	1	0.08
Bo 机具	2	0.15	Hg 教卫科研	2	0.15
Bp 用品	3	0.23	Hi 社交	2	0.15
Bq 衣物	1	0.08	Hj 生活	4	0.3
Br 食品、药品、毒品	1	0.08	Hm 公安、司法	1	0.08
Ca 时间	12	0.91	Ib 生理现象	4	0.3
Cb 空间	27	2.05	Ie 事态	4	0.3
Da 事情、情况	48	3.64	If 境遇	2	0.15

续表

义类	个数/个	百分比/%	义类	个数/个	百分比/%
Ih 变化	4	0.3	Jd 存在	2	0.15
Ja 联系	1	0.08	Je 影响	1	0.08
Jc 配合	1	0.08	合计	1319	100.00

充当与事角色排位前 21 的义类的顺序为：Aa＞Ah＞Da＞Ab＞Ae＞Di=Aj＞Dk＞ Cb＞Af＞Ba＞Ca＞Bi＞Ai=Db＞Bg=Dd＞Dm=Al=Df=Ed。

上面 21 类中，A、D、C、B 类共 1195 个，占 90.60%，其中 A 大类有 8 个中类，共 961 个，占 A 大类的 98.36%，这说明 A 类最先投射为与事的能力最强。

与事角色词汇义类中类的句法填位情况如表 4.18 所示。

表 4.18 与事角色词汇义类中类句法填位情况（单位：个）

义类	与事状语	与事宾语	与事补语	与事兼语	义类	与事状语	与事宾语	与事补语	与事兼语
Aa 泛称	373	305	49	17	Bg 自然物	7	1	0	0
Ab 男女老少	34	8	5	0	Bh 植物	3	0	0	0
Ad 籍属	5	0	0	0	Bi 动物	9	1	0	1
Ae 职业	25	9	3	3	Bk 全身	3	1	2	0
Af 身份	17	5	2	1	Bm 材料	3	0	0	0
Ag 状况	1	3	0	0	Bn 建筑物	4	0	1	0
Ah 亲人、眷属	38	14	0	1	Bo 机具	2	0	0	0
Ai 辈次	7	2	0	0	Bp 用品	3	0	0	0
Aj 关系	25	9	1	1	Bq 衣物	1	0	0	0
Ak 品性	2	1	0	0	Br 食品、药品、毒品	1	0	0	0
Al 才识	6	1	0	0	Ca 时间	11	1	0	0
Am 信仰	0	1	0	0	Cb 空间	24	2	1	0
An 丑类	0	2	1	0	Da 事情、情况	47	0	1	0
Ba 统称	13	7	0	1	Db 事理	8	1	0	0
Bd 天体	4	0	0	1	Dc 外貌	4	0	0	0
Be 地貌	6	0	0	0	Dd 性能	7	0	1	0
Bf 气象	2	0	0	0	De 性格、才能	2	0	0	0

续表

义类	与事状语	与事宾语	与事补语	与事兼语	义类	与事状语	与事宾语	与事补语	与事兼语
Df 意识	6	1	0	0	Hd 生产	2	0	0	0
Dh 臆想物	2	2	1	1	He 经济活动	1	0	0	0
Di 社会、政法	31	3	2	0	Hf 交通运输	1	0	0	0
Dj 经济	2	0	0	0	Hg 教卫科研	2	0	0	0
Dk 文教	28	3	2	0	Hi 社交	1	1	0	0
Dm 机构	4	2	1	0	Hj 生活	4	0	0	0
Dn 数量、单位	2	1	0	0	Hm 公安、司法	1	0	0	0
Ea 外形	1	0	0	0	Ib 生理现象	4	0	0	0
Eb 表象	2	0	1	0	Ie 事态	4	0	0	0
Ed 性质	7	0	0	0	If 境遇	2	0	0	0
Ee 德才	5	0	0	0	Ih 变化	4	0	0	0
Ef 境况	1	1	0	0	Ja 联系	1	0	0	0
Fa 上肢动作	2	0	0	0	Jc 配合	1	0	0	0
Gb 心理活动	4	0	0	0	Jd 存在	2	0	0	0
Ha 政治活动	3	0	0	0	Je 影响	1	0	0	0
Hc 行政管理	2	0	0	0	—	—	—	—	—

从横向来看，根据与事角色义类的填位情况，我们将其分为以下三种类型：①全填位型。这个类型中的义类可以填位到任何与事充当的句法成分，共 5 类，即 Aa 泛称、Ae 职业、Af 身份、Aj 关系、Dh 臆想物。②零填位型。这个类型中的义类不能填位到任何与事充当的句法成分，共 30 类，即 Ac 体态，Bb 拟状物，Bc 物体的部分，Bj 微生物，Bl 排泄物、分泌物，Dg 比喻物，Dl 疾病，Ec 颜色、味道，Fb 下肢动作，Fc 头部动作，Fd 全身动作，Ga 心理状态，Gc 能愿，Hb 军事活动，Hh 文体活动，Hk 宗教活动，Hl 迷信活动，Hn 恶行，Ia 自然现象，Ic 表情，Id 物体状态，Ig 始末，Jb 异同，Ka 疏状，Kb 中介，Kc 联结，Kd 辅助，Ke 呼叹，Kf 拟声，L 敬语。根据前面对与事的认识，这些义类应该还有一些是可以投射到与事的，只是我们考察的语料还是有些少。③有限填位型。这个类型中的义类可以有选择地填位到与事充当的句法成分，共 60 类，如 Ab 男女老少、Ad 籍属等。从表 4.18 中可以看出，与事兼语很少由 B 类充当，C、D、E、F 等

则不能充当与事兼语，这与兼语的性质有关，一般认为兼语是后面动核的施事。

从纵向来看，有 63 类词可以投射为与事状语，27 类可以投射为与事宾语，16 类可以投射为与事补语，9 类可以投射为与事兼语。这说明充当与事的词汇最先投射为与事状语，并且种类繁多。

词性对词义消歧乃至语义角色标注都有着重要的影响。表 4.19 是与事角色词汇词性情况统计表。

表 4.19　与事角色词汇的词性分布

名核词性	个数/个	百分比/%	名核词性	个数/个	百分比/%	名核词性	个数/个	百分比/%
r	644	48.82	an	9	0.68	s	3	0.23
n	552	41.85	t	7	0.53	nz	2	0.15
nr	44	3.34	a	4	0.30	i	1	0.08
v	26	1.97	ns	4	0.30	nt	1	0.08
vn	19	1.44	f	3	0.23	合计	1319	100.00

从表 4.19 中可见，充当与事语义角色的词涵盖 14 种词类，代词、名词、人名（nr）占前三位，共 1240 个，占总数的 94.01%。也就是说，充当与事语义角色的多是名词和代词。

4.3.2　与事句法实现的词汇语义制约特点

表 4.20 是与与事搭配的动核义类大类分布情况。

表 4.20　与与事相搭配的动核义类大类分布

义类	个数/个	百分比/%	义类	个数/个	百分比/%
H 活动	885	67.10	E 特征	23	1.74
J 关联	159	12.05	D 抽象事物	3	0.23
G 心理活动	103	7.81	B 物	2	0.15
F 动作	70	5.31	L 敬语	2	0.15
I 现象与状态	48	3.64	—	—	—
K 助语	24	1.82	合计	1319	100.00

与与事搭配的动核义类占比由多到少的排列顺序为：H>J>G>F>I>K>

E＞D＞B=L。

与与事相搭配的动核义类比较集中，前五类已占到了 95.91%，如图 4.3 所示。

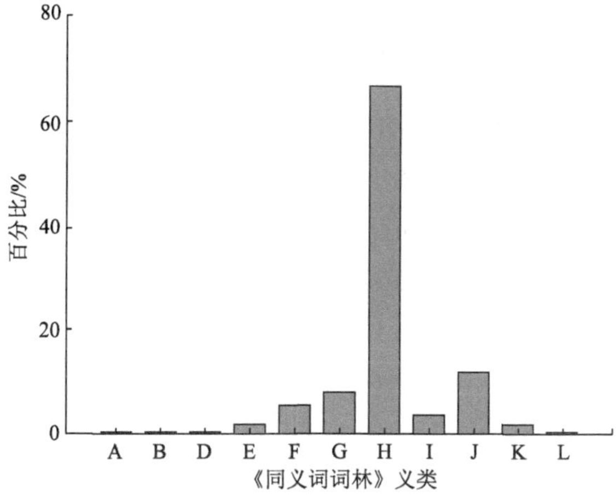

图 4.3　与与事相搭配的动核义类大类分布图

表 4.21 是与与事句法成分搭配的动核义类大类情况统计表。

表 4.21　动核义类与与事各句法成分的搭配情况（单位：个）

义类	成分			
	与事状语 DTPV	与事宾语 PVOT	与事补语 PVCT	与事兼语 PVJT
A 人	0	0	0	0
B 物	2	0	0	0
C 时间与空间	0	0	0	0
D 抽象事物	3	0	0	0
E 特征	21	2	0	0
F 动作	62	6	2	0
G 心理活动	96	1	5	1
H 活动	447	354	60	24
I 现象与状态	44	3	1	0
J 关联	136	15	6	2
K 助语	19	5	0	0
L 敬语	0	2	0	0
合计	830	388	74	27

从纵向来看，没有一类动核可以自由地与与事搭配。从横向来看，G 心理活动、H 活动、J 关联类动核可以和与事角色充当的任一句法成分搭配，A 类、C 类不能与与事搭配，其他几类则都是有选择地搭配。

动核义类中类与与事搭配的具体情况如表 4.22 所示。

表 4.22 与与事相搭配的动核义类中类分布

义类	个数/个	百分比/%	义类	个数/个	百分比/%
Bg 自然物	1	0.08	Hi 社交	634	48.07
Bp 用品	1	0.08	Hj 生活	95	7.2
Db 事理	1	0.08	Hk 宗教活动	1	0.08
Dj 经济	1	0.08	Hm 公安、司法	4	0.3
Dk 文教	1	0.08	Hn 恶行	1	0.08
Ea 外形	1	0.08	Ia 自然现象	1	0.08
Ed 性质	6	0.45	Ic 表情	7	0.53
Ee 德才	16	1.21	Id 物体状态	11	0.83
Fa 上肢动作	35	2.65	Ie 事态	10	0.76
Fb 下肢动作	1	0.08	If 境遇	1	0.08
Fc 头部动作	28	2.12	Ig 始末	3	0.23
Fd 全身动作	6	0.45	Ih 变化	15	1.14
Ga 心理状态	28	2.12	Ja 联系	12	0.91
Gb 心理活动	75	5.69	Jb 异同	1	0.08
Ha 政治活动	2	0.15	Jc 配合	13	0.99
Hb 军事活动	3	0.23	Jd 存在	87	6.6
Hc 行政管理	29	2.2	Je 影响	46	3.49
Hd 生产	9	0.68	Ka 疏状	13	0.99
He 经济活动	38	2.88	Kb 中介	11	0.83
Hf 交通运输	2	0.15	L 敬语	2	0.15
Hg 教卫科研	63	4.78	—	—	—
Hh 文体活动	4	0.3	合计	1319	100.00

与与事搭配的动核义类中类按占比由多到少排在前 20 位的是：Hi>Hj>Jd

>Gb>Hg>Je>He>Fa>Hc>Fc=Ga>Ee>Ih>Ka=Jc>Ja>Id=Kb>Ie>Hd。

这 20 类共 1268 个，占总数的 96.13%，且集中在 H、J、G、F 类上。其中，Hi 共 634 个，占 H 类的 71.64%，占总数的 48.07%。由于 Hi 是社交类动词，具有[+交互性]的语义特征，其辖制的名词容易成为其针对、指向的对象，并且这一类多构成 PVOT 格式。例如：

(*245*)[S 它们/r]O[D 究竟/d[D 该/v[P 托付/v]V[D 给/p 谁/r]T 呢/y? (托付：Hi25)

"Hj 生活"类共 95 个，占 H 类的 10.73%，占总数的 7.20%。这一类全都带有格标，格标使其连接的成分成为针对的对象。F、G、I、J 类情况亦然。同时，表 4.22 中出现了 B、D 类，我们可以将这部分看成转类。可见，与与事搭配的动核多具有[+交互性]的语义特征或由格来表示要针对的对象。

根据对与与事搭配的动核义类的分析和名核自身体现出来的特性，我们可以将与事角色名核的语义特征归纳如下：依赖性，与客事相似，也是要与相应的主体同现，否则所表达的事件是不完整的；自立性、先存性，即其所指的事物先于动词所表示的事件独立存在，主体不能自由指派该动作行为；无意志性，即与事在由动词所表示的事件中表现出了不经意性；非变化性，即其所指的事物的状态在由动词所表示的事件中没有发生变化。

与事角色义类与动核义类搭配情况如表 4.23 所示。

表 4.23　与事角色义类与动核义类的搭配情况（单位：个）

动核义类	名核义类												合计
	A	B	C	D	E	F	G	H	I	J	K	L	
A	0	0	0	0	0	0	0	0	0	0	0	0	0
B	2	0	0	0	0	0	0	0	0	0	0	0	2
C	0	0	0	0	0	0	0	0	0	0	0	0	0
D	1	0	0	2	0	0	0	0	0	0	0	0	3
E	16	0	0	4	0	0	0	0	1	2	0	0	23
F	58	8	1	1	2	0	0	0	0	0	0	0	70
G	32	12	9	33	9	0	1	4	3	0	0	0	103
H	758	29	19	66	4	0	0	3	5	1	0	0	885

续表

动核义类	名核义类												合计
	A	B	C	D	E	F	G	H	I	J	K	L	
I	29	7	0	9	1	1	0	1	0	0	0	0	48
J	67	21	9	44	0	1	2	9	4	2	0	0	159
K	12	0	1	6	2	0	1	1	1	0	0	0	24
L	2	0	0	0	0	0	0	0	0	0	0	0	2
合计	977	77	39	165	18	2	4	18	14	5	0	0	1319

从横向看，没有一类动核可以和任一类的与事角色名核义类相组合，H 类和 J 类可以较多地和与事角色名核相搭配。从纵向来看，没有一类与事角色名核可以自由地和动核搭配，只有 A、D 类较其他类多，占总数的 86.58%，这也说明与事主要由 A、D 类充当。搭配组合排在前 10 位的是 A+H（758）>A+J（67）>D+H（66）>A+F（58）>D+J（44）>D+G（33）>A+G（32）>A+I（29）=B+H（29）>B+J（21）。

前文说过，除了具有[+交互性]语义特征的动核可以直接带与事外，其他大多用格标引入与事，表 4.24 是这两类情况的统计结果。

表 4.24　是否用格标引入与事的情况

类型	个数/个	百分比/%
不带格标	415	31.46
带格标（K）	904	68.54
合计	1319	100.00

从表 4.24 中可以看出，不带格标的有 415 个，占总数的 31.46%；带格标的有 904 个，占总数的 68.54%。这说明与事多由格标来引导。其中带格标的又分为两种情况。

4.3.2.1　DTPV 类

这一类介词引导与事做状语，置于动核的前面，共 830 个，占格标总数的 91.81%，其使用介词引入与事的情况统计如表 4.25 所示。

表 4.25　引入与事的介词统计

格标	个数/个	百分比/%	格标	个数/个	百分比/%
对	306	36.87	于	2	0.24
给	148	17.83	在	2	0.24
向	126	15.18	从	1	0.12
为	91	10.96	关于	1	0.12
对于	74	8.92	将	1	0.12
替	26	3.13	就	1	0.12
跟	12	1.45	往	1	0.12
与	11	1.33	为了	1	0.12
和	6	0.72	问	1	0.12
朝	5	0.60	向着	1	0.12
以	5	0.60	针对	1	0.12
同	4	0.48	—	—	—
至于	3	0.36	合计	830	100.00

表 4.25 中比较特殊的一个介词是“问”，具体例子如下：

（*11784*）[D 去/v[P 找/v]V1[O 你/r 的/u 朋友/n 伏来士洁/nr 太太/n]O1，[D 问/p 她/r]T2[P 借/v]V2[O 点/m 首饰/n]O2。

（*11784*）中的“问”是“向”的意思。这样根据格标我们可以把与事分为以下几类。

（1）“针对”类，介词包括“对”“对于”“关于”“针对”“于”“至于”“在”“就”“将”。例如：

（*1961*）[D 如今/t]H，[S 人们/r]D[D 仿佛/d[D 对/p 这种/r 畸形/b 的/u 文化/n 现象/n]T[D 已经/d[P 见怪不怪/l]V 了/y。

（2）“给”类，介词包括“给”。例如：

（*2587*）那么/c，[S 这/r 东西/n]O[D 就/d[D 给/p 你/r]T[P 吃/v]V 了/y 罢/y！

（3）“向”类，介词包括“向”“向着”“问”“跟”“朝”“往”“从”。例如：

（*2533*）……[D 向/p 人们/r]T2[D 低声/n]Q2[P 絮说/v]V2[O 些/q 什么/r 事/n]O2]U。

（4）“为”类，介词包括“为”“为了”“替”“以”。例如：

（*2729*）[S 一/m 个/g 哈尼/nz 小/a 姑娘/n]S1[D 都/d[D 能/v[D 为/p 群众/n]T1[P 着想/v]V1……

（5）“与”类，介词包括“与”“和”“同”。例如：

（*4507*）[S 单位/n 时间/n 的/u 长短/n]D1[D 与/p 季节/t 和/c 场所/n]T1[P 无关/v]V1……

4.3.2.2 PVCT 类

这一类是介词引导与事做补语，共 74 个，占带格标总数的 8.19%。其格标词只有“给”和“于”两个，用“给”的时候表示“交接的对象”，用“于”的时候表示的是针对的对象。例如：

（*6711*）[S 法庭/n]S1[P 判/v]V1[C 给/p 你/r]T1，[S 法律/n]S2[P 许可/v]V2[O 你/r]O2。

（*9588*）[S 祖国/n 和/c 民族/n 的/u 希望/n]O[P 寄托/v]V[C 于/p 青年/n]T。

4.4 结果句法实现的词汇语义制约

结果这一语义角色自格语法产生以来就受到了重视，菲尔墨（2005）把这种语义角色称为使成格（factitive），表示由动词确定的动作或状态所形成的客体或有生物，或者是理解为动词意义的一部分的客体或有生物。邓守信（1983）在《汉语及物性关系的语义研究》一书中沿用菲尔墨的称谓“使成格”，李临定（1986）、鲁川和林杏光（1989）、林杏光（1999）称之为“结果”，鲁川（2001）称之为“成果”，贾彦德（1997）称之为“结果格”，而范晓和朱晓亚（1999）、朱晓亚（2001）、陈昌来（2003）称其为“成事”。在工程领域，北大中文网库也称其为“结果”，指动作、行为造成的结果或成品，跟受事一样，结果往往跟施事相对，施事施与努力或能量，使已经存在的（即自立的）受事发生变化或得以维持，使原本不存在的（即渐成的）结果得以产生。中国知网中除了有“结果”这一语义角色外，还有结果内容、结果事件、结果类指、结果整体等四类。中文句结构树资料库（Sinica TreeBank）的“结果”与上面所说的不同，是事件的结果，多在复句中，如“于是人们把文字写在丝上”。

朱晓亚（2001）在《现代汉语句模研究》中将成事定义为结果动作动词所联系的客体动元，是动作发生后才会产生或出现的客体，动词加上“成”构成“V成”后面所带的往往是成事。林杏光（1999）在《词汇语义和计算语言学》中把事件中自发动作行为所产生、引起或达成的结局称为“结果”。他按其带格标的情况将其分为两类：①“把”类，如“工人们＜把大桥＞架起来了”；②“¢”类，如“他们正在写＜信＞”。陈昌来（2003）则把成事定义为句子语义结构中因施事者的动作行为所产生或引发的新事物或新现象，是因施事者的动作行为而形成或达成的新客体。“动词”和“成事”之间有很多虚化的语法单位起桥梁作用，如“成 1、成 2、出、出来、出……来、好、起、为、做、下、上、完、到”等。目前大家对成事和受事的区别的看法比较一致：受事是动作发出前就已经存在的，而成事是动作发出后才有的。有些动词既可以带受事，又可以带成事，如“挖土”“挖洞”，前者的“土”是受事，后者的“洞”是成事。

我们认为结果是事件中所产生、引起或达成的结局，经历了一个从无到有的过程。例：春天，树木抽出[新的枝条]R。

4.4.1 结果及其词汇语义类与句法成分的对应关系

4.4.1.1 结果的句法配位

结果的句法配位有两类，依次为 PVOR、SRPV，具体见表 4.26。

表 4.26 结果的句法配位情况

类型	个数/个	百分比/%
PVOR	303	98.06
SRPV	6	1.94
合计	309	100.00

从表 4.26 中可以看出，结果优先映射为宾语，即 PVOR 类，共 303 个，占总数的 98.06%。例如：

(*107*)[D 我/r 北/f 来/v 后/f]H，[S 他/r]S1S2[P 写/v 了/u]V1[O 一/m 封/q 信/n]R1[P 给/v]V2[O 我/r]T2……

其次映射为主语，即 SRPV 类，共 6 个，占总数的 1.94%。例如：

(*13116*)[S 任何/b 神话/n]S1R2[D 都/d[P 产生/v]V1[C 于/p 现实/n]P1，[D 由于/p 现实/a 问题/n 的/u 触发/vn]C2 而/c[P 幻想/v]V2[C 出来/v 的/u。

因为我们考察的语料还是有限的，此次考察没有出现结果做状语的情况，如"[D 把/p 桥/n]R[]P 建/v]V[C 好/a 了/u"中的"桥"。

4.4.1.2 结果的句法填位

结果角色词汇语义类的句法填位情况如表 4.27 所示。

表 4.27 结果角色词汇语义类的句法填位情况（单位：个）

义类	成分	
	结果宾语 PVOR	结果主语 SRPV
A 人	4	1
B 物	105	1
C 时间与空间	9	0
D 抽象事物	164	4
E 特征	12	0
F 动作	0	0

续表

义类	成分	
	结果宾语 PVOR	结果主语 SRPV
G 心理活动	2	0
H 活动	5	0
I 现象与状态	1	0
J 关联	1	0
K 助语	0	0
L 敬语	0	0
合计	303	6

结果义类的句法填位能力并不是一样的，先后顺序如下：①充当结果宾语的义类 D>B>E>C>H>A>G>I=J；②充当结果主语的义类 D>B=A。

充当结果宾语、主语的义类基本上保持了一致的填位序列，即 D>B≥A。在整个充当结果的义类中 D、B 类共 274 例，占总数的 88.67%。按理说结果应该都由 D、B 类投射成，为什么还有一部分 E、C、H、A、G、I、J 类的词呢？原因如下。

对于 E 类，一方面与我们把数量短语特殊处理为 Ed61 有关，另一方面有一部分词是名形词，如“动荡/an”，机器自动标注时将其标成了 Ef01；再就是“变化”类的结果是颜色，如《同义词词林》将“红”标为 Ec01，将“蓝”标为 Ec02。另外，创造的结果完全可以是时代、阶段等时间，也可以是场所等空间，所以出现了“C 时间与空间”类。例如：

（*11399*）而/c[S[P 创造/v]V[O 这/r 中国/ns 历史/n 上/f 未曾/d 有/v 过/u 的/u 第三/m 样/q 时代/n]R]U，则/c[P 是/v]V[O 现在/t 的/u 青年/n 的/u 使命/n]X！（时代：Ca02）

（*3647*）……[D 同时/d[P 修建/v 了/u]V2[O 一些/m 现代化/v 的/u{游泳池/n}@、高级/a{旅馆/n}@和/v{游乐/vn 场所/n}@]R2。（场所：Cb28）

我们感觉“A 人”类不应该是结果，但实际语料库中确实出现了“A 人”类作为结果的例子。例如：

（*10863*）……[D 从/p 禽兽/n]D2[P 变/v 到/v]V2[O 人/n]R2，[S 你/r]D3[P 看/v]V3[O[S 这/r 中间/f]P[P 需要/v]V[O 多少/m 进化/v 历程/n]O]U3！

（*12840*）[S 伟大/a 志向/n]D1[P 造就/v]V1[O 伟大/a 人物/n]R1……

（*10863*）中禽兽变成了人，（*12840*）中志向造就了人，事实表明结果类可以由"A 人"类来充当。

郭锐（2002）将词性分成词汇层面的词性和句法层面的词性。他认为，词汇层面的词性是词语固有的词性，可以在词典中标明；句法层面的词性是词语在使用中产生的，由句法规则控制。H 类在表达层面是名词，在词汇层面却是动词，这样就造成了少量的 H 类结果论元。例如：

（*10628*）……[D 才/d[D 逐步/d[P 形成/v 了/u]V4[O 极光/n 的/u 物理性/n 描述/n]R4。（描述：Hi13）

（*10628*）中的"描述"在句法层面是名词，而在词汇层面是动词［《现代汉语词典》（第 5 版）标注的是动词］，《同义词词林》里描述的是词汇层面的词，所以出现了应该是名词的类，而在标注中却是动词对应的 H 类。

G、I、J 类的出现是由动名词造成的。例如：

（*15211*）[S 这/r]D[P 意味着/v]V[O[S 初始/n 状态/n 的/u 微小/a 变化/vn]D[D 会/v[P 导致/v]V[O 后续/b 行为/n 的/u 快速/d 增大/vn 的/u 改变/vn]R]U。（改变：Ih02）

通过梳理词频在 2 及以上的词可以更直观地看出义类分布情况：

（1）信\12；（2）字\8；（3）平头\6；（4）文章\6；（5）光头\5；（6）席\4；（7）小说\4；（8）道路\3；（9）东西\3；（10）句子\3；（11）丝\3；（12）病\2；（13）布\2；（14）歌曲\2；（15）拱桥\2；（16）规则\2；（17）花\2；（18）话\2；（19）饺子\2；（20）结果\2；（21）理论\2；（22）路\2；（23）千块万块\2；（24）躯体\2；（25）圈\2；（26）人\2；（27）食物\2；（28）网\2；（29）文

书\2；（30）习惯\2；（31）形象\2；（32）烟雾\2；（33）岩石\2；（34）样子\2；（35）蒸汽机\2；（36）制度\2；（37）字母\2。

可以看出，充任结果的大多是 D、B 类，但也出现了 A 类，这与我们前面的分析相吻合。

结果角色词汇义类中类的分布情况如表 4.28 所示。

表 4.28　结果角色词汇义类中类分布

义类	个数/个	百分比/%	义类	个数/个	百分比/%
Aa 泛称	3	0.97	De 性格、才能	1	0.32
Ab 男女老少	2	0.65	Df 意识	4	1.29
Ba 统称	12	3.88	Dg 比喻物	3	0.97
Bb 拟状物	8	2.59	Dh 臆想物	1	0.32
Bc 物体的部分	1	0.32	Di 社会、政法	14	4.53
Bd 天体	5	1.62	Dj 经济	5	1.62
Be 地貌	2	0.65	Dk 文教	74	23.95
Bf 气象	3	0.97	Dl 疾病	2	0.65
Bg 自然物	12	3.88	Dm 机构	2	0.65
Bh 植物	6	1.94	Dn 数量、单位	5	1.62
Bi 动物	1	0.32	Ea 外形	1	0.32
Bk 全身	6	1.94	Eb 表象	2	0.65
Bm 材料	8	2.59	Ec 颜色、味道	2	0.65
Bn 建筑物	14	4.53	Ed 性质	5	1.62
Bo 机具	5	1.62	Ef 境况	2	0.65
Bp 用品	10	3.24	Ga 心理状态	1	0.32
Bq 衣物	4	1.29	Gb 心理活动	1	0.32
Br 食品、药品、毒品	9	2.91	Hg 教卫科研	1	0.32
Ca 时间	2	0.65	Hi 社交	3	0.97
Cb 空间	7	2.27	Hj 生活	1	0.32
Da 事情、情况	17	5.5	Ih 变化	1	0.32
Db 事理	4	1.29	Je 影响	1	0.32
Dc 外貌	25	8.09	—	—	—
Dd 性能	11	3.56	合计	309	100.00

充当结果角色排位前 20 的义类中类顺序为：Dk>Dc>Da>Di=Bn>Ba= Bg>Dd>Bp>Br>Bm=Bb>Cb>Bk=Bh>Bo=Bd=Dj=Dn=Ed。

上面的 20 类共 258 个，占总数的 83.50%，除 Cb、Ed 类外全是 D、B 类，其中 D 大类有 7 个中类，共 151 个，B 大类有 11 个中类，共 95 个，这说明抽象物最先投射为结果论元，其次才是具体的物，在抽象的物中又依次是文教，外貌，事情、情况，社会、政法等，在物中依次是建筑物、统称、自然物等。

结果角色词汇义类中类的句法填位情况如表 4.29 所示。

表 4.29 结果角色词汇义类中类的句法填位情况（单位：个）

义类	结果宾语	结果状语	义类	结果宾语	结果状语	义类	结果宾语	结果状语
Aa 泛称	2	1	Bq 衣物	4	0	Dm 机构	2	0
Ab 男女老少	2	0	Br 食品、药品、毒品	9	0	Dn 数量、单位	5	0
Ba 统称	11	1	Ca 时间	2	0	Ea 外形	1	0
Bb 拟状物	8	0	Cb 空间	7	0	Eb 表象	2	0
Bc 物体的部分	1	0	Da 事情、情况	16	1	Ec 颜色、味道	2	0
Bd 天体	5	0	Db 事理	4	0	Ed 性质	5	0
Be 地貌	2	0	Dc 外貌	25	0	Ef 境况	2	0
Bf 气象	3	0	Dd 性能	9	2	Ga 心理状态	1	0
Bg 自然物	12	0	De 性格、才能	1	0	Gb 心理活动	1	0
Bh 植物	6	0	Df 意识	4	0	Hg 教卫科研	1	0
Bi 动物	1	0	Dg 比喻物	3	0	Hi 社交	3	0
Bk 全身	6	0	Dh 臆想物	1	0	Hj 生活	1	0
Bm 材料	8	0	Di 社会、政法	14	0	Ih 变化	1	0
Bn 建筑物	14	0	Dj 经济	5	0	Je 影响	1	0
Bo 机具	5	0	Dk 文教	73	1	—	—	—
Bp 用品	10	0	Dl 疾病	2	0	—	—	—

从横向来看，按照结果角色义类的填位情况，我们将其分为以下三种类型：①全填位型。这个类型中的义类可以填位到任何结果角色充当的句法成分，共 5 类，即 Aa 泛称，Ba 统称，Da 事情、情况，Dd 性能，Dk 文教。②有限填位型。

这个类型中的义类可以有选择地填位到结果角色充当的句法成分，共 41 类，如 Ab 男女老少、Bb 拟状物、Bc 物体的部分、Bd 天体等。③零填位型。这个类型中的义类不能填位到任何结果角色充当的句法成分，共 49 类，即 Ac 体态，Ad 籍属，Ae 职业，Af 身份，Ag 状况，Ah 亲人、眷属，Ai 辈次，Aj 关系，Ak 品性，Al 才识，Am 信仰，An 丑类等。这说明这些义类的词不能或很少投射为结果句法成分。

从纵向来看，有 46 类词可以投射为结果宾语，5 类词可以投射为结果状语，这说明充当结果角色的词汇最先投射为结果宾语。

词性对词义消歧乃至语义角色标注都有着重要的影响。表 4.30 是结果角色词汇词性分布统计表。

表 4.30　结果角色词汇词性分布

名核词性	个数/个	百分比/%	名核词性	个数/个	百分比/%	名核词性	个数/个	百分比/%
n	275	89.00	nz	3	0.97	l	1	0.32
m	7	2.27	an	2	0.65	Ng	1	0.32
r	6	1.94	b	2	0.65	p	1	0.32
vn	5	1.62	a	1	0.32	q	1	0.32
ns	3	0.97	i	1	0.32	合计	309	100.00

从表 4.30 中看，充当结果语义角色的词有 14 种词类，名词、数词、代词、动名词占前四位，共 293 个，占总数的 94.82%，也就是说充当结果语义角色的多是名词、数词、代词、动名词。

m 类词在这里是序数词。例如：

（*9111*）[D 第一/m 年/q]H[S 他/r]S1[D 在/p 春节/t 环城赛/n 上/v]E1[P 跑/v 了/u]V1[O 第十五/m 名/q]R1……

这里的“第十五名”是序数词，是“跑”的结果。

4.4.2　结果句法实现的词汇语义制约特点

表 4.31 是与结果角色相搭配的动核义类分布情况。

表 4.31　与结果相搭配的动核义类大类分布

义类	个数/个	百分比/%
H 活动	175	56.63
I 现象与状态	67	21.68
J 关联	34	11.00
F 动作	30	9.71
E 特征	3	0.97
合计	309	100.00

与结果相搭配的动核义类占比由多到少的排列顺序为 H 活动>I 现象与状态>J 关联>F 动作>E 特征。

这说明结果角色多由活动动词、现象与状态动词、关联动词、动作动词产生。图 4.4 可以更直观地看出动核义类分布情况。

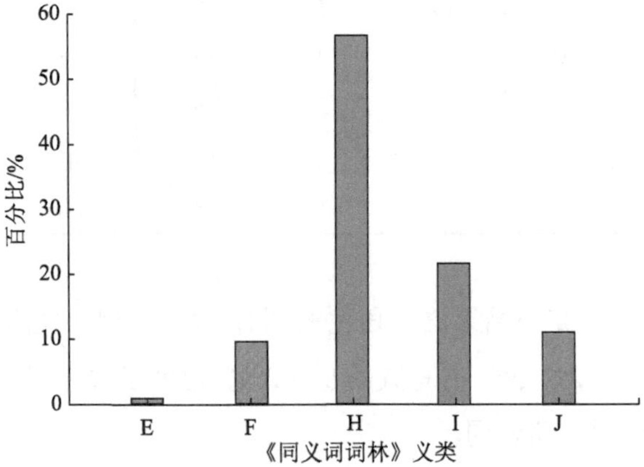

图 4.4　与结果相搭配的动核义类大类分布图

表 4.32 是与结果角色搭配的动核义类情况统计表。

表 4.32　动核义类与结果角色的搭配情况

义类	成分	
	结果宾语 PVOR	结果主语 SRPV
A 人	0	0
B 物	0	0
C 时间与空间	0	0

续表

义类	成分	
	结果宾语 PVOR	结果主语 SRPV
D 抽象事物	0	0
E 特征	3	0
F 动作	30	0
G 心理活动	0	0
H 活动	173	2
I 现象与状态	65	2
J 关联	32	2
K 助语	0	0
L 敬语	0	0
合计	303	6

从纵向来看，没有一类可以自由地充当与“结果”句法成分相搭配的动核。从横向来看，H 活动、I 现象与状态、J 关联类动核可以搭配结果的任一句法成分，A、B、C、D、G、K、L 类不可以与任一结果角色句法成分搭配，其他几类都是有限填位型的。

表 4.33 是与结果角色搭配的动核义类中类的分布情况。

表 4.33　与结果搭配的动核义类中类分布

义类	个数/个	百分比/%	义类	个数/个	百分比/%
Eb 表象	3	0.97	Hj 生活	16	5.18
Fa 上肢动作	25	8.09	Ia 自然现象	6	1.94
Fb 下肢动作	5	1.62	Ib 生理现象	5	1.62
Hc 行政管理	22	7.12	Ic 表情	1	0.32
Hd 生产	52	16.83	Id 物体状态	14	4.53
He 经济活动	1	0.32	Ie 事态	17	5.5
Hf 交通运输	1	0.32	Ih 变化	24	7.77
Hg 教卫科研	74	23.95	Jd 存在	18	5.83
Hh 文体活动	2	0.65	Je 影响	16	5.18
Hi 社交	7	2.27	合计	309	100.00

与结果角色搭配的动核义类中类占比由多到少的排列顺序为：Hg＞Hd＞Fa＞Ih＞Hc＞Jd＞Ie＞Hj=Je＞Id＞Hi＞Ia＞Ib=Fb＞Eb＞Hh＞Hf=He=Ic。

其中，H 类中类有 8 个，I 类中类有 6 个，这说明与结果角色搭配的动核多是“活动”类和“现象与状态”类动词。其中“Hg 教卫科研”共 74 个，占 H 类的 42.29%，占总数的 23.95%，这一类动词多是刻、画、写类动词。例如：

（*13142*）[D 先秦/t]H1[S 哲学家/n 荀子/nr]S1[P 写/v 过/u]V1[O 一/m 篇/q 文章/n]R1D2，[P 叫/v]V2《[O 劝学/nz]X2》。（写：Hg11）

“Hc 行政管理”“Hd 生产”类具有[+制造]、[+建立]的语义特征，Hc 一般是“建立制度、开创事业”等抽象结果，而 Hd 一般是“修建旅馆、搭马棚”等具体结果。例如：

（*4264*）[S 我们/r]S1D2[P 建立/v 了/u]V1[O 社会主义/n 制度/n]R1……（建立：Hc05）

（*3647*）……[D 同时/d[P 修建/v 了/u]V2[O 一些/m 现代化/v 的/u{游泳池/n}@、高级/a{旅馆/n}@和/v{游乐/vn 场所/n}@]R2。（修建：Hd01）

（*14746*）……[D 却/d[D 也/d[D 可以/v[P 搭/v]V2[C 起/v[O 一/m 座/q 马棚/n]R2……（搭：Hd01）

Hi 是发明类，可以跟 Hc、Hd 归为一类，都称为“制造、建立”类。“Fa 上肢动作”“Fb 下肢动作”类是通过上下肢动作产生某种结果。例如：

（*10410*）[D 现在/t]H[S 许多/m 国家/n 的/u 罪犯/n]S1[D 也/d[P 剃/v]V1[O 光头/n]R1……（剃：Fa28）

“Ih 变化”包括主体自变和客体被变两种情形，可以生成一定的结果。例如：

（*3449*）[S 花青素/n]D1S2D3S4[P 遇到/v]V1[O 酸/n]K1[D 就/d[P 变/v]V2[O 红/b]R2，[P 遇到/v]V3[O 碱/n]K3[D 就/d[P 变/v]V4[O 蓝/b]R4。（变：Ih01）

（*7999*）[S 爸爸/n]S1S3[P 求/v]V1[J 木业/n 社/n]O1+S2[D 把/p

奶奶/n 屋/n 里/f 的/u 躺柜/n]OB2[P 改/v]V2[C 成/v[O 一/m 口/q 棺材/n]R2……（改：Ih02）

（*3449*）是主体自变，结果是由当事变成的，（*7999*）是客体被变，结果是在动作行为完成后被变成的。

"Jd 存在"类都集中在 Jd06、Jd07 上，是出现、呈现、发生类动词，可以产生一定的结果。例如：

（*4762*）即使/c[S 他们/r]D1[D 不/d[P 知道/v]V1[O[D 将来/t]H[D 会/v[P 产生/v]V[O 怎样/r 的/u 结果/n]R]U1……（产生:Jd07）

"Ie 事态"类多是构成、结成类动词，产生从无到有的结果。例如：

（*4288*）……[D 为了/p 祖国/n 的/u 统一/vn 和/c 繁荣/an]G[[P 结[成/v]V[O 最/d 广泛/a 的/u 爱国/a 统一战线/n]R。（结成：Ie02）

"Je 影响"类多是导致类动词，往往产生不好的后果。例如：

（*4880*）[S 谁/r]D[D 都/d[P 知道/v]V，[O[S[S 饮食/v]D1[D 不/d[P 慎/a]V1[D 可以/v[P 致/v]V2[O 病/n]R2]U。（致：Je04）

其他几类大致也是这种情况。

通过对动核以及结果角色名核的分析，我们可以将结果角色名核的语义特征大体归纳如下：变成性，即结果在动作行为完成后产生或形成；受动性，即施事者可以自主控制或支配结果的产生或出现；附庸性和静态性，即结果的存在或不存在依附于动作行为，并以静态存在。

结果角色名核义类和动核义类的搭配情况如表 4.34 所示。

表 4.34　结果角色名核义类与动核义类搭配情况（单位：个）

动核义类	名核义类												合计
	A	B	C	D	E	F	G	H	I	J	K	L	
A	0	0	0	0	0	0	0	0	0	0	0	0	0
B	0	0	0	0	0	0	0	0	0	0	0	0	0
C	0	0	0	0	0	0	0	0	0	0	0	0	0

续表

动核义类	名核义类												合计
	A	B	C	D	E	F	G	H	I	J	K	L	
D	0	0	0	0	0	0	0	0	0	0	0	0	0
E	0	1	0	2	0	0	0	0	0	0	0	0	3
F	0	12	0	18	0	0	0	0	0	0	0	0	30
G	0	0	0	0	0	0	0	0	0	0	0	0	0
H	3	53	7	107	3	0	0	2	0	0	0	0	175
I	2	37	2	18	6	0	0	2	0	0	0	0	67
J	0	3	0	23	3	0	2	1	1	1	0	0	34
K	0	0	0	0	0	0	0	0	0	0	0	0	0
L	0	0	0	0	0	0	0	0	0	0	0	0	0
合计	5	106	9	168	12	0	2	5	1	1	0	0	309

从横向可以看出，没有一类动核可以和任意一类的结果角色名核义类相组合，只是H类和I类出现较多。从纵向来看，没有一类结果角色名核义类可以自由地和动核搭配，B、D类较其他类多，共274个，占总数的88.67%，这也说明结果角色主要由B、D类充当。搭配组合占比由多到少排位靠前的是D+H（107）>B+H（53）>B+I（37）>D+J（23）>D+I（18）=D+F（18）。

动核和结果角色之间经常加入一些虚化的语法单位，本次考察中共发现184个虚化语法单位，占59.55%，表4.35是这184个虚化的词的统计情况。

表4.35 动核和结果角色之间的虚化词统计

动核后的词	个数/个	百分比/%	动核后的词	个数/个	百分比/%
了	73	39.67	上	2	1.09
成	44	23.91	为	2	1.09
出	23	12.50	出来	1	0.54
着	13	7.07	到	1	0.54
起	5	2.72	过	1	0.54
成了	4	2.17	完	1	0.54
出了	4	2.17	下	1	0.54
好	3	1.63	下了	1	0.54
个	2	1.09	做	1	0.54
开	2	1.09	合计	184	100.00

通过上面这些虚化词，一些本来不具备动核语义特征的词也可以带结果角色了。另外，动核中后一个语素为“成”的有 53 个，且这些词后大多不加虚化的语法单位，这说明与结果角色搭配的动核多借助虚化的语法单位来表达从无到有的过程。

4.5　致事句法实现的词汇语义制约

在目前语义角色系统中用到致事这一术语的有北大中文网库和陈昌来（2003）的角色体系，他们的致事都是主体论元。北大中文网库把某种致使性事件的引起者称为致事，陈昌来将致使结构“X+使+Y+Vp”中的 X 称为致事，是主事动元，是致使动作行为的发出者或致使动作行为产生的原因，而其中的 Y 则是使事（客事论元）。我们将事件中因使事的影响发生某种动作行为或改变了原来的性状而有了新的性状的客体称为致事。例：有的侧着[脑袋]Z，欣赏自己映在水里的影子。显然我们的致事是客体论元，和北大中文网库及陈昌来的致事不同。

另有学者提到了使事，如朱晓亚（2001）、范晓（2003）、陈昌来（2003）。朱晓亚（2001）把使事定义为指动作的致使对象，是致使动词联系的客体动元，如“春雷震动大地”“长期锻炼增进了我的食欲”中的“大地”“食欲”。使事一般可以用介词“使”提前，如“长期锻炼使我的食欲增进了”，显然与使事相对的格是施事。范晓（2003）也将使事归为客事格，指动作的致使对象。可见，我们的致事和范晓、朱晓亚、陈昌来的使事一样。

4.5.1　致事及其词汇语义类与句法成分的对应关系

4.5.1.1　致事的句法配位

致事的句法配位比较单一，只能做宾语，构成 PVOZ 类，共 59 个。例如：

（*3783*）[D 在/p 阳光/n 下/f]P，[S 这些/r 气孔/n]S1S2S3 一面/c[P 排/v]V1[C 出/v[O 氧气/n]O1 和/c[P 蒸腾/v]V2[O 水分/n]Z2，一面/c[D 还/d[P 吸/v]V3[C 入/v[O 大量/a 的/u 二氧化碳/n]O3。

4.5.1.2 致事的句法填位

不同义类投射致事宾语的能力是不一样的，具体情况如表 4.36 所示。

表 4.36 致事的句法填位情况

义类	个数/个	百分比/%	义类	个数/个	百分比/%
B 物	24	40.68	E 特征	2	3.39
D 抽象事物	19	32.20	G 心理活动	2	3.39
A 人	8	13.56	H 活动	1	1.69
C 时间与空间	3	5.08	合计	59	100.00

致事角色词汇语义类填位为宾语的能力不同，其序列如下：B>D>A>C>E=G>H。

通过表 4. 36 可以看出，填位为致事宾语填位的义类 B、D 类最多，占总数的 72.88%，其次为“A 人”类，再次为“C 时间与空间”类，如果要进一步分析原因则需要深入到中类。

致事角色词汇义类中类统计情况如表 4.37 所示。

表 4.37 致事角色词汇义类中类分布

义类	个数/个	百分比/%	义类	个数/个	百分比/%
Bk 全身	21	35.59	Bi 动物	1	1.69
Aa 泛称	8	13.56	Ca 时间	1	1.69
Dk 文教	4	6.78	Da 事情、情况	1	1.69
Df 意识	3	5.08	Db 事理	1	1.69
Di 社会、政法	3	5.08	Dc 外貌	1	1.69
Cb 空间	2	3.39	Dd 性能	1	1.69
Dj 经济	2	3.39	De 性格、才能	1	1.69
Dn 数量、单位	2	3.39	Eb 表象	1	1.69
Ga 心理状态	2	3.39	Ef 境况	1	1.69
Be 地貌	1	1.69	Hj 生活	1	1.69
Bg 自然物	1	1.69	合计	59	100.00

从表 4.37 中可以看出，频率在 2 及以上的致事义类由多到少为：Bk＞Aa＞Dk＞Df=Di＞Cb=Dj=Dn=Ga。

从这个序列中可以看出充当致事角色最多的义类是“Bk 全身”，再次是“Aa 泛称”，接下来就是 D 类、C 类，比较特殊的是“Ga 心理状态”。例如：

（*1428*）[S 我们/r]S1S2[D 要/v[P 提高/v]V1[O 对于/p 幸福/an 的/u 警惕/vn]Z1……（警惕：Ga13）

在致事结构中，“Vp+Np”可以转换为“Np+Vp 了”，（*1428*）中“提高对于幸福的警惕”可以转换为“对于幸福的警惕提高了”，而受事结构一般是不能这样转换的，比如“打人”不可以转成“（对于）人打了”。

从词频也可以看出致事的义类分布情况，词频大于等于 2 的词有：“（1）腰\6；（2）身\5；（3）身子\3；（4）自己\3；（5）她\2；（6）经济\2；（7）精神\2；（8）头\2；（9）心\2；（10）语言\2。”可以看出，充当致事角色最多的词为“腰”“身”“身子”等具体的物，其次是像“自己”“她”等人类的词，再次是“经济”“精神”等抽象事物。

4.5.2　致事句法实现的词汇语义制约特点

考察语义角色及与之搭配的动核义类关系，可以反映语义角色句法实现的特点，表 4.38 是与致事相搭配的动核义类大类分布情况。

表 4.38　与致事相搭配的动核义类大类分布

义类	个数/个	百分比/%	义类	个数/个	百分比/%
I 现象与状态	41	69.49	H 活动	2	3.39
E 特征	6	10.17	J 关联	1	1.69
G 心理活动	5	8.47	—	—	—
F 动作	4	6.78	合计	59	100.00

与致事相搭配的动核义类占比由多到少的排列顺序为 I 现象与状态＞E 特征＞G 心理活动＞F 动作＞H 活动＞J 关联。直观表现如图 4.5 所示。

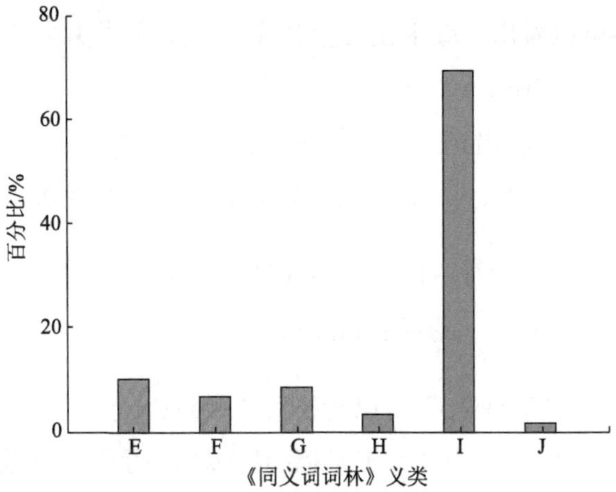

图 4.5 与致事相搭配的动核义类大类分布图

表 4.39 是与致事句法成分搭配的动核义类中类的情况。

表 4.39 与致事搭配的动核义类中类分布

义类	个数/个	百分比/%	义类	个数/个	百分比/%
Id 物体状态	17	28.81	Ed 性质	1	1.69
Ih 变化	13	22.03	Fb 下肢动作	1	1.69
Ie 事态	7	11.86	Hg 教卫科研	1	1.69
Ga 心理状态	5	8.47	Hi 社交	1	1.69
Eb 表象	3	5.08	Ia 自然现象	1	1.69
Fd 全身动作	3	5.08	Ic 表情	1	1.69
Ee 德才	2	3.39	Je 影响	1	1.69
Ib 生理现象	2	3.39	合计	59	100.00

与致事角色搭配的动核义类中类占比由多到少排列顺序是：Id＞Ih＞Ie＞Ga＞Eb=Fd＞Ee=Ib＞Ed=Fb=Hg=Hi=Ia=Ic=Je。

陈昌来（2003）认为致事、使事一般由致使动词引导，其不仅有[+致使]的语义特征，而且能构成致使结构“X+使+Y+Vp”，这一结构在句法上主要有两种表现形式：①Np1+Vp+Np2（Vp 是致使动词）；②Np1+Vp1+Np2+Vp2（Vp1 是致使动词）。第一类是所谓的使动用法；第二类是所谓的兼语句，其动核大多是固定的，有“邀、劝、奉劝、嘱托、嘱咐，选拔、推荐、推举、抚育、选派、派、打发、制止、强迫、敦促、致使、任命、指定、委派、派遣、委托、传、请求、请、要、使、求、发动、命令、唤、逼、催、搀、扶，押、赔、陪伴、押送、率领、领、引、拖、帮”等。

我们在语料里标注的谓核如下：

（1）弯\6；（2）发展\5；（3）直\4；（4）丰富\3；（5）光\3；（6）提高\3；（7）感动\2；（8）惊\2；（9）歪\2；（10）侧\1；（11）充实\1；（12）倒\1；（13）定\1；（14）断\1；（15）隔绝\1；（16）固定\1；（17）寒\1；（18）昏\1；（19）集中\1；（20）加快\1；（21）加强\1；（22）坚定\1；（23）冷\1；（24）立\1；（25）美\1；（26）气\1；（27）强化\1；（28）软\1；（29）伸伸\1；（30）学有\1；（31）痒\1；（32）增加\1；（33）振作\1；（34）震动\1；（35）震惊\1；（36）蒸腾\1；（37）转\1；（38）壮\1。

这些谓词没有一个是能构成“Np1+Vp1+Np2+Vp2”的，但这些词可以构成“X+使+Y+Vp”致使结构。例如：

（*1466*）[S 我/r]S1S2S3[P 弯/v]V1[C 下/v[O 身/n]Z1……（弯：Id16）

（*1466*）可以变换成“我使身子弯”，可见我们的致事不包括兼语句格式，只有陈昌来的 A 类形式。

致事跟致使动词同现，它接受使事的致使动作行为的影响而产生新的性状或有了新的动作。在现实世界，新性状、新动作的产生首先来自“Id 物体状态”“Ih 变化”“Ie 事态”“Ga 心理状态”等方面，这些动核可以构成“X+使+Y+Vp”结构，具有[+致使]的语义特征，容易使 Y（从这些谓词义类也可以看出其连接的多是物类）产生新性状和新动作。例如：

（*6509*）[D 啪啦/o 啪啦/o，[S 这/r{锣声/n}@这/r{喊声/n}@]S1，[P 惊/v]V1[C 飞/v 了/u]V2[O 那/r 两/m 只/q 水鸟/n]Z1S2。（惊：Ga16）

根据上面对动词的分析，并参考致事义类本身的特点，我们将致事的词汇语义特征分析如下：变化性，指致事成分无意识地被施事所影响或是致事成分由于有关的事件而发生变化；依赖性，指与客事相似，也是要与相应的主体同现，否则所表达的事件是不完整的；无意志性，指致事在由动词所表示的事件中表现出了不经意性。

表 4.40 是致事角色义类与动核义类搭配的情况。

表 4.40 致事角色义类与动核义类的搭配情况（单位：个）

动核义类	名核义类												合计
	A	B	C	D	E	F	G	H	I	J	K	L	
A	0	0	0	0	0	0	0	0	0	0	0	0	0
B	0	0	0	0	0	0	0	0	0	0	0	0	0
C	0	0	0	0	0	0	0	0	0	0	0	0	0
D	0	0	0	0	0	0	0	0	0	0	0	0	0
E	0	2	1	2	0	0	1	0	0	0	0	0	6
F	0	4	0	0	0	0	0	0	0	0	0	0	4
G	2	1	0	2	0	0	0	0	0	0	0	0	5
H	1	0	0	1	0	0	0	0	0	0	0	0	2
I	4	17	2	14	2	0	1	1	0	0	0	0	41
J	1	0	0	0	0	0	0	0	0	0	0	0	1
K	0	0	0	0	0	0	0	0	0	0	0	0	0
L	0	0	0	0	0	0	0	0	0	0	0	0	0
合计	8	24	3	19	2	0	2	1	0	0	0	0	59

从横向来看，I 类可以比较自由地和致事义类组合，其次是 E 类。从纵向来看，没有一类致事义类可以自由地和动核搭配，只是 B、D、A 类较其他类多，占总数的 86.44%，这也说明致事主要由 B、D、A 类充当。搭配组合排在前面的是 B+I（17）>D+I（14）>B+F（4）=A+I（4）。

4.6 分事句法实现的词汇语义制约

目前语义角色体系中提到分事的有林杏光（1999）、鲁川（2001），在工程领域，HowNet 的“部分”（OfPart）与之相关，用来表示“蕴涵关系”或表示

状态事件中“残疾”类事件中的实体的部件，如“这装置包含两个部分|新组建的各委办将直接隶属国务院”。

林杏光（1999）把事件领事的组成部分称为分事。鲁川（2001）认为分事是整分关系中的构成部分或组成部分，分为两种情况：①整分关系中的构成部分，如“爷爷有头白发”；②整分关系中的组成部分，如“氢和氧化合成水”“铁矿含有硫”。

我们的分事指事件领事的组成部分，如“春天像健壮的青年，有[铁一般的胳膊和腰脚]F”。分事定义很明确，是领事的组成部分，显然必须是要与领事同现的。二者是整体与部分、包含与被包含的关系。但由于我们对“N1+有+N2”格式的特定处理，领事所领有的绝大部分是客事，很少一部分才是分事。例如：

（*2605*）……[P 不料/v]V2[O[S 她/r]L[D 还/d[P 有/v]V[O 这样/r 伟大/a 的/u 神力/n]K]U2。

4.6.1　分事及其词汇语义类与句法成分的对应关系

4.6.1.1　分事的句法配位

分事的句法配位有 3 类，按占比依次为 PVOF＞SFPV=DFPV，具体见表 4.41。

表 4.41　分事的句法配位情况

类型	个数/个	百分比/%
DFPV	2	5.00
PVOF	36	90.00
SFPV	2	5.00
合计	40	100.00

从表 4.41 中我们可以看出，分事除了可以投射为宾语，还可以投射为主语、状语。

（1）PVOF 是分事最常见的句法语义格式。例如：

（*3123*）[S 斑羚/n]L1D2S3D4 虽/c[P 有/v]V1[O 肌腱/n 发达/a 的/u 四/m 条/q 长/a 腿/n]F1，[D 极/d[P 善/v]V2[P 跳跃/v]V3……

（2）分事出现的句法位置比较灵活，还会出现做状语和主语的情况，即DFPV、SFPV格式。例如：

（*14872*）被/u[S 转化/v 成/v 了/u 无效/b 状态/n 的/u 能量/n]F[P 构成/v 了/u]V[O 我们/r 所/u 说/v 的/u 污染/vn]L。

（*14480*）……[S 这个/r 初创/v 的/u 炼金/v 实验室/n]L2[D 是/d[D 由/p 一/m 只/q 粗制/b 的/u{管炉/n}@、一/m 只/q 仿成/v 的/u 长颈/n 玻璃/n{试管/n}@和/c 一/m 个/q 由/p 吉卜赛人/nz 按/v 犹太人/n 马利亚/nr 的/u 新式/a 三臂/n 蒸馏锅/n 的/u 说明书/n 制作/v 出来/v 的/u{蒸馏器/n}@]F2[P 组成/v]V2 的/u。

（*14872*）中“能量”是污染的组成部分；（*14480*）中“管炉”、“试管”和“蒸馏器”由介词“由”来引导，成了实验室的部分，形成了 DFPV 格式。

4.6.1.2 分事的句法填位

分事角色词汇语义类大类的句法填位情况如表 4.42 所示。

表 4.42 分事的句法填位情况（单位：个）

义类	分事宾语	分事主语	分事状语
A 人	1	0	0
B 物	25	0	2
C 时间与空间	1	0	0
D 抽象事物	2	1	0
E 特征	7	1	0
合计	36	2	2

从表 4.42 中可以看出，充任分事角色的义类首先投射为宾语，其次为主语、状语，投射为宾语的义类占比由多到少为：B>E>D>A=C。从义类序列可以看出作为部分的可以是物，也可以是人和时空。例如：

（*1586*）[D 显然/d 地/u，[S 这/r“{大家/r}@]L”[D 也/d[P 包括/v]V[O 我/r]F[C 在内/v。（我：Aa02）

（*3834*）……[D 还/d[D 会/v[P 发现/v]V2[O[S 有些/r 还/d 没有/d 崩落/v 的/u 山崖/n]L[D 也/d[D 已经/d[P 有/v 了/u]V[O 裂缝/n]F]U2。（裂缝：Cb22）

（*1586*）中“我”是“大家”的一部分，（*3834*）中“裂缝”是“没有崩落的山崖”的组成部分。

E 类之所以出现了较高的比例，是因为有下面这样一些句子：

（*10616*）[T 说/v 到底/v，[S 其/r 本色/n]L1[P 不外乎/v]V1[D 是/d[O{红/n}@、{绿/n}@、{紫/n}@、{蓝/n}@、{白/n}@、{黄/n}@]F1……

显然这里的“红”“绿”“紫”“蓝”“白”“黄”是颜色词，属于 Ec 类，这些词是“本色”的组成部分。

从语料统计来看，“物质”“眼睛”“嘴”等“物”类最先投射为分事。

分事角色词汇义类中类分布情况如表 4.43 所示。

表 4.43　分事角色词汇义类中类分布

义类	个数/个	百分比/%	义类	个数/个	百分比/%
Bk 全身	11	27.50	Bm 材料	1	2.50
Bh 植物	9	22.50	Bn 建筑物	1	2.50
Ec 颜色、味道	6	15.00	Bo 机具	1	2.50
Ba 统称	2	5.00	Cb 空间	1	2.50
Da 事情、情况	2	5.00	Dd 性能	1	2.50
Aa 泛称	1	2.50	Eb 表象	1	2.50
Bg 自然物	1	2.50	Ed 性质	1	2.50
Bi 动物	1	2.50	合计	40	100.00

充当分事角色的义类中类按占比由多到少顺序为：Bk＞Bh＞Ec＞Ba=Da＞Aa= Bg=Bi=Bm=Bn=Bo=Cb=Dd=Eb=Ed。

可以看出，最易投射为分事的都是些可以被分解的物件，比如全身、植物等。没有可以自由填位的中类，都是有限填位型或零填位型。

表 4.44 是分事角色词汇的词性分布统计表。

表 4.44 分事角色词汇词性分布

词性	个数/个	百分比/%
an	1	2.50
n	37	92.50
r	2	5.00
合计	40	100.00

从表 4.44 中可以看出，充当分事语义角色的词涵盖 3 种词类，名词排第 1 位，占总数的 92.50%，也就是说充当分事语义角色的多是名词。

4.6.2 分事句法实现的词汇语义制约特点

要考察语义角色句法实现的特点就要考察与之相搭配的动核义类，表 4.45 是与分事搭配的动核义类分布情况。

表 4.45 与分事相搭配的动核义类大类分布

义类	个数/个	百分比/%
I 现象与状态	7	17.50
J 关联	31	77.50
K 助语	2	5.00
合计	40	100.00

与分事相搭配的动核义类占比由多到少的排列顺序为J关联>I现象与状态>K 助语。这说明支配分事的多是关联类动词。直观图见图 4.6。

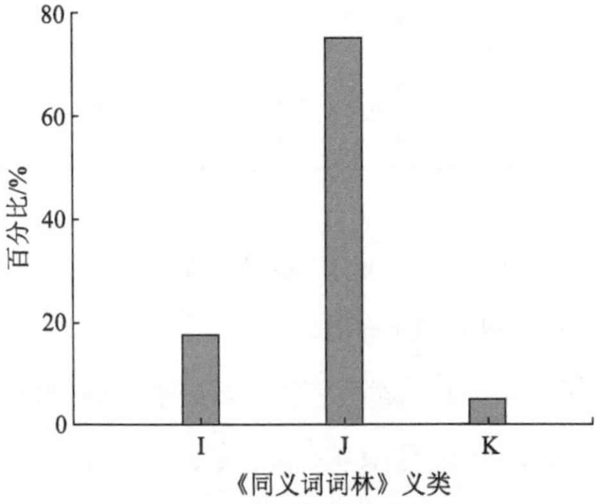

图 4.6 与分事相搭配的动核义类大类分布图

表 4.46 是与分事搭配的动核义类中类情况统计表。

表 4.46　与分事搭配的动核义类中类分布

义类	个数/个	百分比/%	义类	个数/个	百分比/%
Ib 生理现象	4	10.00	Jd 存在	23	57.50
Ie 事态	3	7.50	Ka 疏状	2	5.00
Ja 联系	8	20.00	合计	40	100.00

与分事搭配的动核义类中类比较集中地分布在“Jd 存在”“Ja 联系”“Ib 生理现象”“Ie 事态”“Ka 疏状”这五类上。其中，Jd 又分布在“Jd04 有、占有”“Jd05 容纳、包括”“Jd06 充满、满怀、包含、显露、呈现”三类上，这三类共有的语义特征是[+拥有]。例如：

（*3123*）[S 斑羚/n]L1D2S3D4 虽/c[P 有/v]V1[O 肌腱/n 发达/a 的/u 四/m 条/q 长/a 腿/n]F1，[D 极/d[P 善/v]V2[P 跳跃/v]V3……（有：Jd04）

Ja 集中在“Ja06 归于、属于”，这一类呈现[+包含]的语义特征。例如：

（*15206*）这样/c，如果/c[S 暴胀/v 理论/n]D1[D 是/d[P 正确/a]V1 的/y，[S 宇宙/n]L2[D 就/d[D 应/v[P 包含/v]V2[O 足够/a 的/u 暗/a 物质/n]F2……（包含：Ja06）

Ib 类 4 个全是“Ib01 生育、诞生、繁殖”，具有[+生有、长有]的语义特征。例如：

（*2389*）[S 他/r]L1D2S3D4D5[P 长/a 着/u]V1[O 一/m 副/q[A 微黑/a 透红/a 的/u 脸膛/n]F1，[P 高高的/z 个儿/n]VN2……（长：Ib01）

“Ka 疏状”类都分布在“Ka18 不、没”上，由于《同义词词林》将“没有”归在这一类，所以出现了这种情况。例如：

（*9683*）假如/c[S 一/m 间/q 铁/n 屋子/n]L1O2，[D 是/d[D 绝/d[P 无/v]V1[O 窗户/n]F1 而/c[D 万难/d[P 破毁/v]V2 的/y……（无：Ka18）

第5章

凭借语义角色句法实现的词汇语义制约

凭借语义角色包括工具、材料、方式、原因、目的五类（杨成凯，1996）。动作行为的发生、进行往往要凭借某种工具、材料、方式，我们把工具、材料、方式等动作行为中的种种凭借总称为“凭借类”，它们有相近的语义性质和形式特征（汤玲，2004）。凭借类为可有语义成分，是状元。

5.1　方式句法实现的词汇语义制约

陈昌来认为，方式是句子语义结构中施事者为完成某动作行为所采取的方法和形式。生活中，人们往往要采取一定的方法和形式说话办事，反映到句子语义结构中就体现为语义成分“方式”。方式是语法概念，而确定某语义成分是不是“方式”需从语义性质和句法形式特征上进行考察（陈昌来，1997，1998；侯冠华，2008）。从句法形式上看，有标性是方式的一大特点。因此，方式成分按有无介词的引导分为两类，一种是有介词引导，一种是无介词引导（汤玲，2004；李毅，2005；王婷，2012；孙冬梅，2008）。无介词引导如：

（*267*）[S 这/r]D1O2[P 是/v]V1[O 你/r 哥哥/n 在/p 病中/t，用/v 包/v 药粉/n 的/u 红纸/n 做/v 成/v 的/u 许多/m 小/a 信封/n]X1，[D 一直/d[P 放/v]V2[C 在/p 袋里/s]P2，[D 原/d[P 预备/v]V3[D 自己/r]Q3[P 带/v]V4[D 给/p 你/r]T4 的/u。

有介词引导大多数是由方式介词“以、通过、趁、顺着、靠、随着、凭、迎着、经”等引导在句子中充当状语。这个介词短语可以在主事主语前，也可以在主事主语后。具体介词引导的统计情况见表 5.1。

表 5.1　方式介词引导情况统计（单位：个）

介词	成分			
	DQPV（方式状语）	SQPV（方式主语）	CQPV（方式补语）	合计
趁	4	0	0	4
以	60	0	0	60
通过	38	0	0	38
借	1	0	0	1
顺着	2	0	0	2
靠	14	0	0	14
随着	17	0	0	17
凭	1	0	0	1
经过	4	0	0	4
用	53	0	0	53
随	20	0	0	20
趁着	3	0	0	3
当着	2	0	0	2
迎着	1	0	0	1
按照	1	0	0	1
经	9	0	0	9
当	0	1	0	1
于	0	0	1	1

通过表 5.1 可以看出，“以”和“用”是出现频率最高的，分别为 60 和 53，两者之和占到总数的 48.71%。“以”作为语义成分的标志具有多义性，既对应于“用”，也对应于“凭、按”，在《现代汉语八百词》里“以 NP+动词”可以表示凭借、方式，相当于“用、拿”或“按照、根据”。例如：

（*1880*）[S 织女星/n]S3[D 以/p 每秒钟/m14/m 公里/q 的/u 速度/n]Q3[P 移/v 近/a]V3[O 太阳/n]O3。

林杏光等（1994）把“通过”作为方式的一种形式。作为介词的“通过”，是主要引进动作的手段，因而实质上“通过”是引进完成某些动作行为的必要凭借。例如：

（*674*）[D 刹那间/t]H，[S 我/r]D[P 懂得/v 了/u]V[O[S 事物/n 的/u 名称/n]O[D 是/v[D 在/p 人们/r 的/u 脑子/n 里/f]P[D 通过/p 思考/vn]Q[P 产生/v]V 的/y]U。

5.1.1 方式及其词汇语义类与句法成分的对应关系

5.1.1.1 方式的句法配位

方式句法配位有三类，依次为 DQPV、SQPV、CQPV，具体见表 5.2。

表 5.2 方式的句法配位情况统计表

句法语义格式	个数/个	百分比/%
DQPV	560	99.12
SQPV	4	0.70
CQPV	1	0.18
合计	565	100.00

1. 常规配位

方式映射为状语是方式的常规配位，即 DQPV，共 560 个，占总数的 99.12%。例如：

（*606*）[D 一天/t]H，[D 我/r 在/d 玩/v 一/m 个/q 新/a 洋娃娃/n 时/n]H，[S 老师/n]S1[D 给/p 我/r]T1[P 拿/v]V1[C 来/v[O 旧/a 洋娃娃/n]O1，[D 以/p 此/r]Q2[P 表明/v]V2[O[S 两/m 样/q 东西/n]O[D 都/d[D 可/v[D 用/p“{洋娃娃/n}@”这个/r 字/n]I 来/u[P 表示/v]V]U2。

2. 非常规配位

非常规配位包括以下两类。

（1）映射为主语，即 SQPV，共 4 个，占总数的 0.70%。例如：

（*11549*）[S 一手/n]Q1[P 交/v]V1[O 钱/n]O1，[S 一手/n]Q2[P 交/v]V2[O 货/n]O2!

（2）映射为补语，即 CQPV，只有 1 条，占总数的 0.18%。例如：

（*12592*）[T 瞧/v[S 你们/r 的/u 仇恨/n]D1[D 已经/d[P 受到/v 了/u]V1[O 多/d 大/a 的/u 惩罚/n]K1，[S 上天/n]S2S3[P 借手/v]V2[C 于/p 爱情/n]Q2,[P 夺/v]V3[C 去/v 了/u[O 你们/r 心爱/b 的/u 人/n]O3。

5.1.1.2　方式名核的句法填位

方式角色词汇语义类大类的句法填位情况如表 5.3 所示。

表 5.3　方式角色词汇语义大类的句法填位情况（单位：个）

义类	成分			合计
	DQPV	SQPV	CQPV	
A 人	11	0	0	11
B 物	60	4	0	64
C 时间与空间	11	0	0	11
D 抽象事物	115	0	1	116
E 特征	87	0	0	87
F 动作	7	0	0	7
G 心理活动	11	0	0	11
H 活动	24	0	0	24
I 现象与状态	18	0	0	18
J 关联	3	0	0	3
K 助语	213	0	0	213
L 敬语	0	0	0	0
合计	560	4	1	565

方式义类填位的排序如下所示：①充当方式状语的义类：K>D>E>B>H>I>A=C=G>F>J；②充当方式主语的义类只有 B；③充当方式补语的义类只有 D。

通过细化数据，我们深入到义类中类，所有义类统计如表 5.4 所示。

表 5.4 方式角色词汇义类中类分布（单位：个）

义类	DQPV	SQPV	CQPV	合计	义类	DQPV	SQPV	CQPV	合计
Aa 泛称	8	0	0	8	Ec 颜色、味道	1	0	0	1
Ae 职业	1	0	0	1	Ed 性质	63	0	0	63
Af 身份	1	0	0	1	Ee 德才	11	0	0	11
Ag 状况	1	0	0	1	Ef 境况	5	0	0	5
Ba 统称	3	0	0	3	Fb 下肢动作	2	0	0	2
Bb 拟状物	5	0	0	5	Fc 头部动作	5	0	0	5
Bc 物体的部分	6	0	0	6	Ga 心理状态	1	0	0	1
Bd 天体	3	0	0	3	Gb 心理活动	8	0	0	8
Be 地貌	4	0	0	4	Gc 能愿	2	0	0	2
Bf 气象	5	4	0	9	Hb 军事活动	1	0	0	1
Bg 自然物	13	0	0	13	Hc 行政管理	2	0	0	2
Bh 植物	2	0	0	2	Hd 生产	2	0	0	2
Bk 全身	10	0	0	10	Hg 教卫科研	6	0	0	6
Bl 排泄物、分泌物	1	0	0	1	Hh 文体活动	1	0	0	1
Bo 机具	6	0	0	6	Hi 社交	6	0	0	6
Br 食品、药品、毒品	2	0	0	2	Hj 生活	5	0	0	5
Ca 时间	5	0	0	5	Hn 恶行	1	0	0	1
Cb 空间	6	0	0	6	Ia 自然现象	1	0	0	1
Da 事情、情况	17	0	0	17	Ic 表情	3	0	0	3
Db 事理	14	0	0	14	Id 物体状态	5	0	0	5
Dc 外貌	13	0	0	13	Ie 事态	4	0	0	4
Dd 性能	15	0	0	15	Ig 始末	3	0	0	3
De 性格、才能	4	0	0	4	Ih 变化	2	0	0	2
Df 意识	18	0	1	19	Ja 联系	0	0	0	0
Di 社会、政法	3	0	0	3	Jb 异同	2	0	0	2
Dj 经济	2	0	0	2	Jd 存在	1	0	0	1
Dk 文教	22	0	0	22	Ka 疏状	210	0	0	210
Dn 数量、单位	7	0	0	7	Kb 中介	1	0	0	1
Ea 外形	3	0	0	3	Kc 联结	1	0	0	1
Eb 表象	4	0	0	4	Kf 拟声	1	0	0	1

从表 5.4 中可以看出方式角色名核义类中类排列序列：①充当方式状语的义类：Ka＞Ed＞Dk＞Df＞Da＞Dd＞Db＞Bg=Dc＞Ee＞Bk；②充当方式主语的义类只有 Bf；③充当方式补语的义类只有 Df。

5.1.2　方式句法实现的词汇语义制约特点

表 5.5 是与方式角色搭配的动核义类分布情况。

表 5.5　与方式搭配的动核义类大类分布（单位：个）

义类	成分			合计
	DQPV	SQPV	CQPV	
A 人	0	0	0	0
B 物	0	0	0	0
C 时间与空间	0	0	0	0
D 抽象事物	0	0	0	0
E 特征	0	0	0	0
F 动作	109	2	0	111
G 心理活动	54	0	0	54
H 活动	265	2	1	268
I 现象与状态	76	0	0	76
J 关联	44	0	0	44
K 助语	12	0	0	12
L 敬语	0	0	0	0
合计	560	4	1	565

与方式相搭配的动核义类由多到少的排列顺序为：①DQPV 方式状语动核义类：H＞F＞I＞G＞J＞K；②SQPV 方式主语动核义类：H=F；③CQPV 方式补语动核义类只有 H 活动。

经过我们对语料库中与方式角色的动核义类中类的统计，排在前 7 位的是：Hi（123）＞Hj（57）＞Fa（53）＞Gb（48）＞Hg（30）＞Hc（20）=Ib（20）。

这 7 类共 351 个，占总数的 62.12%，且集中分布在 H 类。我们可以将与之相搭配的动核分为以下四类。

（1）社交、生活类。例如：

（*478*）[S 他们/r]D1D2[D 像/v[D 是/v[D 用/p 这种/r 方式/n]Q1[D 来/v[P 感谢/v]V1[O 我们/r 老师/n 四十/m 年/q 来/f 忠诚/a 的/u 服务/vn]K1。（感谢：Hi29）

（2）上肢动作类。例如：

（*177*）[D 把/p 爸爸/n 的/u 大书/n]OB4[D 一/m 部/q 一/m 部/q]Q4[P 搬/v]V4[C 下来/v。（搬：Fa32）

（3）心理活动类。例如：

（*3075*）[D 没有/d[D 对/p 前/f 几/m 只/q 小猫/n]T3[D 那样/r]Q3[P 感兴趣/v]V3。（感兴趣：Gb09）

（4）教卫科研、行政管理类。例如：

（*4000*）[T 看来/v[D 得/v[D 靠/p 飞船/n]Q3Q4[D 到/v 小行星带/n 附近/s]P3P4[D 去/v[P 观测/v]V3 和/c[P 发现/v]V4 了/y。（观测：Hg14）

“方式”在一般句法结构中不是必有成分，而是可有成分；但在某些动核结构中却是必有语义成分，比如生产产品必须有方式，商业活动中必须有一定的资金等。但实质上，方式在句子语义结构中多不出现。

通过具体考察，我们总结出方式的主要特征有以下三种。

（1）依赖性。方式语义角色不能单独与谓语动词共现表达完整的句意，它必须依赖于主体和客体的共现。例如：

（*689*）[S 我/r]S[D 是/v[D 通过/p 生活/n 本身/r]Q[P 开始/v]V[O 我/r 的/u 学习/vn 生涯/n]O 的/y。

如果只有“通过生活本身”与谓语动词共现，句子会不完整，搞不清要“做什么”。

（2）被用性。方式是完成事件所需要的方法或形式，因此总是处于被使用的状态，而不是表现一种状态。例如：

（*515*）[S 他们/r]S1[D 该/v[D 不/d[D 会/v[P 强迫/v]V1[J 这些/r 鸽子/n]O1+S2[D 也/d[D 用/d 德国话/n]Q2[P 唱歌/v]V2 吧/y!

“用德国话”是被使用的，即使用德语来唱歌。

（3）抽象性。方法和形式从形态上看是抽象的，多是“一种、这种、那种、这些、那些”等修饰抽象名词的数量或指量词语，这是“方式”区别于“工具、材料”的重要性质。多用“一……一……”结构，即“一/m 本/q 一/m 本/q”“一/m 张张/q”“一下子/d”等。例如：

（*115*）[S 妈妈/n]S1S3[P 高卧/v]V1[C 在/p 床/n]P1，[S 左边/f 一/m 摞/q 书/n]O2[D 一/m 本/q 一/m 本/q]Q2[D 飞快/z 地/u[P 移到/v]V2[C 右边/f]P2 去/v。

从语义上看，方式与施事同现，是施事者进行某种动作行为所采取的方法和形式。

5.2　原因句法实现的词汇语义制约

语义结构中的原因是引起动作行为发生、进行或性质状态产生的原因，动作行为的发生、进行或性质状态的产生正是“原因”引起的结果。原因在句子中可分为有介词引导和无介词引导两类。

一类是由原因介词“因为、因、为、由于”等引导的在句子中充当状语的原因成分。具体的原因介词引导情况见表 5.6。

表 5.6　原因的介词引导情况统计（单位：个）

介词	成分			合计
	DCPV/PVDC（原因状语）	PVOC/OCPV（原因宾语）	PVCC（原因补语）	
因为	40	1	0	41
为了	11	0	0	11
由于	37	1	0	38

续表

介词	成分			合计
	DCPV/PVDC（原因状语）	PVOC/OCPV（原因宾语）	PVCC（原因补语）	
为	1	0	0	1
因	13	0	0	13
之所以	1	0	0	1
为什么	39	1	0	40
怎么	21	0	0	21
出于	13	0	0	13
为何	3	0	0	3
合计	179	3	0	182

从表 5.6 中可看出，原因宾语只有 3 例，引导介词分别为“因为”“由于”“为什么”。原因补语没有介词引导。在原因状语中介词“因为”出现的频率最高，共 40 个，占此类总数的 22.35%。例如：

（*5*）[S 我/r]S[P 说/v]V，[O[D 正/d[D 因为/p 如此/r]C，[D 才/d[D 应该/v[D 多/d[P 走走/v]V]U。

“为什么”次之，共 39 个，占此类总数的 21.79%。例如：

（*476*）[D 现在/d[S 我/r]D1[P 明白/v]V1 了/y，[S 镇上/s 那些/r 老年人/n]S2S3[D 为/p 什么/r]C[P 来/v]V2[P 坐/v]V3[C 在/p 教室里/s]P3。

再其次是“由于”，共 37 个，占此类总数的 20.67%。例如：

（*128*）[S 爸爸/n 辛辛苦苦/z 翻/v 字典/n 查/v 来/v 的/u 字/n]K2[PD[D 由于/p 太/d 古怪/a]C1，[SX 奶奶/n]D2[P 认/v 不/d 得/ v]V2]，[D 以/p 一/m 票/n]I3[P 否决/v]V3。

5.2.1　原因及其词汇语义类与句法成分的对应关系

5.2.1.1　原因的句法配位

原因的句法配位有三类，依次为 DCPV/PVDC、PVOC/OCPV、PVCC，具体如表 5.7 所示。

表 5.7　原因的句法配位情况统计表

句法语义格式	个数/个	百分比/%
DCPV/PVDC	214	96.83
PVOC/OCPV	6	2.71
PVCC	1	0.45
合计	221	100.00

1. 常规配位

原因映射为状语，共 214 个，占总数的 96.83%，是由原因介词“因为、因、为、由于”等引导的在句子中充当状语的原因成分。这个介词短语可以在主事主语前，也可以在主事主语后，分为 DCPV 和 PVDC。例如：

（*239*）[D 只/d[D 因/p 过于/d 认真/a]C 了/y，[S 双方/n 的/u 部队/n]D[D 都/d[D 互相/d[P 损伤/v]V。

（*475*）[S 他/r]S[P 穿/v 上/v]V[O 那/r 套/q 漂亮/a 的/u 礼服/n]O，[D 原来/d 是/v 为了/p 纪念/v 这/r 最后/d 一/m 课/n]C!

2. 非常规配位

（1）映射为宾语，即 PVOC、OCPV，这一类原因成分包括没有介词引导而置于动词后做宾语的。共 6 个，占总数的 2.71%。例如：

（*5141*）[S{母亲/n}@和/c{我/r}@]S[D 都/d[P 叹息/v]V[O 他/r 的/u 景况/n]C。

（*4010*）[T 听/v 人/n 说/v，[D 在/p 我/r 幼小/a 时候/n]H，[S 家/n 里/f]P1S2[D 还/d[P 有/v]V1[O 四五十/m 亩/q 水田/n]K1，并/d[D 不/d[D 很/d[P 愁/v]V2[O 生计/n]C2。

（2）映射为补语，即 PVCC，只有 1 条，占总数的 0.45%。例如：

（*7457*）[S 体罚/v 之/u 制/n]O[D 早已/d[D 被/p 人/n]SB[P 唾弃/v]V，[C 以/p 其/r 不/d 合/v 儿童/n 心理/n 健康/n 之/u 故/Ng]C。

5.2.1.2 原因名核的句法填位

原因可以映射的句法成分是多样的，充任原因的词投射的句法成分也是多样的。便于统计，我们把原因成分的短语类单独列出，短语可分为两种结构，一是主谓结构，二是“的”字结构。DCPV 中，主谓结构共 38 个，占此类总数的 17.76%；“的”字结构共 14 个，占此类总数的 6.54%。举例如下：

（*106*）但/c[D 最近/t 两/m 年/q 的/u 不见/v]C，[S 他/r]D1S2S3[D 终于/d[P 忘却/v]V1[O 我/r 的/u 不好/an]K1，[D 只是/d[P 惦记/v 着/u]V2[O 我/r]O2，[P 惦记/v 着/u]V3[O 我/r 的/u 儿子/n]O3。

（*275*）[D 三/m 年/q 后/t]H，[S 母亲/n]S[D 因/c 不堪/v 家中/s 的/u 寂寞/a]C，[P 领/v 了/u]V[O 一/m 个/q 族里/n 的/u 小弟弟/n]O。

原因角色词汇语义类大类的句法填位情况如表 5.8 所示。

表 5.8 原因角色词汇语义大类的句法填位情况（单位：个）

义类	成分			合计
	DCPV/PVDC	PVOC/OCPV	PVCC	
A 人	5	0	0	5
B 物	4	0	0	4
C 时间与空间	0	0	0	0
D 抽象事物	21	1	0	22
E 特征	35	0	0	35
F 动作	8	0	0	8
G 心理活动	18	2	0	20
H 活动	24	0	0	24
I 现象与状态	26	3	0	29
J 关联	13	0	0	13

续表

义类	成分			合计
	DCPV/PVDC	PVOC/OCPV	PVCC	
K 助语	6	1	0	7
L 敬语	0	0	0	0
合计	160	7	0	167

原因义类填位的排序如下所示：①充当原因状语的义类由多到少为：E>I>H>D>G>J>F>K>A>B；②充当原因宾语的义类由多到少为：I>G>K=D。例如：

（*12374*）[T 据说/v[S 她/r]D3D4[D 就是/d 因为/c[P 伤心/a]V3[O 他/r 的/u 惨死/vn]C3 而/c[P 夭亡/v]V4 的/u。

其中，“惨死（Ib03）”为原因宾语。

原因角色词汇义类中类情况如表 5.9 所示。

表 5.9　原因角色词汇义类中类分布（单位：个）

义类	DCPV/PVDC	PVOC/OCPV	PVCC	合计	义类	DCPV/PVDC	PVOC/OCPV	PVCC	合计
Aa 泛称	4	0	0	4	Dk 文教	2	0	0	2
Ah 亲人、眷属	1	0	0	1	Dn 数量、单位	1	0	0	1
Ba 统称	1	0	0	1	Ea 外形	4	0	0	4
Bi 动物	1	0	0	1	Eb 表象	3	0	0	3
Bm 材料	0	0	0	0	Ed 性质	23	0	0	23
Bn 建筑物	1	0	0	1	Ee 德才	4	0	0	4
Bp 用品	1	0	0	1	Ef 境况	1	0	0	1
Da 事情、情况	8	1	0	9	Fa 上肢动作	6	0	0	6
Db 事理	2	0	0	2	Fb 下肢动作	1	0	0	1
Dc 外貌	1	0	0	1	Fc 头部动作	1	0	0	1
Dd 性能	3	0	0	3	Ga 心理状态	4	0	0	4
De 性格、才能	1	0	0	1	Gb 心理活动	13	2	0	15
Df 意识	2	0	0	2	Gc 能愿	1	0	0	1
Dh 臆想物	1	0	0	1	Hb 军事活动	1	0	0	1

续表

义类	DCPV/PVDC	PVOC/OCPV	PVCC	合计	义类	DCPV/PVDC	PVOC/OCPV	PVCC	合计
Hc 行政管理	4	0	0	4	Ie 事态	5	0	0	5
Hd 生产	3	0	0	3	If 境遇	4	0	0	4
Hf 交通运输	3	0	0	3	Ig 始末	1	0	0	1
Hh 文体活动	1	0	0	1	Ih 变化	1	0	0	1
Hi 社交	7	0	0	7	Ja 联系	1	0	0	1
Hj 生活	3	0	0	3	Jb 异同	2	0	0	2
Hl 迷信活动	1	0	0	1	Jd 存在	2	0	0	2
Hn 恶行	1	0	0	1	Je 影响	8	1	0	9
Ib 生理现象	8	3	0	11	Ka 疏状	5	0	0	5
Ic 表情	2	0	0	2	Kd 辅助	1	0	0	1
Id 物体状态	5	0	0	5	合计	160	7	0	167

充当原因状语的义类中类由多到少为：Ed＞Gb＞Da=Ib=Je＞Hi＞Fa＞Id=Ka=Ie＞ Aa=Ea=Ee=Ga=If=Hc＞Hd=Hf=Hj=Dd=Eb＞Dk=Jb=Jd=Db=Df=Ic＞Ba=Bi=Dc=De=Fc=Gc=Hb=Hh=Hl=Hn=Ih=Ah=Bn=Bp=Dh=Dn=Ef=Fb=Ig=Ja=Kd。

充当原因宾语的义类中类由多到少为：Ib＞Gb＞Da=Je。

5.2.2 原因句法实现的词汇语义制约特点

与原因角色搭配的动核义类分布如表 5.10 所示。

表 5.10 与原因搭配的动核义类分布（单位：个）

义类	DCPV/PVDC	PVOC/OCPV	PVCC	义类	DCPV/PVDC	PVOC/OCPV	PVCC
Dd 性能	1	0	0	Ef 境况	1	0	0
Df 意识	1	0	0	Fa 上肢动作	8	0	0
Dk 文教	1	0	0	Fb 下肢动作	7	0	0
Ea 外形	1	0	0	Fc 头部动作	6	0	0
Eb 表象	5	0	0	Fd 全身动作	1	0	0
Ec 颜色、味道	1	0	0	Ga 心理状态	11	3	0
Ed 性质	5	0	0	Gb 心理活动	12	0	1

续表

义类	DCPV/PVDC	PVOC/OCPV	PVCC	义类	DCPV/PVDC	PVOC/OCPV	PVCC
Gc 能愿	3	0	0	Ie 事态	1	0	0
Hb 军事活动	1	0	0	If 境遇	1	0	0
Hc 行政管理	3	0	0	Ig 始末	1	0	0
Hd 生产	4	0	0	Ih 变化	9	0	0
Hf 交通运输	3	0	0	Ja 联系	7	0	0
Hg 教卫科研	3	0	0	Jb 异同	3	0	0
Hi 社交	11	0	0	Jd 存在	13	0	0
Hj 生活	4	0	0	Je 影响	11	0	0
Ib 生理现象	4	2	0	Kc 联结	1	1	0
Ic 表情	0	2	0	Kd 辅助	1	0	0
Id 物体状态	7	0	0	—	—	—	—

DCPV/PVDC 式中动核义类由多到少为：Jd＞Gb＞Ga=Hi=Je＞Ih＞Fa＞Id=Fb= Ja＞Fc＞Eb=Ed＞Hd=Hj=Ib＞Gc=Hf=Jb=Hg=Hc＞Dd=Df=Dk=Ea=Ec=Ef=Fd=Hb=Ie=If=Kc=Ig=Kd。例如：

（*2326*）[S 生物学家/n 达尔文/ns]S1[D 并/d[P 没有/v]V1[D 因为/p 昆虫/n 中毒/v]C1 而/c[P 放弃/v]V1[O 对/p 昆虫/n 世界/n 的/u 考察/n]K1。（放弃：Jd11）

PVOC（OCPV）式中动核义类由多到少为 Ga 心理状态＞Ic 表情=Ib 生理现象＞Kc 联结。例如：

（*4010*）[T 听/v 人/n 说/v，[D 在/p 我/r 幼小/a 时候/n]H，[S 家/n 里/f]P1S2[D 还/d[P 有/v]V1[O 四五十/m 亩/q 水田/n]K1，并/d[D 不/d[D 很/d[P 愁/v]V2[O 生计/n]C2。（愁：Ga02）

PVCC 式中动核义类只有 Gb 心理活动。例如：

（*7457*）[S 体罚/v 之/u 制/n]O[D 早已/d[D 被/p 人/n]SB[P 唾弃/v]V，[C 以/p 其/r 不/d 合/v 儿童/n 心理/n 健康/n 之/u 故/Ng]C。

通过表 5.9 的统计数据，我们可以发现，充当原因角色的名核义类中，E 特征最多，共 35 个，占总数的 20.96%。例如：

（*2788*）[S 我/r]D[D 有些/d[P 懊悔/v]V[O 自己/r 的/u 莽撞/an]C 了/y。

在这个句子中，“莽撞”属于 Ed18 类，是修饰具体行为的状态，因为莽撞导致了一定的不良后果。

超过 20 个的有 I 现象与状态（29）、H 活动（24）、D 抽象事物（22）、G 心理活动（20）。

句法语义结构中的原因是引起性质状态的原因，原因所指称的内容跟动作行为、性质状态之间是一种因果关系（谢慧萍，2004）。就像英语中不定式原因状语往往用于形容词，如 happy、sorry、angry、glad、delighted、shocked 等之后一样，汉语语义结构中的原因也多由形容词担当。例如：

（*128*）[S 爸爸/n 辛辛苦苦/z 翻/v 字典/n 查/v 来/v 的/u 字/n]K2[PD[D 由于/p 太/d 古怪/a]C1，[SX 奶奶/n]D2[P 认/v 不/d 得/v]V2]，[D 以/p 一/m 票/n]I3[P 否决/v]V3。（古怪：Ed43）

（*7038*）[D 以/p 人/n]T5[P 顶账/v]V5，[P 两相情愿/i]V6，[D 决/d[D 不/d[P 反悔/v]V7，[D 空口无凭/l]C8，[P 立/v]V8[J 此/r]O8+D9[P 为/v]V9[O 证/n]X9。（空口无凭：Ed01）

与原因搭配的动核优先度不等式为 Jd 存在＞Gb 心理活动＞Ga 心理状态=Hi 社交=Je 影响＞Ih 变化＞Fa 上肢动作。

总体来说，原因角色的名核义类导致后半句所表述事实的发生，句子具有致使性、说明性、非选择性和已然性。

5.3 目的句法实现的词汇语义制约

语义结构中的目的成分是动作行为发生、进行所要达到的目的。目的关系是说话人根据条件关系进行的行为规划并结合自身所掌握的条件关系进行的主观性的心理操作。在语言表达方式上主要是运用“为了什么”这个句式（薛华，2010）。例如：

（*293*）可是/c[D 因为/p 战时/n 交通/n 不便/a]C，[D 又/d[D 为了/p 求学/v]G[D 不/d[D 能/v[P 请假/v]V1，[S 我/r]S1S2S3[D 竟/d[D 一直/d[D 不曾/d[P 回家/v]V2[P 看看/v]V3[O 他/r]O3。

经统计，“为了”引导的有 91 例，“为”引导的有 39 例。“为了”的位置比较灵活，它的典型性功能是在句首介引目的。“为”由“为了”衍生而来，它的典型性位置也是在句首。

5.3.1　目的及其词汇语义类与句法成分的对应关系

5.3.1.1　目的的句法配位

目的的句法配位有三类，依次是 DGPV/PVDG（目的状语）、PVOG/OGPV（目的宾语）、PPVCG（目的补语），具体情况如表 5.11 所示。

表 5.11　目的的句法配位情况统计表

句法语义格式	个数/个	百分比/%
DGPV/PVDG	120	92.31
PVOG/OGPV	8	6.15
PPVCG	2	1.54
合计	130	100.00

1. 常规配位

目的映射为状语，共 120 个，占总数的 92.31%，由目的介词“为了、为”等引导。这个介词短语可以在主语前，也可以在主语后，分为 DGPV 和 PVDG。例如：

（*293*）可是/c[D 因为/p 战时/n 交通/n 不便/a]C，[D 又/d[D 为了/p 求学/v]G[D 不/d[D 能/v[P 请假/v]V1，[S 我/r]S1S2S3[D 竟/d[D 一直/d[D 不曾/d[P 回家/v]V2[P 看看/v]V3[O 他/r]O3。

（*10158*）[S 我/r]S[P 上/v]V[O 您/r 这儿/r]P[C 来/v，[D 是/d[D

为/p 要/v 了却/v 我/r 的/u 一/m 桩/q 心事/n]G。

2. 非常规配位

（1）映射为宾语，即 PVOG 和 OGPV，共 8 个，占总数的 6.15%。例如：

（*5663*）[D 大而言之/i，[P 是/v]V1[O 为/p 学术/n]G1，[D 就是/d[P 希望/v]V2[O[S 新/a 的/u 医学/n]D[[P 传/v][C 到/v]]V[O 中国/ns]P[C 去/v]]U2。

（*8143*）[S 这/r]D[D 不/d[P 是/v]V[O 为了/p 玩/v]G。

（2）映射为补语，即 PPVCG，只有 2 个，占总数的 1.54%。例如：

（*5816*）[D 轮到/v 下午/t 班/n 的/u 时候/n]H1，[S 我们/r]S1L2[D 总/d[D 会/v[D 呼朋引伴/v 地/u[D 一起/d[P 走/v]V1[O 那/r 条/q 路/n]B1，[P 没有/v]V2[O 别的/r 目的/n]K2，[C 只/d 为/p 了/u 蝉/n]G2。

5.3.1.2 目的名核的句法填位

目的可以映射的句法成分是多样的，充任目的的词投射的句法成分也是多样的，且不同语义类的词的投射能力不一样，具体情况如表 5.12 所示。

表 5.12 目的角色词汇语义大类的句法填位情况（单位：个）

义类	成分			合计
	DGPV/PVDG	PVOG/OGPV	PPVCG	
A 人	15	1	0	16
B 物	15	0	1	16
C 时间与空间	1	0	0	1
D 抽象事物	6	3	1	10
E 特征	23	0	0	23
F 动作	1	0	0	1
G 心理活动	5	0	0	5
H 活动	38	4	0	42
I 现象与状态	10	0	0	10

续表

义类	成分			合计
	DGPV/PVDG	PVOG/OGPV	PPVCG	
J 关联	6	0	0	6
K 助语	0	0	0	0
L 敬语	0	0	0	0
合计	120	8	2	130

目的义类的填位地位并不是一样的，有一定的先后顺序，其不等式如下：①充当目的状语的义类：H>E>A=B>I>D=J>G>C=F；②充当目的宾语的义类：H>D>A；③充当目的补语的义类：D=B。

目的角色词汇义类中类的分布如表 5.13 所示。

表 5.13　目的角色词汇义类中类分布（单位：个）

义类	DGPV /PVDG	PVOG /OGPV	PPVCG	合计	义类	DGPV /PVDG	PVOG /OGPV	PPVCG	合计
Aa 泛称	10	1	0	11	Ef 境况	4	0	0	4
Ah 亲人、眷属	3	0	0	3	Fc 头部动作	1	0	0	1
Ai 辈次	2	0	0	2	Ga 心理状态	2	0	0	2
Aj 关系	1	0	0	1	Gb 心理活动	3	0	0	3
Bi 动物	0	0	1	1	Hc 行政管理	3	0	0	3
Bp 用品	11	0	0	11	Hd 生产	8	0	0	8
Bq 衣物	2	0	0	2	He 经济活动	1	0	0	1
Br 食品、药品、毒品	2	0	0	2	Hi 社交	15	0	0	15
Cb 空间	1	0	0	1	Hj 生活	10	2	0	12
Db 事理	1	0	0	1	Hk 宗教活动	1	2	0	3
Dd 性能	1	1	0	2	Ie 事态	2	0	0	2
Df 意识	1	0	0	1	If 境遇	6	0	0	6
Di 社会、政法	2	1	1	4	Ig 始末	2	0	0	2
Dk 文教	1	1	0	2	Jd 存在	2	0	0	2
Eb 表象	12	0	0	12	Je 影响	4	0	0	4
Ed 性质	7	0	0	7	—	—	—	—	—

从表 5.13 中可以看出，目的角色义类中类的排序是：Hi＞Eb=Hj＞Aa=Bp＞Hd＞Ed＞If＞Di=Ef=Je＞Gb=Hc=Ah=Hk＞Ai=Bq=Br=Ga=Ie=Ig=Jd=Dk==Dd＞Fc=He=Bi=Aj=Cb=Db=Df。

5.3.2 目的句法实现的词汇语义制约特点

表 5.14 是与目的搭配的动核义类分布情况。

表 5.14 与目的搭配的动核义类分布（单位：个）

义类	成分			合计
	DGPV/PVDG	PVOG/OGPV	PPVCG	
A 人	0	0	0	0
B 物	0	0	0	0
C 时间与空间	0	0	0	0
D 抽象事物	1	0	0	1
E 特征	2	0	0	2
F 动作	11	0	0	11
G 心理活动	12	2	0	14
H 活动	53	3	0	56
I 现象与状态	16	0	0	16
J 关联	18	2	1	21
K 助语	7	1	1	9
L 敬语	0	0	0	0
合计	120	8	2	130

与目的相搭配的动核义类由多到少的排列顺序为：H>J>I>G>F>K>E>D。动核义类中类与目的各句法成分的搭配情况如表 5.15 所示。

表 5.15 动核义类中类与目的各句法成分的搭配情况（单位：个）

义类	DGPV /PVDG	PVOG /OGPV	PPVCG	合计	义类	DGPV /PVDG	PVOG /OGPV	PPVCG	合计
Dk 文教	1	0	0	1	Ed 性质	1	0	0	1
Ea 外形	1	0	0	1	Fa 上肢动作	6	0	0	6

续表

义类	DGPV/PVDG	PVOG/OGPV	PPVCG	合计	义类	DGPV/PVDG	PVOG/OGPV	PPVCG	合计
Fb 下肢动作	1	0	0	1	Ia 自然现象	3	0	0	3
Fc 头部动作	2	0	0	2	Ib 生理现象	6	0	0	6
Fd 全身动作	2	0	0	2	Id 物体状态	2	0	0	2
Ga 心理状态	3	0	0	3	Ie 事态	4	0	0	4
Gb 心理活动	9	2	0	11	Ig 始末	1	0	0	1
Hc 行政管理	9	0	0	9	Ja 联系	6	2	1	9
Hd 生产	6	0	0	6	Jd 存在	7	0	0	7
He 经济活动	2	0	0	2	Je 影响	5	0	0	5
Hf 交通运输	3	0	0	3	Ka 疏状	1	0	1	2
Hg 教卫科研	3	0	0	3	Kb 中介	2	1	0	3
Hi 社交	18	3	0	21	Kc 联结	2	0	0	2
Hj 生活	12	0	0	12	Kd 辅助	2	0	0	2

从表 5.15 中可见，动核义类中类按占比排在前几位的是 Hi＞Hj＞Gb＞Hc=Ja＞Jd＞Fa=Hd=Ib。这几类合计 87 个，占总数的 66.41%，且集中在 H 类，整体成离散性分布。

可以看出，与目的搭配的动核主要是活动类，包括社交、生活、行政管理、生产。例如：

（*14450*）[D 为了/p 表示/v 钦佩/v]G，[S 他/r]S[P 赠/v 给/v]V[O 霍塞·阿卡迪奥·布恩地亚/nr]T[O 一/m 份/q 礼品/n]O。（赠：Hi26）

（*11518*）[S 他/r]S3[P 经历/v]V3[O 人世/n]O3[D 是/d[D 为了/p{受苦/v}@和/c{净化/v}@]G3，[S 大家/r]S4D6[P 称/v]V4[J 他/ r]O4+D5[P 为/v]V5[O 大丈夫/n]X5！（经历：Hj03）

（*9822*）[D 为了/p 援助/v 他们/r]G，[S 我/r]S[D 才/d[D 在/p 他们/r 周围/f]P[P 集合/v]V[O 一般/m 英雄/n 的/u 友人/n]O，一般/m 为了/p 善/an 而/c 受苦/v 的/u 伟大/a 的/u 心灵/n。（集合：Hc11）

从表 5.13 的数据统计中可以看出，目的角色义类中 H 类，尤其是“Hi 社交”

类较多，这是因为“为了”后面经常要以活动类动词或社交类动词作为其目的。此外，Aa 泛称类也比较多，这是因为“为了”后面的名词和名词性词组，是施事者趋求或者需要保全的东西，像“自己”“我的幸福”。这类句子明显地表现出一种主观趋向性，后半分句表现出来的多是为了实现或者改造前面所追求的事物或者需要保全的事物而采取的相应手段。

5.4 工具句法实现的词汇语义制约

工具角色在现有的句法语义系统中多数都有。我们认为，“工具”范畴相对于一定的“动作”范畴，是“动作”进行中所用的器具，多用介词做格标。如“[用灌满热水的瓶子]I 取暖”，“用”为格标。

5.4.1 工具及其词汇语义类与句法成分的对应关系

5.4.1.1 工具的句法配位

工具句法配位有四类，依次为 DIPV（工具状语）、OIPV（工具宾语）、SIPV（工具主语）、JIPV（工具兼语）。工具一般只能做状语，但通过语料库统计发现，工具除了可以映射为状语，还可以映射为主语、宾语和兼语。具体统计结果见表 5.16。

表 5.16 工具的句法配位情况统计表

句法语义格式	个数/个	百分比/%
DIPV	214	67.51
OIPV	61	19.24
SIPV	41	12.93
JIPV	1	0.32
合计	317	100.00

（1）工具优先映射为状语，这类句子是将工具处于介词短语中，格标有“为、被、把、以、由、给”等。例如：

（*70*）[S 我/r]S[D 将/p 他/r 给/p 我/r 做/v 的/u 紫/a 毛大衣/n]I[P 铺/v]V[C 好/a[O 座位/n]O。

（*86*）[S 他/r]S1[D 用/p 两/m 手/n]I1[P 攀着/v]V1[O 上面/f]P1，[S 两/m 脚/n]O2[D 再/d[P 向/p 上/f]A2[P 缩/v]V2。

（*70*）中的“毛大衣”处于介词短语中，由介词“将”引导，做工具状语；（*86*）中的“手”处于介词短语中，由介词“用”引导，做工具状语。

（2）其次映射为宾语，不需介词引导。例如：

（*5239*）[S 路/n]D1[D 并/d 不/d[P 远/a]V1，[P 乘/v]V2[O 小/b 轮船/n]I2[P 渡过/v]V3[O 海/n]O3，[D 便/d[P 到/v]V4 了/y。

（*7666*）[S{华威/nr}@先生/n]S1S2[P 伸/v]V1[C 出/v[O 个/q 食指/n]O1I2[P 顶着/v]V2[O 主席/n 的/u 胸脯/n]O2。

（3）再次映射为主语，也不需要介词引导。例如：

（*35*）[S 她/r 的/u 眼/n]I[D 随/p 小路/n]A[P 望/v]V[C 去/v。

（*178*）[S 双手/n]I1[P 撑/v 着/u]V1[O 头/n]O1[D 唉声叹气/i 地/u[P 读/v 着/u]V2，[S 茶/n]O2[P 喝/v]V2 得/u[C 很/d 多/a，好像/p[S 那/r]D3[P 是/v]V3[O 什么/r 干涩/a 的/u 东西/n]X3O4，可以/v[D 用/v 水/n]I4[P 送/v]V4 下/v。

（4）最后映射为兼语。菲尔墨（2005）曾经提出过“一句一格一项原则”，而汉语有自己的特殊情况，存在兼语句这一语言事实，范晓（2003）将兼语的语义角色称为“兼格”。我们根据动词特征，在具体的句子里，兼语是何种角色就将其标成何种角色，而不是统一地处理为一种语义角色（周明海，2011a）。例如：

（*9867*）[D 六月/t 里/f]H1，[S 淀水/n]D1[P 涨/v]V1[C 满/a，[P 有/v]V2[J 无数/m 的/u 船只/n]K2+I3，[P 运输/v]V3[J 银白/b 雪亮/z 的/u 席子/n]O3+S4[P 出口/v]V4，[D 不久/d，[S 各地/n 的/u 城市/n 村庄/n]P5，[D 就/d[D 全/d[P 有/v 了/u]V5[J 花纹/n 又/d 密/a、又/d 精致/a 的/u 席子/n]K5+O6[P 用/v]V6 了/y。

从以上数据中可以清晰得出工具句法配位的序列：DIPV＞OIPV＞SIPV＞JIPV。毫无疑问，充当状语是工具角色的主要功能。王军（2014）曾指出："按照格语法理论和配位语法理论，工具格是外围格的一种，工具格的常规句位是在介词的引导下作状语。"

5.4.1.2 工具的句法填位

工具角色的词汇语义类大类的句法填位情况如表 5.17 所示。

表 5.17 工具角色词汇语义大类的句法填位情况（单位：个）

义类	成分				合计
	DIPV	SIPV	JIPV	OIPV	
A 人	16	5	0	2	23
B 物	155	30	1	50	236
C 时间与空间	8	3	0	2	13
D 抽象事物	34	3	0	7	44
E 特征	1	0	0	0	1
F 动作	0	0	0	0	0
G 心理活动	0	0	0	0	0
H 活动	0	0	0	0	0
I 现象与状态	0	0	0	0	0
J 关联	0	0	0	0	0
K 助语	0	0	0	0	0
L 敬语	0	0	0	0	0
合计	214	41	1	61	317

工具义类的填位能力并不是一样的，其先后顺序如下：①充当工具状语的义类：B>D>A>C>E；②充当工具宾语的义类：B>D>A=C；③充当工具主语的义类：B>A>C=D；④充当工具兼语的义类只有 B。

工具角色词汇义类中类分布如表 5.18 所示。

表 5.18 工具角色词汇义类中类分布（单位：个）

义类	DIPV	SIPV	JIPV	OIPV	合计	义类	DIPV	SIPV	JIPV	OIPV	合计
Aa 泛称	5	2	0	1	8	Bm 材料	8	1	0	2	11
Ab 男女老少	1	1	0	0	2	Bn 建筑物	2	0	0	0	2
Ae 职业	3	1	0	1	5	Bo 机具	34	4	0	15	53
Af 身份	2	0	0	0	2	Bp 用品	22	3	0	10	35
Ag 状况	1	0	0	0	1	Bq 农物	6	2	0	4	12
Ai 才识	1	0	0	0	1	Br 食品、药品、毒品	1	0	0	0	1
Aj 关系	2	0	0	0	2	Cb 空间	8	2	0	2	12
Ak 品性	1	0	0	0	1	Da 事情、情况	2	0	0	2	4
Ba 统称	1	0	0	0	1	Db 事理	2	0	0	0	2
Bb 拟状物	6	1	0	2	9	Dc 外貌	3	1	0	0	4
Bc 物体的部分	8	5	0	1	14	Dd 性能	5	0	0	1	6
Bd 天体	2	0	0	0	2	De 性格、才能	2	0	0	1	3
Be 地貌	1	0	0	1	2	Df 意识	3	0	0	0	3
Bf 气象	1	0	0	1	2	Di 社会、政法	4	0	0	0	4
Bg 自然物	10	1	0	4	15	Dj 经济	2	0	0	1	3
Bh 植物	5	1	0	0	6	Dk 文教	8	2	0	2	12
Bi 动物	3	1	0	1	5	Dm 机构	1	0	0	0	1
Bj 微生物	1	0	0	0	1	Dn 数量、单位	2	0	0	0	2
Bk 全身	41	1	1	8	51	Ea 外形	1	0	0	0	1
Bl 排泄物、分泌物	3	1	0	1	5	—	—	—	—	—	—

从表 5.18 中可以看出，充当工具角色的义类中类超过 1 个的有 31 类，从多到少为：Bo＞Bk＞Bp＞Bg＞Bc＞Bq=Cb=Dk＞Bm＞Bb＞Aa＞Bh=Dd＞Ae=Bi=Bl＞Da=Dc= Di＞De=Df=Dj＞Ab=Af=Aj=Bd=Be=Bf=Db=Dn=Bn。Ag、Ai、Ak、Ba、Bj、Br、Dm、Ea 各只有 1 个。

5.4.2 工具句法实现的词汇语义制约特点

工具能否在句子语义结构中出现，静态看首先跟动词（动核）有关，工具不是任何语义结构中都可以出现的语义成分。在过去的研究中，人们注意到可以容纳工具的动词的性质，如：徐杰（1986）将容纳工具结构的动词称为“动作”；朱景松（1992）称作“加工制作义动词”；吴继光（1998）称作“有凭动词”，跟无凭动词相对（吴继光，2000）；孟琮等（1987）描写了能带所谓工具宾语的动词；林杏光（1999）等把工具成分作为描写动词格框架的一个因素，从他的描写动词格框架中我们可以看出，有的动词有工具格成分，有的动词不带工具格。

与工具角色搭配的动核语义类分布如表 5.19 所示。

表 5.19 与工具角色搭配的动核语义类分布

语义类		个数/个		类名	例词
F	a	117	160	上肢动作	指、摸、触、削
	b	10		下肢动作	走、跑、踏
	c	32		头部动作	看、盯、吹
	d	1		全身动作	攀
H	b	3	108	军事活动	进攻、扫射
	d	16		生产	建设、开辟、支、割
	e	5		经济活动	收买、换钱
	g	13		教卫科研	画、写
	h	2		文体活动	唱歌、弹奏
	i	50		社交	代表、安慰、迎
	j	19		生活	察觉、裁、缝
I	a	3	20	自然现象	烧
	b	1		生理现象	繁殖
	d	9		物体状态	掩盖、堵住、烫
	e	3		事态	点缀、保持
	h	4		变化	添、改变、提高
J	a	6	7	联系	表示、作出
	c	1		配合	凑合

续表

语义类		个数/个		类名	例词
G	b	4	4	心理活动	感觉、寄托、体验
E	b	1	3	表象	美丽
	d	2		性质	丰富

由表 5.19 可见，与工具角色搭配的动核义类由多到少为：F>H>I>J>G>E。其中与工具状语搭配的动核义类如表 5.20 所示。

表 5.20　与工具状语搭配的动核义类（单位：个）

义类		个数/个		类名	例词
F	a	109	138	上肢动作	指、摸、触、削
	b	8		下肢动作	走、跑、踏
	c	20		头部动作	看、盯、吹
	d	1		全身动作	攀
H	b	3	100	军事活动	进攻、扫射
	d	16		生产	建设、开辟、支、割
	e	4		经济活动	收买、换钱
	g	11		教卫科研	画、写
	h	2		文体活动	唱歌、弹奏
	i	49		社交	代表、安慰、迎
	j	15		生活	察觉、裁、缝
I	a	2	18	自然现象	烧
	d	9		物体状态	掩盖、堵住、烫
	e	3		事态	点缀、保持
	h	4		变化	添、改变、提高
J	a	6	7	联系	表示、作出
	c	1		配合	凑合
G	b	4	4	心理活动	感觉、寄托、体验
E	b	1	3	表象	美丽
	d	2		性质	丰富

与工具类状语搭配的动核义类以F类为主，共138条，占全部用例270条的51.11%。义类优先度序列为：F>H>I>J>G>E。F类下有4个小类，Fa、Fb、Fc、Fd，分别占F类总数的78.99%、5.80%、14.49%、0.72%。中类数量上超过10的分别为Fa、Fc、Hd、Hg、Hi、Hj，分别是上肢动作、头部动作、生产、教卫科研、社交、生活，其序列为Fa>Hi>Fc>Hd>Hj>Hg。陈昌来（2003）认为能否容纳工具成分跟动词的具体的句法语义特征有关。一般来说，从容纳工具的可能性来看，自主动词>非自主动词、动作动词>非动作动词、具体动作动词>抽象行为动词、支配动作动词>非支配动作动词。但工具是一个语法概念，跟概念世界中的工具范畴往往不一致，因而动词能否容纳工具要具体分析，往往受上下文及其他因素控制，施事者认为某事物能作为完成某动作行为的凭借，那么某事物就是这一语义结构中的工具成分。

“工具”是可有语义成分，在句子中可以不出现。由于动作动词的词义蕴涵性，工具在句子中可以不出现，而工具在句子中出现，往往是因为语用上的需要，为了凸显该工具或为了细化句子语义。在一些动作性比较强的动核结构当中又是必有的成分，比如“他最后[D 用斧头]I 砍断了缆绳”，因为“砍”必须是要用工具的，如果没有工具，语义表达得就不够完整。工具一般情况下都映射为状语。

充当工具语义角色的词汇义类以“物”为主，尤其是“物”类中“机具”类和“全身”类。“机具”本身就是典型的工具，在句法语义结构中充当“工具”语义角色是符合论元结构的要求的。“全身”主要指人的身体，在人的运动、行动过程中，“全身”往往会以“工具”的角色加入进来。

与工具搭配的动核的词汇义类以“F 动作”类、“H 活动”类为主，尤其是人的上肢动作、社交活动。在上肢动作、社交活动进行中，必然要有工具伴随，才能保证这些动作、活动完成。

5.5 材料句法实现的词汇语义制约

在过去的研究中，往往把材料和工具合为一个语义成分，如孟琮等（1987）、朱景松（1992）等。林杏光等把工具跟材料看作不同语义格，但在具体用例处理上又把部分材料格处理为工具格（转引自陈昌来，2003）。

“材料”是指生产各种产品的原材料，以及在商业活动过程中所花费的物力和财力，它们是事件的组成部分，作为语义成分必然反映到句子的语义结构中去（陈昌来，2003）。材料成分根据有无介词的引导可分为有介词引导和无介词引导两类。有介词引导是由材料介词“用”等引导在句子中充当状语的成分。具体统计如表 5.21 所示。

表 5.21　材料用介词引导的情况（单位：个）

义类	成分			合计
	DMPV（材料状语）	SMPV（材料主语）	PVOM（材料宾语）	
用	30	0	0	30
拿	5	0	0	5
靠	1	0	0	1
以	1	0	0	1
由	1	0	0	1
总计	38	0	0	38

5.5.1　材料及其词汇语义类与句法成分的对应关系

5.5.1.1　材料的句法配位

材料的句法配位有三类，依次为 DMPV、SMPV、PVOM，具体见表 5.22。

表 5.22　材料的句法配位情况统计表

句法语义格式	个数/个	百分比/%
DMPV	38	90.48
SMPV	3	7.14
PVOM	1	2.38
合计	42	100.00

1. 常规配位

材料由介词“用、拿”等引导在句子中充当状语，即 DMPV。例如：

（*252*）[S 我/r]S[D 又/d[D 用/p 烂泥/n]M[D 把/p 那些/r 伤兵/n]OB[D 一/m 个个/q[P 修补/v]V[C 起来/v。

2. 非常规配位

（1）映射为主语，即 SMPV。这一类材料成分没有介词引导而置于动词前做主语。例如：

（*5736*）[S 泉水/n]D1M2M3O4[P 清冽/a]V1，[D 不/d[P 浇/v]V2[O 菜/n]O2[D 也/d[D 可以/v[P 浇/v]V3[O 果树/n]O3,[D 或者/d[P 用/v]V4[C 来/v[P 洗/v]V5[O 头/n]O5，[P 洗/v]V6[O 衣服/n]O6。

（2）映射为宾语，即 PVOM。例如：

（*11130*）[D 从/p 几/m 座/q 坍弛/a 的/u 来看/v]E,[S 塔心/n]P1[P 竖/v]V1[O 一/m 木桩/n]O1，[S 四周/s]P2[D 以/p 黄泥/n]M2[P 塑/v 成/v]V2，[S 基座/n]P3[P 垒以/v]V3[O 青砖/n]M3。

5.5.1.2 材料的句法填位

材料词汇语义大类的句法填位情况如表 5.23 所示。

表 5.23 材料角色词汇语义大类的句法填位情况（单位：个）

义类	成分		
	DMPV	SMPV	PVOM
A 人	0	0	0
B 物	31	3	1
C 时间与空间	0	0	0
D 抽象事物	7	0	0
E 特征	0	0	0
F 动作	0	0	0
G 心理活动	0	0	0
H 活动	0	0	0
I 现象与状态	0	0	0
J 关联	0	0	0
K 助语	0	0	0
L 敬语	0	0	0
合计	38	3	1

材料角色义类的句法填位地位并不是一样的，而是有一定的先后顺序：①充当材料状语的义类：B>D；②充当材料主语的义类只有 B；③充当材料宾语的义类只有 B。

前文例句中，无论是充当状语的“烂泥”，还是充当主语的“泉水”、充当宾语的“青砖”，都属于 B 物类。

材料角色义类中类句法填位情况如表 5.24 所示。

表 5.24　材料角色词汇义类中类分布（单位：个）

义类	DMPV	SMPV	PVOM	义类	DMPV	SMPV	PVOM
Ba 统称	4	0	0	Bm 材料	8	0	1
Bb 拟状物	1	0	0	Bn 建筑物	2	0	0
Be 地貌	0	1	0	Bp 用品	5	0	0
Bg 自然物	2	0	0	Br 食品、药品、毒品	3	0	0
Bh 植物	3	2	0	Di 社会、政法	1	0	0
Bi 动物	2	0	0	Dj 经济	6	0	0
Bl 排泄物、分泌物	1	0	0	—	—	—	—

充当材料状语的义类中类序列为：Bm>Dj>Bp>Ba>Bh=Br>Bg=Bi=Bn>Di=Bb= Bl；充当材料主语的义类中类序列为：Bh>Be；充当材料宾语的义类中类为 Bm 材料。

5.5.2　材料句法实现的词汇语义制约特点

表 5.25 是与材料搭配的动核义类中类分布情况。

表 5.25　与材料搭配的动核义类中类分布（单位：个）

义类	DMPV	SMPV	PVOM	义类	DMPV	SMPV	PVOM
Fa 上肢动作	4	1	0	Hj 生活	6	0	0
Fd 全身动作	1	0	0	Hl 迷信活动	1	0	0
Hd 生产	11	2	1	Ie 事态	2	0	0
He 经济活动	8	0	0	Je 影响	3	0	0
Hi 社交	2	0	0	—	—	—	—

与材料状语搭配的动核义类中类由多到少排序为：Hd＞He＞Hj＞Fa＞Je＞Hi=Ie＞Fd=Hl；与材料主语搭配的动核义类中类由多到少排序为：Hd＞Fa；与材料宾语搭配的动核义类中类为 Hd 生产。

充当材料角色的名核义类都是 B 物和 D 抽象事物，其中以 B 物中的 Bm 材料居多。

第6章

情景语义角色句法实现的词汇语义制约

鲁川在《汉语语法的意合网络》中将情景角色分为情节、状况和环境。其中，“情节”是引起事件的缘故、事件发展的结局以及事件的意图、范围或数量（谢慧萍，2004）。“环境”是事件中的时间、空间、历程或趋向。根据我们的划分体系，情景语义角色主要包括以下几类：处所、时间、数量、基准、方向、同源、范围。

情景要素相对于主体、客体而言，所联系的动词较为灵活。一个事件都会有其发生的时间、地点、方式、处所，这些情景要素理论上是可以和任何动词搭配的（朱军和张展，2009）。

6.1 处所句法实现的词汇语义制约

处所，是指事件发生的场所、景况或经过的途径。处所是一个典型的地点语义角色。处所不等同于场景，它是场景的一部分，但和场景相比，处所与事件参与者的联系更为紧密，它的凸显度要高于场景。

储泽祥（2006）认为，方所的语表形式最大的特点就是有一定的形式标志。从形式标记类别来看，方所标分为方位标和命名标，这里的方位标就是方位词，如“上”“下”“左”“右”“里”“外”“内”“周围”“中”等。方位词分为前置和后置两种，前置介词是联络标记，后置方位词是属性标记。Heine Ameka以及刘丹青则认为汉语后置方位词是前置介词配套的后置介词（转引自张仁立，1995）。

我们对数据库中的后置方位词和前置方位词在各种句法语义格式中的分布分

别做了统计，具体数据如表 6.1、表 6.2 所示。

表 6.1　后置方位词（单位：个）

后置搭配	成分				合计
	SPPV（处所主语）	PVCP（处所补语）	DPPV（处所状语）	PVOP（处所宾语）	
边	0	0	0	5	5
外	14	0	6	6	26
中	35	51	179	33	298
上	155	77	240	73	545
之间	7	8	4	3	22
尖	2	0	0	0	2
下	38	49	51	15	153
底下	4	1	0	4	9
前	33	58	16	11	118
后	29	49	3	3	84
旁	13	21	13	2	49
当中	1	0	0	0	1
附近	1	0	0	0	1
内	4	0	6	0	10
间	11	0	0	0	11
处	17	0	0	0	17
之中	1	0	0	0	1
里	32	29	274	155	490
合计	397	343	792	310	1842

表 6.2　前置方位词（单位：个）

前置搭配	成分				合计
	SPPV	PVCP	DPPV	PVOP	
在	16	670	845	192	1723
从	1	2	268	0	271
向	1	0	44	0	45
到	1	78	18	424	521

续表

前置搭配	成分				合计
	SPPV	PVCP	DPPV	PVOP	
回	0	1	0	58	59
于	1	43	2	12	58
合计	20	794	1177	686	2677

18 个后置方位词如下所示。

（1）边，5 个，占后置方位词总数的 0.27%。例如：

[S 画眉/n]S[D 在/p 树林边/s]P[D 婉转/a 地/u[P 唱歌/v]V。

（2）外，26 个，占总数的 1.41%。例如：

[D 门外/s]P，[S 细雨/n]O1O2S3S4[D 烟/n 似地/u]J1J2[D 被/p 秋风/n]SB1SB2[P 扭着/v]V1[P 卷着/v]V2。

（3）中，298 个，占总数的 16.18%。例如：

[D 在/d 晶莹/a 的/u 泪光/n 中/f]P2，[D 又/d[P 看见/v]V2[O 那/r 肥胖/a 的/u、青布/n 棉袍/n 黑布/n 马褂/n 的/u 背影/n]K2。

（4）上，545 个，占总数的 29.59%。例如：

[S 他/r]S1[P 嘱/v]V1[J 我/r]O1+D2D3O4[D 路上/s]P2[P 小心/v]V2。

（5）之间，22 个，占总数的 1.19%。例如：

[D 在/p 乌云/n 和/c 大海/n 之间/f]P2，[S 海燕/n]S2[D 像/v 黑色/n 的/u 闪电/n]J2[D 高傲/a 地/u[P 飞翔/v]V2。

（6）尖，2 个，占总数的 0.11%。例如：

[D 在/p 那/r 花瓣/n 的/u 尖/f]P3，[P 有/v]V3[O 一点/m 有趣/a

的/u 颜色/n]K3D4。

（7）下，153 个，占总数的 8.31%。例如：

（*39*）[D 这样/r]Q，[S 我们/r]S[D 在/p 阳光/n 下/f]P，[D 向着/p 那/r{菜花/n}@、{桑树/n}@和/c{鱼塘/n}@]P[P 走/v]V[C 去/v。

（8）底下，9 个，占总数的 0.49%。例如：

[D 胳膊/n 底下/f]P2[P 挟/v 着/u]V2[O 那/r 怕人/a 的/u 铁/a 戒尺/n]O2。

（9）前，118 个，占总数的 6.41%。例如：

[D 在/p 这个/r 大/a 镜子/n 面前/s]P2[D 为/p 您/r]T2[P 换/v]V2[C 上/v[O 新衣/n]O2]U3。

（10）后，84 个，占总数的 4.56%。例如：

[D 连着/d[P 退/v]V3[D 向/p 船/n 后/f]P3[C 去/v。

（11）旁，49 个，占总数的 2.66%。例如：

[S 雕刻家/n]S1S2[D 在/d 乱/a 石块/n 旁/f]P1[D 大/a[P 哭/v 了/u]V1[C 一/m 场/q。

（12）当中，1 个，占总数的 0.05%。例如：

[D 在/p 许多/m 星座/n 当中/f]P2[[P 找/v][C 到/v]了/u]V2[O 大熊/n 星座/n]O2。

（13）附近，1 个，占总数的 0.05%。例如：

[D 已/d 正式/a 编号/v 的/u 八千/m 多/m 颗/q 小行星/n 中/f]E，[S 绝/a 大多数/n]D1[D 都/d[D 是/d[P 在/v]V1[O 轨道/n 附近/f]P1。

（14）内，10 个，占总数的 0.54%。例如：

[D 在/p 国/n 内/f]P，[S 这/r 座/q 桥/n]O[D 也/d[D 是/d[D 历来/d[D 为/p 人们/r]S 所/u[P 称赞/v]V 的/y。

（15）间，11 个，占总数的 0.60%。例如：

D 从/p 做/v 早饭/n 的/u 灶/n 间/f]P1[P 出来/v]V1 的/y。

（16）处，17 个，占总数的 0.92%。例如：

[D 由/p 高处/s]P[P 跳/v 到/v]V[C 水里/s]P]U2。

（17）之中，1 个，占总数的 0.05%。例如：

……[D 于/p 古朴/a 凝重/a 之中/f]P6[P 形成/v]V6[O 另/d 一番/m 风格/n]K6。

（18）里，490 个，占总数的 26.60%。例如：

[D 在/p 院子/n 里/f]P3[P 跳绳/v]V3。

6 个前置方位词如下所示。

（1）在，1723 个，占前置介词总数 2677 的 64.36%。例如：

[D 在/p 北大/nt 校园/n 里/f]P4[P 度过/v]V4[O 一生/n 中/f 最/d 美好/a 的/u 时期/n]O4。

（2）从，271 个，占总数的 10.12%。例如：

[S 它/r]S2S3[D 从/p 九十/m 年/q 前/f 的/u 源头/n]P2[P 出发/v]V2。

（3）向，45 个，占总数的 1.68%。例如：

[D 急忙/d[D 向/p 学校/n]P2[P 跑/v]V2 去/v。

（4）到，521 个，占总数的 19.46%。例如：

[S 我/r]S4S5[D 从/p 北京/ns]P4[P 到/v]V4[O 徐州/ns]P4。

（5）回，59 个，占总数的 2.20%。例如：

[P 回/v]V4[O 北京/ns]P4[P 念书/v]V5。

（6）于，58 个，占总数的 2.17%。例如：

[S 庄子/nr]S[P 钓/v 于/p]V[O 濮水/ns]P。

6.1.1 处所及其词汇语义类与句法成分的对应关系

6.1.1.1 处所的句法配位

处所的句法配位有四类，依次为 DPPV、PVCP、PVOP、SPPV，具体见表 6.3。

表 6.3 处所的句法配位情况

句法语义格式	个数/个	百分比/%
DPPV	1431	33.24
PVCP	1244	28.90
PVOP	823	19.12
SPPV	807	18.75
合计	4305	100.00

（1）处所映射为状语，句法语义格式为 DPPV。例如：

（*1*）[S 我们/r]S[D 在/p 田野/n]P[P 散步/v]V。

（*37*）[D 我/r 走/v 不/d 过去/v 的/u 地方/n]P，[S 你/r]S[D 就/d[P 背/v 着/u]V[O 我/r]O。

（2）处所映射为补语，句法语义格式为 PVCP。例如：

（*16*）[S{我/r}@和/c{母亲/n}@]S1[P 走/v]V1[C 在/p 前面/f]P1，[S 我/r 的/u{妻子/n}@和/c{儿子/n}@]S2[P 走/v]V2[C 在/p 后面/f]P2。

（*160*）只要/c[P 有/v]V1[O 机会/n]K1，[S 妈妈/n]S1S2S3[P 到/v]V2[C 哪里/r]P2[D 都/d[D 把/p 我/r]OB3[P 带/v]V3[C 在/p 身

边/s]P3。

（3）处所映射为宾语，句法语义格式为 PVOP。例如：

（*13712*）[S 他/r]S1S2[P 停/v]V1[C 下来/v，[P 环顾/v]V2[O 四周/s]P2。

（*114*）[D 住院/v 期间/n]H，[S 爸爸/n]S1S2S3S4[D 每日/r]H1[P 去/v]V1[O 图书馆/n]P1[P 借/v]V2[O 五六/m 本/q 惊险/a 小说/n]O2[P 供应/v]V3[O 妈妈/n]O3，[P 说/v]V4[D 是/d[O[D 能/v[P 减少/v]V[O 呕吐/v 次数/n]O]U4。

（4）处所映射为主语，句法语义格式为 SPPV。例如：

（*1529*）[S 我/r]S1S2S3D4D5[D 在/p 她/r 桌前/s]P1[P 坐下/v]V1，[D 随手/d[P 拿/v]V2[C 起/v[O 一/m 张/q 报纸/n]O2 来/u[P 看/v]V3，[D 忽然/d[P 听见/v]V4[O[S 外屋/s]P[PD[SX 板门/n]O[D 吱/o 的/u 一/m 声/n]Q[P 开/v 了/u]V]V]U45。

6.1.1.2　处所的句法填位

处所的句法填位情况如表 6.4 所示。

表 6.4　处所的句法填位情况（单位：个）

义类	成分				合计
	SPPV	PVCP	DPPV	PVOP	
A 人	7	2	6	5	20
B 物	378	457	369	407	1611
C 时间与空间	313	691	936	323	2263
D 抽象事物	109	94	120	88	411
合计	807	1244	1431	823	4305

处所角色义类大类填位地位并不是一样的，而是有着先后顺序：①充当处所主语的义类：B>C>D>A；②充当处所补语的义类：C>B>D>A；③充当处

所状语的义类：C>B>D>A；④充当处所宾语的义类：B>C>D>A。

从统计结果可看出，各种句法位置上，投射最多的义类是“C 时间与空间”类，究其原因主要是“这儿、那儿、这里、那里”这种指代性方位词的使用较多，其次就是“B 物”类。例如：

（*97*）[S 他/r]S1S2D3S4[P 走/v 了/u]V1[O 几/m 步/q]N1，[P 回/v]V2[C 过/v[O 头/n]O2[P 看见/v]V3[O 我/r]K3，[P 说/v]V4，“[O[P 进去/v]V1 吧/y，[S 里边/f]P2[P 没/v]V2[O 人/n]K2]U4”。

（*114*）[D 住院/v 期间/n]H，[S 爸爸/n]S1S2S3S4[D 每日/r]H1[P 去/v]V1[O 图书馆/n]P1[P 借/v]V2[O 五六/m 本/q 惊险/a 小说/n]O2[P 供应/v]V3[O 妈妈/n]O3，[P 说/v]V4[D 是/d[O[D 能/v[P 减少/v]V[O 呕吐/v 次数/n]O]U4。

例句中的“里边”“图书馆”分别属于 C 大类和 B 大类。

处所角色义类中类分布情况如表 6.5 所示。

表 6.5 处所角色义类中类分布情况（单位：个）

义类	SPPV	PVCP	DPPV	PVOP	义类	SPPV	PVCP	DPPV	PVOP
Aa 泛称	7	2	6	5	Bk 全身	126	109	98	97
Ba 统称	1	0	3	0	Bm 材料	33	43	27	54
Bb 拟状物	0	2	0	0	Bn 建筑物	79	85	77	65
Bc 物体的部分	56	66	60	79	Bo 机具	4	8	11	7
Bd 天体	13	10	9	28	Bp 用品	6	2	11	9
Be 地貌	27	88	32	8	Cb 空间	313	691	936	323
Bf 气象	29	37	26	19	Di 社会、政法	109	94	120	88
Bg 自然物	4	7	15	41	合计	807	1244	1431	823

充当处所角色的名核义类中类序列如下：①处所主语：Cb>Bk>Di>Bn>Bc> Bm>Bf>Be>Bd>Aa>Bp>Bg=Bo>Ba；②处所补语：Cb>Bk>Di>Be>Bn>Bc>Bm>Bf> Bd>Bo>Bg>Bp=Aa=Bb；③处所状语：Cb>Di>Bk>Bn>Bc>Be>Bm>Bf>Bg>Bo=Bp>Bd>Aa>Ba；④处所宾语：Cb>Bk>Di

>Bc>Bn>Bm>Bg>Bd>Bf>Bp>Be>Bo>Aa。

从数据统计结果可见，处所角色无论在哪个句法位置上，优先映射的都是 Cb 空间类，例如：

处所状语：（*432*）[D 最近/d 两/m 年/q 来/f]H，[S 我们/r 的/u 一切/m 坏/a 消息/n]O[D 都/d[D 是/v[D 从/p 那里/s]P[P 传/v]V[C 出/v 来/v 的/u。（那里）

处所补语:(*436*)[S 铁匠/n 华希特/nr]S1SL2SL3[P 带/v 着/u]V1[J 他/r 的/u 徒弟/n]O1+SL2SL3[D 也/d[P 挤/v]V2[C 在/p 那里/r]P2[P 看/v]V3[O 布告/n]O3，[S 他/r]D4S5[P 看见/v]V4[O[S 我/r]S[D 在/p 广场上/s]P[P 跑/v]V[C 过/v]]U4，[D 就/d[D 向/p 我/r]T5[P 喊/v]V5。（那里）

6.1.2 处所句法实现的词汇语义制约特点

与处所搭配的动核义类分布如表 6.6 所示。

表 6.6 与处所搭配的动核义类分布（单位：个）

义类	成分				合计
	SPPV	PVCP	DPPV	PVOP	
E 特征	0	0	1	0	1
F 动作	425	514	659	339	1937
G 心理活动	5	42	32	15	94
H 活动	309	500	559	410	1778
I 现象与状态	0	3	2	0	5
J 关联	39	65	55	43	202
K 助语	4	32	38	2	76
L 敬语	0	0	0	0	0
合计	782	1156	1346	809	4093

与处所角色搭配的动核义类由多到少的排列顺序为 F 动作>H 活动>J 关联>G 心理活动>K 助语>I 现象与状态>E 特征。

处所角色通常出现在状语位置上，但其句法位置比较灵活。无论处所投射到哪个句法位置上，投射最多的都是 Cb 空间类。处所主要是由处所词担当。处所又可分为抽象处所和具体处所。抽象处所不具体、不可触摸，具体处所指实实在在存在的地点。

6.1.2.1 具体处所的类型

具体处所主要有以下三大类。

（1）具体地名。例如：

（*45*）[D 那/r 年/q 冬天/t]H，[S 祖母/n]D1[P 死/v 了/u]V1，[S 父亲/n 的/u 差使/n]O2[D 也/d[P 交卸/v 了/u]V2，[D 正/d[P 是/v]V3[O 祸不单行/i 的/u 日子/n]X3，[S 我/r]S4S5[D 从/p 北京/ns]P4[P 到/v]V4[O 徐州/ns]P4，[P 打算/v]V5[O[P 跟着/v]V1[O 父亲/n]O1[P 奔丧/v]V2[P 回家/v]V3]U5。

（2）事物。例如：

（*39*）[D 这样/r]Q，[S 我们/r]S[D 在/p 阳光/n 下/f]P，[D 向着/p 那/r{菜花/n}@、{桑树/n}@和/c{鱼塘/n}@]P[P 走/v]V[C 去/v。

（3）身体部位。例如：

（*360*）[P 直到/v]V1[O 现在/t]H1，[S 我/r]S2[D 身上/f]P2[D 还/v[P 穿/v 着/u]V2[O 她/r 的/u 运动裤/n]O2。

6.1.2.2 处所角色的主要特征

结合数据和例句，我们总结处所角色的主要特征如下。

（1）先存性。处所在事件中都应该是本来就是固定和客观存在的，不会因为事件的发生而出现，或因为事件的结束而消失。例如：

（*1*）[S 我们/r]S[D 在/p 田野/n]P[P 散步/v]V。

“田野”是固定的地点，不会因为我们散步完而消失。

（2）静态性。处所是一个固定的场所，是一种静止状态，不会产生位移。例如：

（*172*）[S 爸爸/n]S1[D 一/d[[P 走/v][C 进/v]]V1[O 卧室/n]P1，[S 妈妈/n]S2[D 赶紧/d[D 把/p 书/n]OB2[P 藏/v]V2[C 在/p 被窝/n 里/f]P2。

（3）依赖性。处所毕竟是状语成分，不可能脱离句子独立存在。例如：

（*119*）[S 姨姨/n]S1S2[D 从/p 门缝/n]P1[P 窥见/v]V1[O[S 我/r]O[P 被/p 倒拎/v 着/u]V]U1，[D 大/d[P 喊/v]V2……

“从门缝”无法单独构成一个完整的句子。

（4）标记性（有标性）。处所在句子中大多由介词引入（处所主语除外）。例如：

（*3708*）[S 谁/r]D1S2[P 有/v]V1[O 这样/r 大/a 的/u 力气/n]K1[D 把/p 这么/r 大/a 块/q 的/u 石头/n]OB2[[P 搬/v][C 到/v]]V2[O 森林/n 里/f]P2[C 来/v 呢/y？

处所与事件的典型参与者相比，它一般只提供空间位置，不具备显著的凸显性。但处所与典型事体的概念联系紧密，离开了处所就无法交代具体的语境，所以处所对表达句意的完整性有着不可或缺的作用。

6.2　时间句法实现的词汇语义制约

时间即事件发生的时点或持续的时段。陆俭明（1991）在《现代汉语时间词说略》中指出表时间的词语有七种：①表时量的数量结构；②时间名词；③表示年份、月份、日期的词语；④表时间的方位词语；⑤由“这（个）”“那（个）”跟“时候”“时间”构成的偏正结构；⑥由动词性词语（包括由动词充任谓语的主谓结构）跟“时”“时候”构成的偏正结构；⑦由“这”“那”跟表时量的数量结构形成的偏正结构。我们所研究的时间语义成分除了陆老师所谈的七类时间词语外，还包括一些短语结构，如“在……的时候”“在……之前（之后）”“从……

起”“在……上”“自……以来”等。

6.2.1 时间及其词汇语义类与句法成分的对应关系

6.2.2.1 时间的句法配位

动词的一个很突出的特征就是具有时间性，因此，时间语义成分映射在句法上较为活跃，句法位置灵活多变。具体统计如表 6.7 所示。

表 6.7 时间的句法配位情况

句法语义格式	个数/个	百分比/%
DHPV（时间状语）	2675	88.34
PVCH（时间补语）	224	7.40
PVOH（时间宾语）	93	3.07
SHPV（时间主语）	36	1.19
合计	3028	100.00

1. 常规配位

时间通常映射为状语，句法语义格式为 DHPV。例如：

（*7*）[S 她/r]S1[D 现在/t]H1[D 很/d[P 听/v]V1[O 我/r 的/u 话/n]B1，[D 就/d[D 像/p[S 我/r]S2[D 小/a 时候/n]H2[D 很/d[P 听/v]V2[O 她/r 的/u 话/n]B2 一样/a。

（*841*）[D 这样/r 的/u 时刻/n]H1，因为/c[P 远离/v]V1[O 世俗/n]P1，[S 你/r]S1D2[D 会/v[P 感受/v 到/v]V2[O 一些/m 匆匆忙忙/i、实实在在/z 中/f 难以/d 领略/v 的/u 滋味/n]K2。

2. 非常规配位

（1）映射为补语，句法语义格式为 PVCH。例如：

（*57*）[D 颇/d[P 踌躇/a 了/u]V[C 一会儿/t]H。

（2）映射为宾语，句法语义格式为 PVOH。例如：

（*11*）[S 我/r 的/u 母亲/n]S[D 又/d[[P 熬/v][C 过/v]]V 了/u[O

一/m 个/q 严冬/t]H。

（3）映射为主语，句法语义格式为 SHPV。例如：

（*801*）[S 今天/t]H1[D 很/d 快/a 就/d[过去/v]V1 了/u，[S 明天/t]H2，[D 很/d 快/a 就/d[P 来/v]V2 了/u。

6.2.2.2　时间的句法填位

时间的句法填位情况如表 6.8 所示。

表 6.8　时间的句法填位情况（单位：个）

义类	成分				合计
	DHPV	PVCH	PVOH	SHPV	
A 人	0	0	0	0	0
B 物	0	0	0	0	0
C 时间与空间	2579	221	91	36	2927
D 抽象事物	25	1	2	0	28
E 特征	11	0	0	0	11
F 动作	0	0	0	0	0
G 心理活动	1	0	0	0	1
H 活动	0	0	0	0	0
I 现象与状态	0	0	0	0	0
J 关联	1	0	0	0	1
K 助语	58	2	0	0	60
L 敬语	0	0	0	0	0
合计	2675	224	93	36	3028

时间义类的句法填位地位并不是一样的，其优先度序列如下：①充当时间状语的义类：C>K>D>E>G=J；②充当时间补语的义类：C>K>D；③充当时间宾语的义类：C>D；④充当时间主语的义类只有 C。例如：

（*45*）[D 那/r 年/q 冬天/t]H，[S 祖母/n]D1[P 死/v 了/u]V1，[S

父亲/n的/u差使/n]O2[D也/d[P交卸/v了/u]V2,[D正/d[P是/v]V3[O祸不单行/i 的/u 日子/n]X3, [S 我/r]S4S5[D 从/p 北京/ns]P4[P 到/v]V4[O 徐州/ns]P4, [P 打算/v]V5[O[P 跟着/v]V1[O 父亲/n]O1[P 奔丧/v]V2[P 回家/v]V3]U5。（冬天属于C大类）

（*52*）[D到/v南京/ns时/Tg]H1,[P有/v]V1[J朋友/n]K1+S2S3S4[P约/v]V2[P去/v]V3[P游逛/v]V4,[P逗留/v了/u]V5[C一日/t]H5。（时、日属于C大类）

深入到义类中类来考察，统计情况如表6.9所示。

表6.9　时间角色词汇义类中类分布（单位：个）

义类	DHPV	PVCH	PVOH	SHPV	义类	DHPV	PVCH	PVOH	SHPV
Ca时间	2579	221	91	36	Jd存在	1	0	0	0
Da事情、情况	8	1	2	0	Ka疏状	41	0	0	0
Dn数量、单位	17	0	0	0	Kb中介	16	2	0	0
Ea外形	1	0	0	0	Kc联结	1	0	0	0
Eb表象	10	0	0	0	—	—	—	—	—
Gb心理活动	1	0	0	0	合计	2675	224	93	36

从表6.9中可以看出，时间词汇义类中类排序序列如下：①时间状语：Ca＞Ka＞Dn＞Kb＞Eb＞Da＞Ea=Gb=Jd=Kc；②时间补语：Ca＞Kb＞Da；③时间宾语：Ca＞Da；④时间主语只有Ca时间。

6.2.2　时间句法实现的词汇语义制约特点

与时间角色搭配的动核义类大类分布情况如表6.10所示。

表6.10　与时间角色搭配的动核的义类大类分布（单位：个）

义类	成分			
	DHPV	PVCH	PVOH	SHPV
A人	0	0	0	0
B物	0	0	0	0
C时间与空间	0	0	0	0
D抽象事物	0	0	0	0

续表

义类	成分			
	DHPV	PVCH	PVOH	SHPV
E 特征	106	22	15	4
F 动作	855	47	22	10
G 心理活动	29	3	8	1
H 活动	837	57	18	10
I 现象与状态	567	100	43	8
J 关联	352	0	0	8
K 助语	0	0	0	0
L 敬语	0	0	0	0
合计	2746	229	106	41

与时间相搭配的动核大类义类由多到少的排列顺序为：①时间状语：F>H>I>J>E>G；②时间补语：I>H>F>E>G；③时间宾语：I>F>H>E>G；④时间主语：F=H>J=I>E>G。

与时间角色搭配的动核语义中类具体情况如表 6.11 所示。

表 6.11　与时间角色搭配的动核的词汇义类中类分布（单位：个）

义类	DHPV	PVCH	PVOH	SHPV	义类	DHPV	PVCH	PVOH	SHPV
Ea 外形	9	7	2	0	Hd 生产	389	27	14	5
Eb 表象	18	9	1	2	He 经济活动	0	0	1	0
Ec 颜色、味道	23	0	2	1	Hi 社交	274	0	3	4
Ed 性质	11	0	1	0	Hj 生活	174	28	0	1
Ef 境况	45	6	9	1	Id 物体状态	265	36	0	0
Fa 上肢动作	251	22	6	1	Ie 事态	87	21	21	0
Fb 下肢动作	46	18	9	2	If 境遇	0	0	0	5
Fc 头部动作	387	7	4	5	Ig 始末	173	43	22	3
Fd 全身动作	171	0	3	2	Ih 变化	42	0	0	0
Ga 心理状态	1	0	0	0	Ja 联系	331	0	0	8
Gb 心理活动	28	3	8	1	Jb 异同	21	0	0	0
Ha 政治活动	0	1	0	0	—	—	—	—	—
Hc 行政管理	0	1	0	0	合计	2746	229	106	41

与时间角色搭配的动核义类中类由多到少的排列顺序为：①时间状语：Hd＞Fc＞Ja＞Hi＞Id＞Fa＞Hj＞Ig＞Fd＞Ie＞Fb＞Ef＞Ih＞Gb＞Ec＞Jb＞Eb＞Ed＞Ea＞Ga；②时间补语：Ig＞Id＞Hj＞Hd＞Fa＞Ie＞Fb＞Eb＞Fc=Ea＞Ef＞Gb＞Hc=Ha；③时间宾语：Ig＞Ie＞Hd＞Fb=Ef＞Gb＞Fa＞Fc＞Hi=Fd＞Ec=Ea＞He=Eb=Ed；④时间主语：Ja＞If=Hd=Fc＞Hi＞Ig＞Fb=Fd=Eb＞Ec=Ef=Fa=Hj=Gb。

从表 6.9 中可见，只有 9 个中类可以投射到时间，能投射到时间角色上的义类是非常有限的，且都集中在 Ca 时间类。通过数据分析可以看出，时间角色的突出特点就是时间因素。充当该语义角色的词或短语本身的词汇意义就有时间的语义特征，无论在什么句法位置上，Ca 时间都占大多数。此外，时间语义角色可以和很多类动词结合，从对与时间相搭配的动核的数量统计上就可以看出。

6.3 数量句法实现的词汇语义制约

数量指事件中相关的数量或频度。

6.3.1 数量及其词汇语义类与句法成分的对应关系

6.3.1.1 数量的句法配位

数量的句法配位有五类，依次为 PVCN（数量补语）、PVON（数量宾语）、DNPV（数量状语）、PVJN（数量兼语）、SNPV（数量主语），具体见表 6.12。

表 6.12 数量的句法配位情况

句法语义格式	个数/个	百分比/%
PVCN	214	45.44
PVON	147	31.21
DNPV	95	20.17
PVJN	9	1.91
SNPV	6	1.27
合计	471	100.00

1. 常规配位

（1）数量映射为补语，句法语义格式为 PVCN。例如：

（*58*）[D 其实/d[S 我/r]D1[D 那/r 年/q]H1[D 已/d[P 二十/m 岁/q]NV1，[S 北京/ns]P2[D 已/d[P 来往/v 过/u]V2[C 两三/m 次/q]N2，[D 是/d[P 没有/v]V3[O 甚么/r 要紧/a[的/u]h]K3 了/y。

（2）数量映射为宾语，句法语义格式为 PVON。例如：

（*29*）[S 我/r]S1S2[D 想/v[[P 拆/v][C 散/v]]V1[O 一/m 家/q 人/n]O1，[P 分/v]V2[C 成/v[O 两/m 路/q]N2，[P 各得其所/i]V3]，[D 终/d[D 不/d[P 愿意/v]V2。

2. 非常规配位

（1）数量映射为状语，句法语义格式为 DNPV。例如：

（*60*）[S 我/r]S1[D 两三/m 回/q]N1[P 劝/v]V1[J 他/r]O1+S2[D 不必/d[P 去/v]V2。

（*459*）[T 我/r 的/u 孩子/n 们/k，[S 这/r]D[P 是/v]V[O[S 我/r]S[D 最后/d[D 一/m 次/q]N[D 给/p 你们/r]T[P 上课/v]V 了/y]U。

（2）数量映射为兼语，句法语义格式为 PVJN。例如：

（*1887*）[S 所谓/a 小星/n]O1D2，[PD[D 只不过/d[SX 我们/r]S1[P 看/v]V1[C 起来/v[P 小/a]V2]，[D 实际上/d[P 有/v]V3[J 很多/m]N3+D4[D 都/d[D 比/p 太阳/n]J4[D 还/d[P 大/a]V4。

（3）数量映射为主语，句法语义格式为 SNPV。例如：

（*9194*）[S 第三/m 个/q]N，[S 我/r]S 干吗/l[D 要/v[P 写作/v]V？

6.3.1.2　数量的句法填位

数量的句法填位情况如表 6.13 所示。

表 6.13　数量的句法填位情况（单位：个）

义类	PVCN（数量补语）	PVON（数量宾语）	DNPV（数量状语）	PVJN（数量兼语）	SNPV（数量主语）	合计
B 物	30	6	2	0	0	38
C 时间与空间	12	15	2	0	0	29
D 抽象事物	168	124	88	9	6	395
E 特征	4	2	3	0	0	9
F 动作	0	0	0	0	0	0
合计	214	147	95	9	6	471

数量义类的句法填位地位并不是一样的，而是有一定的先后顺序：①数量补语 D 抽象事物>B 物>C 时间与空间>E 特征；②数量宾语 D 抽象事物>C 时间与空间>B 物>E 特征；③数量状语 D 抽象事物>E 特征>C 时间与空间=B 物；④数量兼语只有 D 抽象事物；⑤数量主语只有 D 抽象事物。

深入到义类中类来考察，统计情况如表 6.14 所示。

表 6.14　数量词汇义类中类分布（单位：个）

义类	PVCN	PVON	DNPV	PVJN	SNPV	义类	PVCN	PVON	DNPV	PVJN	SNPV
Bg 自然物	12	2	0	0	0	Dd 性能	2	1	0	0	0
Bh 植物	1	0	0	0	0	Di 社会、政法	1	1	0	0	0
Bk 全身	14	0	2	0	0	Dj 经济	0	2	0	0	0
Bn 建筑物	1	1	0	0	0	Dk 文教	1	2	0	0	0
Bo 机具	0	1	0	0	0	Dn 数量、单位	164	118	88	9	6
Bp 用品	2	2	0	0	0	Eb 表象	4	2	3	0	0
Ca 时间	10	15	2	0	0	—	—	—	—	—	—
Cb 空间	2	0	0	0	0	合计	214	147	95	9	6

根据表 6.14 统计，其序列如下：①数量补语：Dn>Bk>Bg>Ca>Eb>Bp=Cb=Dd>Di=Dk=Bh=Bn；②数量宾语：Dn>Ca>Dj=Bg=Eb=Bp=Dk>Bo=Dd=Di=Bn；③数量状语：Dn>Eb>Bk=Ca；④数量兼语只有 Dn；⑤数量主语只有 Dn。

可以看出，无论在什么位置，“Dn 数量、单位”都是占绝对优势的，举例如下：

数量状语：（*11052*）尽管/c[S 这/r 艺术/n 效果/n]K1[D 一半/m]N1[D 是/d[D 由/p 偶然/a]C1 所/u[P 产生/v]V1，然而/c[S 这/r]D2[D 却/d[P 是/v]V2[O 向着/p 无比/d 神妙/a 的/u 整体美/n 的/u 奋然/a 一/m 跃/n]X2 呀/y！（一半：Dn05）

数量补语：(*3759*)[D 据/p20 世纪/t70 年代/t 的/u 情况/n 估计/v]W，[S 全/a 世界/n 每年/r 排放/v 的/u 固体/n 废物/n]D1[P 超过/v]V1[C30 亿/m 吨/q]N1，[S 废水/n]D2[P 为/v]V2[O6000 亿/m～7000 亿/m 吨/q]N2，[S 废气/n 中/f 仅仅/d{一氧化碳/n}@和/c{二氧化碳/n}@]D3[D 就/d[P 近/v]V3[C4 亿/m 吨/q]N3。（30 亿吨：Dn10）

数量宾语：(*9220*)结果/c[S 你/r]S1S2[D 又/d[P 发表/v 了/u]V1[O 几/m 篇/q]N1，并且/c[P 出/v 了/u]V2[O 一点/m 小/a 名/n]B2，可/c[D 这时/r]H3[S 你/r]D3[D 越来越/d[P 感到/v]V3[O 恐慌/a]U3。(几篇：Dn08)

6.3.2　数量句法实现的词汇语义制约特点

与数量角色搭配的动核义类大类分布情况如表 6.15 所示。

表 6.15　与数量角色搭配的动核义类大类分布（单位：个）

义类	成分				
	PVCN	PVON	DNPV	PVJN	SNPV
B 物	0	0	0	0	0
C 时间与空间	0	0	0	0	0
D 抽象事物	0	0	0	0	0
E 特征	8	9	2	0	1
F 动作	67	26	23	0	2
G 心理活动	1	3	12	0	0
H 活动	59	28	35	0	2
I 现象与状态	51	7	12	0	0
J 关联	16	70	11	10	1
K 助语	13	7	5	0	0
合计	215	150	100	10	6

与数量角色搭配的动核义类大类排序为：①数量补语：F＞H＞I＞J＞K＞E＞G；②数量宾语：J＞H＞F＞E＞K=I＞G；③数量状语：H＞F＞I=G＞J＞K＞E；④数量兼语只有 J；⑤数量主语：F=H＞J=E。

与数量角色搭配的动核义类中类分布情况如表 6.16 所示。

表 6.16　与数量角色搭配的动核义类的中类分布（单位：个）

义类	PVCN	PVON	DNPV	PVJN	SNPV	义类	PVCN	PVON	DNPV	PVJN	SNPV
Ea 外形	1	3	0	0	0	Hk 宗教活动	1	0	0	0	0
Eb 表象	4	5	0	0	0	Ib 生理现象	6	2	1	0	0
Ed 性质	0	1	0	0	1	Ic 表情	3	0	1	0	0
Ee 德才	3	0	2	0	0	Id 物体状态	12	1	4	0	0
Fa 上肢动作	19	8	6	0	1	Ie 事态	6	0	1	0	0
Fb 下肢动作	13	10	3	0	1	If 境遇	1	0	0	0	0
Fc 头部动作	34	8	13	0	0	Ig 始末	1	0	0	0	0
Fd 全身动作	1	0	1	0	0	Ih 变化	22	4	5	0	0
Ga 心理状态	1	0	2	0	0	Ja 联系	1	7	7	0	0
Gb 心理活动	0	2	10	0	0	Jb 异同	4	6	1	0	0
Gc 能愿	0	1	0	0	0	Jc 配合	0	1	1	0	0
Hb 军事活动	2	0	0	0	0	Jd 存在	8	43	2	10	1
Hc 行政管理	4	1	0	0	0	Je 影响	3	13	0	0	0
Hd 生产	4	3	2	0	2	Ka 疏状	2	2	1	0	0
He 经济活动	4	3	2	0	0	Kb 中介	0	0	1	0	0
Hf 交通运输	1	0	0	0	0	Kd 辅助	2	5	3	0	0
Hg 教卫科研	7	4	5	0	0	Ke 呼叹	3	0	0	0	0
Hh 文体活动	3	0	2	0	0	Kf 拟声	6	0	0	0	0
Hi 社交	20	9	14	0	0	—	—	—	—	—	—
Hj 生活	13	8	10	0	0	合计	215	150	100	10	6

与数量角色搭配的动核义类中类按占比多少排序如下：①数量补语：Fc＞Ih＞Hi＞Fa＞Fb=Hj＞Id＞Jd＞Hg＞Ib=Ie=Kf＞Hd=Jb=Eb=Hc=He＞Ee=Hh=Ke=Ic=Je＞Hb=Ka=Kd＞Ea=Ga=Hf=If=Fd=Hk=Ig=Ja；②数量宾语：Jd＞Je＞Fb＞Hi

＞Fc=Fa=Hj＞Ja＞Jb＞Eb=Kd＞Ih=Hg＞Hd=He=Ea＞Gb=Ib=Ka＞Gc=Ed=Jc=Id=Hc；③数量状语：Hi＞Fc＞Hj=Gb＞Ja＞Fa＞Ih=Hg＞Id＞Fb=Kd＞Ee=Hh=Ga=Hd=He=Jd＞Kb=Ie=Ic=Fd=Jb=Ib=Ka=Jc；④数量兼语只有 Jd；⑤数量主语：Hd＞Ed=Fa=Fb=Jd。

通过以上数据分析，充当数量角色的词汇具有以下特点。

（1）数值性。这是数量角色区别于其他语义角色的最大特点，充当数量角色的词语都带有数字。例如：

（*1867*）[S 织女星/n 的/u 光辉/n]D1[P 是/v]V1[O 太阳/n 的/u50/m 倍/q]N1，[S 牵牛星/n 的/u 光辉/n]D2[P 是/v]V2[O 太阳/n 的/u10/m 倍/q 有余/m]N2，[D 只/d 因/c[P 距离/v]V3[O 我们/r]K3[C 太/ d 远/a 了/y，所以/c[T 看/v 去/v[D 只不过/d[P 是/v]V4[O 两/m 颗/q 比较/d 大/a 的/u 星/n]X4。

（2）具体性。这是由其本身性质所决定的，因表现的是事件相关的数量，所以必须是具体的。例如：

（*533*）[D 忽然/d[S 教堂/n 的/u 钟/n]D[P 敲/v 了/u]V[C 十二/m 下/q]N。

数量按照精确度分为确量和约量。确量表示具体明确的数量值，比如：

（*183*）[S 我/r]S1[D 真/d[D 想/v[D 多/d[P 要/v]V1[O 几/m 个/q 孩子/n]O1，[S[P 带/v]V1[O 一/m 个/q]N1 和/c[P 带/v]V2[O 五/m 个/q]N2]U2[P 是/v]V2[O 一/m 回/q 事/n]X2。（“一个”“五个”是明确数量值）

约量表示不确定的数量值，仅仅是约数值，比如：

（*97*）[S 他/r]S1S2D3S4[P 走/v 了/u]V1[O 几/m 步/q]N1，[P 回/v]V2[C 过/v[O 头/n]O2[P 看见/v]V3[O 我/r]K3，[P 说/v]V4，“[O[P 进去/v]V1 吧/y，[S 里边/f]P2[P 没/v]V2[O 人/n]K2]U4”。（“几步”是约数值）

数量的表现形式一般为数词+量词。这是最普遍、出现最多的一种形式。例如：

(*1144*)[S 天/n]S1D2[D 每天/t]H[P 升/v]V1[C 高/a]V2[C 一/m 丈/q]N1，[S 地/n]S3D4[D 每天/t]H[P 加/v]V3[C 厚/a]V4[C 一/m 丈/q]N3，[S 盘古/nr 的/u 身子/n]S5D6[D 也/d[D 每天/t]H3[P 增/v]V5[C 长/a]V6[C 一/m 丈/q]N5。

6.4 基准句法实现的词汇语义制约

基准是事件中进行比较或测量所参照的对象，是比较句中必有的成分。

6.4.1 基准及其词汇语义类与句法成分的对应关系

6.4.1.1 基准的句法配位

基准的句法配位有三类，依次为 DJPV（基准状语）、PVCJ（基准补语）、PVJJ（基准兼语），具体见表 6.17。

表 6.17 基准的句法配位情况

句法语义格式	个数/个	百分比/%
DJPV	399	91.10
PVCJ	24	5.48
PVJJ	15	3.42
合计	438	100.00

1. 常规配位

基准通常映射为状语，一般由基准介词“和（跟、同、与）……一样”等引导，在句子中充当状语，句法语义格式为 DJPV。例如：

(*5022*)[S 他们/r]D1[D 不/d[P 知道/v]V1[O 一些/m 事/n]K1，[D 闰土/nr 在/p 海边/s 时/n]H2，[S 他们/r]D2[D 都/d[D 和/p 我/r 一样/u]J2[D 只/d[P 看见/v]V2[O 院子/n 里/f 高墙/n 上/f 的/u 四角/n 的/u 天空/n]K2。

2. 非常规配位

（1）映射为补语，句法语义格式为 PVCJ。例如：

（*2773*）[S 店/n 里/f] D1 [P 冷/a] V1 得/u [C 像/p 地窖/n 一样/u] J1，[S 冷气/n] S2 [D 从/p 裤管/n 里/f] P2 [D 向/p 上/f] A2 [P 钻/v] V2。

（*6405*）[S 童年/t] D1 [P 浪漫/a] V1 [C 如/p 月船/n] J1，[P 泊/Vg] V2 [C 在/p 了/u 外婆/n 的/u 臂弯/n 里/f] P2。

（2）映射为兼语（宾语+主语），句法语义格式为 PVJJ。例如：

（*8069*）[S 牛车/n] D1 [D 真/d [P 慢/a] V1，[D 还/d [P 没有/v] V2 [O 他/r] J2+S3 [P 走/v] V3 得/u [C 快/a。

（*2115*）但/c [S 我/r] S1 [P 吃/v 了/u] V1 [O 豆/n] O1D2，[D 却/d [D 并/d [P 没有/v] V2 [O 昨夜/t 的/u 豆/n] J2D3 那么/r [P 好/a] V3。

6.4.1.2　基准的句法填位

基准的句法填位情况如表 6.18 所示。

表 6.18　基准的句法填位情况（单位：个）

义类	成分		
	DJPV	PVCJ	PVJJ
A 人	98	3	8
B 物	129	10	6
C 时间与空间	40	2	0
D 抽象事物	63	0	1
E 特征	15	2	0
F 动作	10	0	0
G 心理活动	4	0	0
H 活动	24	3	0
I 现象与状态	8	0	0
K 助语	4	0	0
合计	395	20	15

充当基准的义类大类序列如下：①基准状语：B>A>D>C>H>E>F>I>G=K；②基准补语：B>A=H>C；③基准兼语：A>B>D。例如：

（*1403*）[D 对/p 他们/r 来/v 说/v] E4，[P 是/v] V4 [O 一/m 种/q 有趣/a 的/u 游戏/n] X4] U1——[S 和煦/a 的/u 阳光/n，绿色/n 的/u 田野/n] D2S3，[D 就/d [D 像/v 一/m 幅/q 优美/a 的/u 风景画/n]] J2 似的/u [P 展现/v] V2 [C 在/p 他们/r 面前/s] P2，[P 使/v] V3 [J 他们/r 的/u 身心/n] O3+D4 [D 全都/d [P 感到/v] V4 [O 愉快/a] U4。

（*1424*）[S 幸福/an] D1S2 [D 有时/d [D 会/v [D 很/d [P 短暂/a] V1，[D 不/d [D 像/p 苦难/n 似的/u] J2 [P 笼罩/v] V2 [O 天空/n] O2。

（*1403*）中“风景画”属于“B 物”类，（*1424*）中“苦难”属于“D 抽象事物”类。

充当基准角色的义类中类分布情况如表 6.19 所示。

表 6.19 充当基准角色义类中类分布情况（单位：个）

义类	DJPV	PVCJ	PVJJ	义类	DJPV	PVCJ	PVJJ
Aa 泛称	57	3	5	Bh 植物	12	0	0
Ab 男女老少	5	0	3	Bi 动物	23	3	0
Ad 籍属	1	0	0	Bk 全身	4	0	0
Ae 职业	4	0	0	Bm 材料	5	0	0
Af 身份	12	0	0	Bn 建筑物	12	2	0
Ag 状况	5	0	0	Bo 机具	13	0	0
Ah 亲人、眷属	11	0	0	Bp 用品	10	0	0
Aj 关系	2	0	0	Bq 衣物	2	0	0
Am 信仰	1	0	0	Br 食品、药品、毒品	7	0	0
Ba 统称	4	0	0	Ca 时间	31	0	0
Bb 拟状物	3	0	0	Cb 空间	9	2	0
Bd 天体	6	0	0	Da 事情、情况	8	0	0
Be 地貌	11	3	0	Db 事理	3	0	0
Bf 气象	11	0	0	Dc 外貌	2	0	0
Bg 自然物	6	2	6	Dd 性能	9	0	0

续表

义类	DJPV	PVCJ	PVJJ	义类	DJPV	PVCJ	PVJJ
De 性格、才能	1	0	0	Fd 全身动作	4	0	0
Df 意识	2	0	0	Ga 心理状态	1	0	0
Dg 比喻物	1	0	1	Gb 心理活动	3	0	0
Dh 臆想物	3	0	0	Ha 政治活动	1	0	0
Di 社会、政法	7	0	0	Hd 生产	2	0	0
Dj 经济	2	0	0	Hf 交通运输	1	0	0
Dk 文教	19	0	0	Hg 教卫科研	4	0	0
Dm 机构	1	0	0	Hh 文体活动	3	0	0
Dn 数量、单位	5	0	0	Hi 社交	11	3	0
Ea 外形	1	0	0	Hj 生活	2	0	0
Eb 表象	5	2	0	Ib 生理现象	1	0	0
Ed 性质	1	0	0	Id 物体状态	2	0	0
Ee 德才	5	0	0	If 境遇	2	0	0
Ef 境况	3	0	0	Ig 始末	1	0	0
Fa 上肢动作	2	0	0	Ih 变化	2	0	0
Fb 下肢动作	3	0	0	Ka 疏状	4	0	0
Fc 头部动作	1	0	0	合计	395	20	15

充当基准角色义类中类由多到少排列如下：①基准状语：Aa>Ca>Bi>Dk>Bo>Bh=Bn=Af>Be=Bf=Hi=Ah>Bp>Cb=Dd>Da>Di=Br>Bg=Bd>Ag=Bm=Ee=Ab=Dn=Eb>Ae=Ba=Bk=Ka=Fd=Hg>Hh=Bb=Db=Dh=Ef=Fb=Gb>Bq=Dc=Fa=Hd=Hj=Id=If=Ih=Aj=Df=Dj>Am=De=Dg=Dm=Ea=Fc=Ga=Hf=Ib=Ad=Ed=Ha=Ig；②基准补语：Aa=Bi=Be=Hi>Bn=Cb=Bg=Eb；③基准兼语：Bg>Aa>Ab>Dg。

6.4.2　基准句法实现的词汇语义制约特点

与基准角色搭配的动核义类大类分布情况如表 6.20 所示。

表 6.20　与基准角色搭配动核义类大类分布（单位：个）

义类	成分		
	DJPV	PVCJ	PVJJ
E 特征	110	1	10
F 动作	56	11	0
G 心理活动	19	0	0
H 活动	51	0	0
I 现象与状态	52	0	3
J 关联	88	12	17
K 助语	23	0	0
L 敬语	0	0	0
合计	399	24	30

与基准搭配的动核义类大类由多到少的排列顺序为：①基准状语：E>J>F>I>H>K>G；②基准补语：J>F>E；③基准兼语：J>E>I。

与基准角色搭配的动核义类中类分布情况如表 6.21 所示。

表 6.21　与基准角色搭配的动核义类中类分布（单位：个）

义类	DJPV	PVCJ	PVJJ	义类	DJPV	PVCJ	PVJJ
Ea 外形	25	0	0	Hc 行政管理	1	0	0
Eb 表象	26	0	0	Hd 生产	3	0	0
Ec 颜色、味道	4	0	0	He 经济活动	1	0	0
Ed 性质	30	1	10	Hf 交通运输	4	0	0
Ee 德才	14	0	0	Hg 教卫科研	8	0	0
Ef 境况	11	0	0	Hh 文体活动	2	0	0
Fa 上肢动作	21	2	0	Hi 社交	17	0	0
Fb 下肢动作	12	6	0	Hj 生活	14	0	0
Fc 头部动作	14	0	0	Ia 自然现象	4	0	0
Fd 全身动作	9	3	0	Ib 生理现象	5	0	0
Ga 心理状态	10	0	0	Ic 表情	1	0	3
Gb 心理活动	9	0	0	Id 物体状态	21	0	0
Ha 政治活动	1	0	0	Ie 事态	7	0	0

续表

义类	DJPV	PVCJ	PVJJ	义类	DJPV	PVCJ	PVJJ
If 境遇	2	0	0	Je 影响	5	0	0
Ig 始末	1	0	0	Ka 疏状	13	0	0
Ih 变化	11	0	0	Kb 中介	8	0	0
Ja 联系	19	9	0	Kd 辅助	1	0	0
Jb 异同	43	3	10	Ke 呼叹	1	0	0
Jc 配合	2	0	0	—	—	—	—
Jd 存在	19	0	7	合计	399	24	30

与基准角色搭配的动核义类中类由多到少的排列顺序为：①基准状语：Jb＞Ed＞Eb＞Ea＞Fa=Id＞Jd=Ja＞Hi＞Ee=Fc=Hj＞Ka＞Fb＞Ih=Ef＞Ga＞Fd=Gb＞Hg=Kb＞Ie＞Ib=Je＞Ec=Hf=Ia＞Hd＞Hh=If=Jc＞Ke=Ha=Hc=He=Ic=Ig=Kd；②基准补语：Ja＞Fb＞Fd=Jb＞Fa＞Ed；③基准兼语：Jb=Ed＞Jd＞Ic。

现代汉语的比较句，从语义结构看至少有三个组成部分，如“我比他好看”一句中，“我”和“他”分别是两个比较项，“好看”是结论项。比较句中供比较项相比较的比较点叫共比项，共比项“长相”由结论项中的词语“好看”所蕴涵。比较点或共比项可以出现在不同的句法位置上，也可以不出现。另外，结论项中还可能出现比较结论的数值，如“我比他好看好多”句中的“好多”就是比较值。

从表 6.19 中可知，《同义词词林》95 个中类中有 63 类可以投射填位到基准，占 66.32%。能投射到基准句法成分上的义类很多，投射最多的还是 Aa 人物泛称类。例如：

（*1084*）[S 我/r]S[P 想/v]V，[O[S 我/r]D[D 总/d[D 比/p 你们/r]J[P 高贵/a]V[C 一些/m]吧/y]U?

（*454*）[T 最/d 使/v 我/r 吃惊/a 的/u，[S 后边/f 几/m 排/q 一向/d 空/a 着/u 的/u 板凳/s 上/f]P1[P 坐/v 着/u]V1[O 好些/m 镇上/s 的/u 人/n]S1，[S 他们/r]D2[D 也/d[D 跟/p 我们/r 一样/u]J2[P 肃静/a]V2。

6.5 方向句法实现的词汇语义制约

6.5.1 方向及其词汇语义类与句法成分的对应关系

6.5.1.1 方向的句法配位

方向的句法配位有三类，依次为DAPV（方向状语）、PVCA（方向补语）、PVOA（方向宾语），具体见表6.22。

表6.22 方向的句法配位情况

句法语义格式	个数/个	百分比/%
DAPV	242	94.16
PVCA	10	3.89
PVOA	5	1.95
合计	257	100.00

1. 常规配位

方向通常映射为状语，由方向介词“向、随”等引导。例如：

（*35*）[S 她/r 的/u 眼/n]I[D 随/p 小路/n]A[P 望/v]V[C 去/v。

（*1017*）[S 右/f 手/n]S1S2D3D4[P 握/v 着/u]V1[O 拳/n]R1，[D 向/p 前方/f]A2[P 伸/v 着/u]V2，[PD[SX 筋骨/n]D[P 突出/a]V]V3[P 像/v]V4[O 老/a 树干/n]X4，[S 意思/n]D5[P 是/v]V5[O[S 谁/r]S1[D 敢/v[P 侵犯/v]V1[O 他/r]O1[C 一丝一毫/q，[S 他/r]D2S3[D 就/d[P 不客气/v]V2[P 给/v]V3[O 他/r]T3[C 一下子/m]]U5。

2. 非常规配位

（1）映射为补语。例如：

（*667*）[S 温暖/a 的/u 阳光/n]S1S2[P 照/v]V1[C 在/p 我/r 的/u 身上/s]P1，[P 射/v]V2[C 向/p 四面八方/i]A2，[S 这/r]D3[P 是/v]V3“[O 爱/vn]X3”吗/y?

（2）映射为宾语。例如：

（*3671*）[S 他们/r]L1[P 有/v]V1[O 带/v 磷针/n 的/u 罗盘/nr]K1，[S 磁针/n]S2[D 永远/d[P 指/v 着/u]V2[O 北边/f]A2。

6.5.1.2 方向的句法填位

方向的句法填位情况如表 6.23 所示。

表 6.23 方向的句法填位情况（单位：个）

义类	DAPV	PVCA	PVOA
A 人	21	2	0
B 物	29	0	0
C 时间与空间	188	8	4
D 抽象事物	4	0	1
E 特征	0	0	0
F 动作	0	0	0
G 心理活动	0	0	0
H 活动	0	0	0
I 现象与状态	0	0	0
J 关联	0	0	0
K 助语	0	0	0
L 敬语	0	0	0
合计	242	10	5

充当方向角色的义类大类的填位序列如下：①方向状语：C>B>A>D；②方向补语：C>A；③方向宾语：C>D。

深入到义类中类，统计情况如表 6.24 所示。

表 6.24 方向角色词汇义类中类分布（单位：个）

义类	DAPV	PVCA	PVOA	义类	DAPV	PVCA	PVOA
Aa 泛称	12	2	0	Ae 职业	3	0	0
Ab 男女老少	1	0	0	Ah 亲人、眷属	5	0	0

续表

义类	DAPV	PVCA	PVOA	义类	DAPV	PVCA	PVOA
Bc 物体的部分	5	0	0	Bo 机具	2	0	0
Bd 天体	1	0	0	Bp 用品	3	0	0
Be 地貌	1	0	0	Bq 衣物	3	0	0
Bf 气象	1	0	0	Ca 时间	1	0	0
Bg 自然物	1	0	0	Cb 空间	187	8	4
Bh 植物	2	0	0	Da 事情、情况	1	0	1
Bi 动物	1	0	0	Db 事理	1	0	0
Bk 全身	2	0	0	Dd 性能	2	0	0
Bn 建筑物	7	0	0	合计	242	10	5

从表 6.24 中可以看出充当方向角色义类的序列：①方向状语：Cb＞Aa＞Bn＞Bc=Ah＞Ae=Bq=Bp＞Bk=Bo=Bh=Dd＞Be=Bg=Bi=Ca=Da=Ab=Bd=Bf=Db；②方向补语：Cb＞Aa；③方向宾语：Cb＞Da。

方向状语、方向补语、方向宾语名核投射最多的都是 Cb 空间类，举例如下：

（*53*）[D 第二日/t 上午/t]H1H2[D 便/d[D 须/d[P 渡江/v]V1[P 到/v]V2[O 浦口/ns]P2，[D 下午/t]H3H4[P 上/v]V3[O 车/n]O3[D 北/f]A4[P 去/v]V4。（方向状语）

（*3319*）[D 从/p 排头/n]P1[D 依次/d[P 掉头/v]V1[C 向/p 北/f]A1，[D 敏捷/a 地/u[P 变为/v]V2[O 一/m 缕/q 长长的/z 细/a 丝/n]X2。（方向补语）

（*5014*）[S 地/n 上/f 的/u 树影/n]S[D 正/d[P 指/v 着/u]V[O 北方/f]A。（方向宾语）

6.5.2 方向句法实现的词汇语义制约特点

与方向角色搭配的动核义类大类情况统计如表 6.25 所示。

表 6.25　与方向角色搭配的动核义类大类情况（单位：个）

义类	DAPV	PVCA	PVOA
A 人	0	0	0
B 物	0	0	0
C 时间与空间	0	0	0
D 抽象事物	0	0	0
E 特征	0	0	0
F 动作	142	4	3
G 心理活动	1	0	0
H 活动	50	1	2
I 现象与状态	48	5	0
J 关联	1	0	0
K 助语	0	0	0
L 敬语	0	0	0
合计	242	10	5

与方向角色搭配的动核义类大类序列如下：①方向状语：F>H>I>J=G；②方向补语：I>F>H；③方向宾语：F>H。

与方向角色搭配的动核义类中类分布如表 6.26 所示。

表 6.26　与方向搭配的动核义类中类分布（单位：个）

义类	DAPV	PVCA	PVOA	义类	DAPV	PVCA	PVOA
Fa 上肢动作	27	0	2	Hh 文体活动	3	0	0
Fb 下肢动作	45	0	1	Hi 社交	8	1	2
Fc 头部动作	56	1	0	Hj 生活	26	1	0
Fd 全身动作	14	2	0	Ia 自然现象	0	1	0
Gb 心理活动	1	0	0	Ib 生理现象	1	0	0
Hb 军事活动	1	0	0	Ic 表情	1	0	0
Hc 行政管理	1	0	0	Id 物体状态	40	4	0
Hd 生产	1	0	0	Ie 事态	3	0	0
He 经济活动	1	0	0	Ih 变化	3	0	0
Hf 交通运输	8	0	0	Jb 异同	1	0	0
Hg 教卫科研	1	0	0	合计	242	10	5

与方向角色搭配的动核义类中类按占比从多到少排列如下：①方向状语：Fc＞Fb＞Id＞Fa＞Hj＞Fd＞Hf=Hi＞Hh=Ih=Ie＞Hb=Hd=Ib=Jb=Gb=Hc=He=Hg=Ic；②方向补语：Id＞Fd＞Ia=Fc=Hj=Hi；③方向宾语：Fa=Hi＞Fb。

与方向搭配的动核义类主要集中在动作类。例如：

（*5031*）[S 母亲/n]S1S2[P 说/v 着/u]V1，[D 便/d[D 向/p 房/n 外/f]A2[P 看/v]V2，[S 这些/r 人/n]S3[D 又/d[P 来/v 了/y]V3。（看：Fc04）

（*5075*）[S 圆规/n]S1S2S3S4S5 一面/c[D 愤愤/d 的/u[P 回/v 转/v]V1[O 身/n]O1，一面/c[D 絮絮/d 的/u[P 说/v]V2，[D 慢慢/d[D 向/p 外/f]A3[P 走/v]V3，[D 顺便/d[D 将/p 我/r 母亲/n 的/u 一/m 副/q 手套/n]OB4[P 塞/v]V4[C 在/p 裤腰/n 里/f]P4，[P 出去/v 了/u]V5。（走：Fb01）

（*1816*）由于/c[S 冷/a 空气/n]D1[D 比较/d[P 重/a]V1，[D 在/p 无风/n 的/u 夜晚/t]H2，[S 冷/a 空气/n]S2[D 便/d[D 向/p 低/a 处/n]A2[P 流/v]V2。（流：Id11）

（*8918*）[S 我/r]S6[P 看/v 一/d 看/v]V6[O 他/r]O6，[S 他/r]S7[D 往/p 北/f]A7[P 去/v]V7，[S 我/r]S8[D 往/p 南/f]A8[P 去/v]V8。（去：Hj63）

从表 6.24 中可知，《同义词词林》95 个中类中有 21 类投射到方向角色，有 74 类无法投射填位到方向，占 77.89%，可以看出，能投射到方向句法成分上的义类是非常有限的，同时投射也绝大多数集中在 C 类。全填位型的只有 1 类，即 Cb 空间类；有限填位型共 20 类，如 Da 事情、情况，Bc 物体的部分，Aa 泛称等。

6.6 同源句法实现的词汇语义制约

6.6.1 同源及其词汇语义类与句法成分的对应关系

6.6.1.1 同源的句法配位

同源角色只能映射为宾语。例如：

（*10214*）[T 哎呀/e，[D 不定/d[D 会/v[P 闹/v]V 出/v[O 什么/r 乱子/n]B！（乱子：Da09）

6.6.1.2　同源的句法填位

同源角色词汇义类大类情况如表 6.27 所示。

表 6.27　同源角色义类大类情况（单位：个）

义类	个数	义类	个数
A 人	0	H 活动	15
B 物	38	I 现象与状态	21
C 时间与空间	19	J 关联	1
D 抽象事物	120	K 助语	0
E 特征	25	L 敬语	0
F 动作	9	—	—
G 心理活动	22	合计	270

同源角色义类大类的填位顺序为：D>B>E>G>I>C>H>F>J。

同源角色义类大类数量最多的为“D 抽象事物”类，例如：

(*1040*)[S 被子/n]D1[D 过/d[P 重/a]V1，[D 即/d[P 压迫/v]V2[O 胸部/n]O2，[P 导致/v]V3[O[S 肺活量/n]D[P 减少/v]V]U3，[D 易/a[P 做/v]V4[O 恶梦/n]B4，[D 又/d[D 易/a[P 使/v]V5[J 被窝/n 温度/n]O5+D6[超过/v]V6[O35/m 摄氏度/q]K6，[P 使/v]V7[O 人体/n]O7+D8D9D10[PD[SX 新陈代谢/i]D[D 过/d[旺/a]V]V8，[PD[SX 能量/n 消耗/n]D[增大/v]V]V9，[PD[SX 汗液/n]D[P 增多/v]V]V10，[D 醒/v 后/f]H11[P 反感/a]V11[O 疲劳/a、困倦/a]U11，[D 且/d[D 容易/a[P 受凉/v]V12。（恶梦：Df10）

第二大类为“B 物”类，例如：

（*2694*）[S 老人/n]D1S2S3[PD[SX 眼睛/n]S[P 瞪/v]V 得/u[C 大大的/z]]V1，[D 几/m 次/q]N2[D 想/v[P 说话/v]V2[P 插/v 不/d 上/v]V3[O 嘴/n]B3。（嘴：Bk04）

同源角色义类中类情况如表6.28所示。

表 6.28　同源角色的词汇义类中类情况（单位：个）

义类	个数	义类	个数
Bb 拟状物	1	Ec 颜色、味道	3
Bc 物体的部分	4	Ed 性质	8
Bk 全身	20	Ee 德才	5
Bn 建筑物	8	Ef 境况	5
Bp 用品	5	Fa 上肢动作	1
Ca 时间	12	Fb 下肢动作	6
Cb 空间	7	Fd 全身动作	2
Da 事情、情况	57	Ga 心理状态	17
Db 事理	3	Gb 心理活动	4
Dc 外貌	3	Gc 能愿	1
Dd 性能	1	Ha 政治活动	1
De 性格、才能	5	He 经济活动	4
Df 意识	9	Hh 文体活动	5
Dg 比喻物	1	Hi 社交	2
Dh 臆想物	2	Hj 生活	3
Di 社会、政法	11	Ia 自然现象	1
Dj 经济	4	Ib 生理现象	14
Dk 文教	21	Ic 表情	1
Dl 疾病	1	Id 物体状态	2
Dn 数量、单位	2	If 境遇	3
Ea 外形	1	Ja 联系	1
Eb 表象	3	合计	270

从表6.28可以看出同源角色义类中类按占比排序为：Da＞Dk＞Bk＞Ga＞Ib＞Ca＞Di＞Df＞Bn=Ed＞Cb＞Fb＞De=Ee=Hh=Bp=Ef＞Dj=Gb=He=Bc＞Dc=Ec=Hj=If=Db=Eb＞Id=Dh=Dn=Fd=Hi＞Dg=Ea=Fa=Gc=Bb=Dd=Dl=Ha=Ia=Ic=Ja。

6.6.2　同源句法实现的词汇语义制约特点

与同源角色搭配的动核义类大类分布如表 6.29 所示。

表 6.29　与同源角色搭配的动核义类大类分布（单位：个）

义类	个数	义类	个数
F 动作	79	J 关联	46
G 心理活动	14	K 助语	7
H 活动	89	—	—
I 现象与状态	35	合计	270

与同源角色搭配的动核义类大类按占比排列为 H 活动>F 动作>J 关联>I 现象与状态>G 心理活动>K 助语。

与同源角色搭配的动核义类中类分布如表 6.30 所示。

表 6.30　与同源搭配的义类中类分布（单位：个）

义类	个数	义类	个数
Fa 上肢动作	15	Ia 自然现象	1
Fb 下肢动作	19	Ib 生理现象	3
Fc 头部动作	32	Ic 表情	12
Fd 全身动作	13	Id 物体状态	4
Ga 心理状态	7	Ie 事态	10
Gb 心理活动	7	If 境遇	1
Ha 政治活动	1	Ig 始末	1
Hc 行政管理	9	Ih 变化	3
Hd 生产	3	Ja 联系	3
He 经济活动	4	Jc 配合	2
Hg 教卫科研	6	Jd 存在	28
Hh 文体活动	5	Je 影响	13
Hi 社交	29	Ka 疏状	2
Hj 生活	31	Kb 中介	5
Hn 恶行	1	合计	270

与同源角色搭配的动核义类中类按占比由多到少排序为：Fc＞Hj＞Hi＞Jd＞Fb＞Fa＞Fd=Je＞Ic＞Ie＞Hc＞Ga=Gb＞Hg＞Hh=Kb＞Id=He＞Hd=Ib=Ih=Ja＞Ka=Jc＞Hn=If=Ha=Ia=Ig。

与同源角色搭配的动核义类中类多的是 Fc 头部动作类，其次是 Hj 生活类。例如：

（*7781*）[S 他/r]S1D2[P 咬/v 着/u]V1[O 牙/n]B1，[PD[SX 嘴唇/n]S[D 在/d[P 颤抖/v 着/u]V]V2。（咬：Fc07）

（*497*）[D 我/r 去/v 钓/v 鱼/n 的/u 时候/n]H，[D 不是/d[D 干脆/d[D 就/d[P 放/v]V[O 你们/r]O[C 一/m 天/q]N[O 假/n]B 吗/y?（放：Hj43）

充当同源角色的义类中类最多的是“Da 事情、情况”类，其次为“Dk 文教”类、“Bk 全身”类、“Ga 心理状态”类。例如：

（*2673*）[P 打/v]V1[O 个/q 比方/n]B1，如果/c[S 中国/ns 人/n 的/u 礼物/n]D2[D 有/v 西瓜/n 那么/r]J2[P 大/a]V2，那么/c……（比方：Da03）

（*469*）[S 我/r]S1S2S3S4[D 从前/t[D 没/d[D 好好/a[P 学习/v]V1，[P 旷/x 了/u]V2[O 课/n]B2[D 去/v[P 找/v]V3[O 鸟窝/n]O3，[D 到/v 萨尔河上/ns 去/v]P4[P 溜冰/v]V4。（课：Dk03）

（*7585*）于是/c[D 匆匆忙忙/z[D 跟/p 我/r]Y1[P 握/v 了/u 握/v]V1[O 手/n]B1，[[P 跨/v][C 上/v]]V2[O 他/r 的/u 包车/n]P2。（手：Bk08）

（*11535*）[D 有时/d[D 也/d[P 遇到/v]V1[O 几/m 只/q 狗/n]K1，[S 老栓/nr]D1S2S3D4[D 正在/d[D 专心/a[P 走路/v]V2，[D 忽然/d[P 吃/v 了/u]V3[O 一/m 惊/n]B3，[D 远远/D 里/f[P 看见/v]V4[O 一/m 条/q 丁字街/n]K4D5，[D 明明白白/z[P 横/v 着/u]V5。（惊：Ga16）

6.7　范围句法实现的词汇语义制约

范围按照其表现形式来看，可以分为有介词引导和无介词引导两种类型。少部分单纯的普通名词或名词短语没有介词引导。例如：

（*157*）[S 妈妈/n]S[S 说/v]V[O[S 她/r]L[D 平生/n]E[P 有/v]V[O 三/m 怕/vn]K]U。（“平生”是普通名词）

多数需要介词引导，可分为以下三种情况。

（1）附加成分+名核。例如：

（*756*）[P 没有/v]V1[J 什么/r]K1+S2[P 使/v]V2[J 我/r]O2+S3[P 停留/v]V3[D 除了/p 目的/n]E，/x 纵然/c[S 岸旁/s]P4P5P6[P 有/v]V4[O 玫瑰/n]K4、[P 有/v]V5[O 绿荫/n]K5、[P 有/v]V6[O 宁静/a 的/u 港湾/n]K6，/x[S 我/r]D7[P 是/v]V7[O 不系之舟/n]X7。（“除了”+“目的”）

（2）名核+附加成分。例如：

（*2626*）[S 有/v 书/n 买/v 的/u 大街/n]D1[P 离/v]V1[O 我/r 家/n]P1[C 远/a 得/u 很/d，[S 我/r]S2S3[D 一/m 年/q 中/f]E2[D 只能/v[D 在/p 正月/t 间/f]H[P 去/v]V2[P 玩/v]V3[C 一/m 趟/q]N3，[D 那/r 时候/n]H4，[S 两/m 家/q 书店/n]S4[D 都/d[D 紧紧/z 地/u[P 关/v 着/u]V4[O 门/n]O4。（“一年”+“中”）。

（3）附加成分+名核+附加成分。例如：

（*545*）[D 在/p 我/r 的/u 记忆/n 里/f]E，[S 她/r]D[P 是/v]V[O 一/m 个/q 温柔/a、美丽/a 的/u 人/n]X。（“在”+“记忆”+“里”）

引导范围角色的介词统计情况如表 6.31 所示。

表 6.31 引导范围角色的介词情况（单位：个）

介词	DEPV（范围状语）	SEPV（范围主语）	PVOE（范围宾语）	PVCE（范围补语）	合计
在	236	1	2	3	242
于	0	0	0	1	1
从	66	1	0	0	67
对于	24	0	0	0	24
随着	5	0	0	0	5
关于	5	0	0	0	5
以	21	0	0	0	21
除了	36	0	0	0	36
合计	393	2	2	4	401

范围状语有介词引导的共 393 个，占总数的 98.00%；范围主语有介词引导的共 2 个，占总数的 0.50%；范围宾语有介词引导的共 2 个，占总数的 0.50%；范围补语有介词引导的共 4 个，占总数的 1.00%。

6.7.1 范围及其词汇语义类与句法成分的对应关系

6.7.1.1 范围的句法配位

范围的句法配位有四类，依次为 DEPV、SEPV、PVOE、PVCE，具体见表 6.32。

表 6.32 范围角色的句法配位情况

句法语义格式	个数/个	百分比/%
DEPV	498	94.68
SEPV	19	3.61
PVOE	5	0.95
PVCE	4	0.76
合计	526	100.00

1. 常规配位

范围通常映射为状语，句法语义格式为 DEPV。例如：

（*1909*）但是/c[D 这/r 两/q 种/v 思维/n 模式/n]E，[D 到底/d[S 哪个/r]D[D 更/d[P 符合/v]V[O 民族/n 自强/v 的/u 内在/b 逻辑/n]K？

（*8130*）[D 成天/d[P 听/v 不/d 到/v]V[O 声音/n]K，[D 除了/p 风/n 吹/v 莜麦/n 穗子/n，沙沙/o 地/u 像/d 下/v 小雨/n]E。

2. 非常规配位

（1）映射为主语，句法语义格式为 SEPV。例如：

（*2295*）"[S 挑战者/n"号/n 上/f 的/u 七/m 名/q 宇航员/n 中/f]E，[P 有/v]V[O 一/m 名/q 来/v 自/v 新罕布什尔州中学/nt 的/u 女/b 教师/n 麦考利夫/nr]K。

（2）映射为补语，句法语义格式为 PVCE。例如：

（*1789*）[P 应用/v]V1[C 在/p 农事/n 活动/n 里/f]E1，[D 比较/d[P 简便/a]V2，[D 容易/a[P 掌握/v]V3。

（3）映射为宾语，句法语义格式为 PVOE。例如：

（*776*）[P 坐/v 着/u]V1，[P 躺/v 着/u]V2，[P 打/v]V3[O 两/m 个/q 滚/vn]B3，[P 踢/v]V4[C 几/m 脚/q]N4[O 球/n]O4，[P 赛/v]V5[C 几/m 趟/q]N5[O 跑/vn]E5，[P 捉/v]V6[C 几/m 回/q]N6[P 迷藏/vn]O6。

6.7.1.2　范围的句法填位

范围的句法填位情况如表 6.33 所示。

表 6.33　范围的句法填位情况（单位：个）

义类	成分				合计
	DEPV	SEPV	PVOE	PVCE	
A 人	62	7	0	0	69

续表

义类	成分				合计
	DEPV	SEPV	PVOE	PVCE	
B 物	45	1	1	1	48
C 时间与空间	13	3	0	0	16
D 抽象事物	304	7	3	2	316
E 特征	18	1	0	1	20
F 动作	4	0	0	0	4
G 心理活动	9	0	0	0	9
H 活动	27	0	1	0	28
I 现象与状态	9	0	0	0	9
J 关联	1	0	0	0	1
K 助语	4	0	0	0	4
L 敬语	0	0	0	0	0
合计	496	19	5	4	524

范围角色的句法填位优先度序列如下：①范围状语：D>A>B>H>E>C>G= I>K=F>J；②范围主语：D=A>C>B=E；③范围宾语：D>B=H；④范围补语：D>B=E。

充当范围状语、主语、宾语、补语的义类基本保持了一致的填位序列。充当状语的数量最多，义类种类也最多。

范围角色义类中类分布情况如表 6.34 所示。

表 6.34　范围角色义类中类分布情况（单位：个）

义类	DEPV	SEPV	PVOE	PVCE	合计	义类	DEPV	SEPV	PVOE	PVCE	合计
Aa 泛称	41	2	0	0	43	Aj 关系	3	1	0	0	4
Ab 男女老少	2	2	0	0	4	Ak 品性	2	0	0	0	2
Ae 职业	5	1	0	0	6	Al 才识	2	0	0	0	2
Af 身份	3	0	0	0	3	Ba 统称	7	0	0	0	7
Ah 亲人、眷属	3	0	0	0	3	Bc 物体的部分	3	0	0	0	3
Ai 辈次	1	1	0	0	2	Bd 天体	4	0	0	0	4

续表

义类	DEPV	SEPV	PVOE	PVCE	合计	义类	DEPV	SEPV	PVOE	PVCE	合计
Be 地貌	1	0	0	0	1	Ee 德才	5	0	0	0	5
Bf 气象	1	0	0	1	2	Ef 境况	3	0	0	0	3
Bg 自然物	5	0	0	0	5	Fa 上肢动作	1	0	0	0	1
Bh 植物	7	1	0	0	8	Fb 下肢动作	2	0	0	0	2
Bi 动物	3	0	0	0	3	Fc 头部动作	1	0	0	0	1
Bk 全身	3	0	1	0	4	Ga 心理状态	4	0	0	0	4
Bl 排泄物、分泌物	1	0	0	0	1	Gb 心理活动	5	0	0	0	5
Bn 建筑物	3	0	0	0	3	Hb 军事活动	2	0	0	0	2
Bo 机具	4	0	0	0	4	Hc 行政管理	3	0	0	0	3
Bp 用品	2	0	0	0	2	Hd 生产	1	0	0	0	1
Br 食品、药品、毒品	1	0	0	0	1	He 经济活动	1	0	0	0	1
Ca 时间	6	3	0	0	9	Hg 教卫科研	4	0	0	0	4
Cb 空间	7	0	0	0	7	Hh 文体活动	3	0	0	0	3
Da 事情、情况	84	4	1	0	89	Hi 社交	9	0	0	0	9
Db 事理	17	0	0	0	17	Hj 生活	3	0	1	0	4
Dc 外貌	4	0	0	0	4	Hn 恶行	1	0	0	0	1
Dd 性能	122	2	0	1	125	Ib 生理现象	1	0	0	0	1
De 性格、才能	1	0	0	0	1	Ic 表情	1	0	0	0	1
Df 意识	9	0	0	0	9	Id 物体状态	1	0	0	0	1
Di 社会、政法	18	0	1	1	20	Ie 事态	2	0	0	0	2
Dj 经济	3	0	0	0	3	Ig 始末	2	0	0	0	2
Dk 文教	32	1	1	0	34	Ih 变化	2	0	0	0	2
Dm 机构	1	0	0	0	1	Je 影响	1	0	0	0	1
Dn 数量、单位	13	0	0	0	13	Kc 联结	1	0	0	0	1
Ea 外形	2	0	0	0	2	Kd 辅助	1	0	0	0	1
Eb 表象	6	0	0	0	6	—	—	—	—	—	—
Ed 性质	4	1	0	1	6	合计	496	19	5	4	524

从表 6.34 中可以看出，范围角色名核义类排序为：①范围状语：Dd＞Da＞Aa＞Dk＞Di＞Db＞Dn＞Df=Hi＞Ba=Bh=Cb＞Ca=Eb＞Ae=Bg=Ee=Gb＞Bo=Dc=Ga=Bd=Ed=Hg＞Bc=Bi=Bk=Hh=Hj=Af=Ah=Aj=Bn=Dj=Ef=Hc＞Ak=Ea=Hb=Ih= Ab=Al=Bp=Fb=Ie=Ig＞Ai=Be=De=Dm=Fa=Fc=Hd=Hn=Ib=Id=Kc=Bf=Bl=Br=He=Ic=Je=Kd；②范围主语：Da＞Ca＞Aa=Ab=Dd＞Ae=Ai=Dk=Aj=Bh=Ed；③范围宾语：Bk=Da=Di=Dk=Hj；④范围补语：Di=Bf=Dd=Ed。

6.7.2 范围句法实现的词汇语义制约特点

与范围角色搭配的动核义类大类情况如表 6.35 所示。

表 6.35 与范围角色搭配的动核大类情况

义类	成分				合计
	DEPV	SEPV	PVOE	PVCE	
A 人	0	0	0	0	0
B 物	0	0	0	0	0
C 时间与空间	0	0	0	0	0
D 抽象事物	0	0	0	0	0
E 特征	47	0	0	0	47
F 动作	31	1	0	1	33
G 心理活动	43	0	0	0	43
H 活动	121	3	3	2	129
I 现象与状态	41	0	0	0	41
J 关联	186	11	2	1	200
K 助语	27	4	0	0	31
L 敬语	0	0	0	0	0
合计	496	19	5	4	524

从表 6.35 中可以看出，与范围角色搭配的动核义类大类由多到少的排列顺序为：①范围状语：J＞H＞E＞G＞I＞F＞K；②范围主语：J＞K＞H＞F；③范围宾语：H＞J；④范围补语：H＞J=F。

与范围角色搭配的动核义类中类分布情况如表 6.36 所示。

表 6.36　与范围角色搭配的动核义类中类分布（单位：个）

义类	DEPV	SEPV	PVOE	PVCE	合计	义类	DEPV	SEPV	PVOE	PVCE	合计
Ea 外形	2	0	0	0	2	Hh 文体活动	2	0	1	0	3
Eb 表象	9	0	0	0	9	Hi 社交	25	3	0	0	28
Ed 性质	24	0	0	0	24	Hj 生活	51	0	1	2	54
Ee 德才	7	0	0	0	7	Hm 公安、司法	3	0	0	0	3
Ef 境况	5	0	0	0	5	Hn 恶行	1	0	0	0	1
Fa 上肢动作	7	0	0	0	7	Ia 自然现象	1	0	0	0	1
Fb 下肢动作	3	0	0	0	3	Ib 生理现象	6	0	0	0	6
Fc 头部动作	16	1	0	0	17	Ic 表情	3	0	0	0	3
Fd 全身动作	5	0	0	1	6	Id 物体状态	7	0	0	0	7
Ga 心理状态	6	0	0	0	6	Ie 事态	7	0	0	0	7
Gb 心理活动	34	0	0	0	34	If 境遇	1	0	0	0	1
Gc 能愿	3	0	0	0	3	Ig 始末	7	0	0	0	7
Ha 政治活动	1	0	0	0	1	Ih 变化	9	0	0	0	9
Hb 军事活动	6	0	0	0	6	Ja 联系	59	9	1	1	70
Hc 行政管理	11	0	0	0	11	Jb 异同	56	0	0	0	56
Hd 生产	6	0	0	0	6	Jd 存在	69	2	1	0	72
He 经济活动	2	0	0	0	2	Je 影响	2	0	0	0	2
Hf 交通运输	4	0	0	0	4	Ka 疏状	27	4	0	0	31
Hg 教卫科研	9	0	1	0	10	合计	496	19	5	4	524

从表 6.36 中可以看出，与范围角色搭配的动核义类中类由多到少的排列顺序为：①范围状语：Jd＞Ja＞Jb＞Hj＞Gb＞Ka＞Hi＞Ed＞Fc＞Hc＞Ih=Eb=Hg＞Ee=Fa=Id=Ie=Ig＞Ga=Hb=Hd=Ib＞Ef=Fd＞Hf＞Fb=Hm=Ic=Gc＞Je=Ea=Hh=He＞Hn=If=Ha=Ia；②范围主语：Ja＞Ka＞Hi＞Jd＞Fc；③范围宾语：Hg=Hj=Hh=Ja=Jd；④范围补语：Hj＞Fd=Ja。

范围主要表示事件中所关涉的领域及所伴随的状况。主要有如下几个特征。

（1）依赖性。这意味着它与动词的关系很紧密，要依赖动词存在，同时也是动词所构成的结构必须有的成分，如果离开这个成分，句子不能表达完整的意思。

例如：

（*576*）至于/p[S 暑假/n]D，[D 对于/p 一/m 个/q 喜欢/v 他/r 的/u 老师/n 的/u 孩子/n 来说/u]E，[D 又/d[D 是/d[D 多么/d[P 漫长/a]V！

这句话，如果“对于一个喜欢他的老师的孩子来说”离开这个动词所构成的句子结构是无法独立存在的，同时如果没有“对于一个喜欢他的老师的孩子来说”，这个句子也不能表达完整意思。

（2）标记性。范围角色进入句子时大多数情况下都带有明显的引导介词标记。例如：

（*655*）[S 她/r]S1[D 想/v[P 吻/v]V1[O 我/r]O1[C 一/m 下/q，但是/c[D 那/r 时候/t]H2，[D 除了/p 我/r 母亲/n 以外/f]E2[S 我/r]D2[D 不/d[P 喜欢/v]V2[O[S 别人/r]S[P 吻/v]V[O 我/r]O]U2。

（*853*）[S{风花雪月/l}@，{世事沧桑/l}@，早已/d 熟稔/v 的/u{文字/n}@]S，[D 在/p 这/r 炎热/a 的/u 绝望/v 中/f]E，[D 常常/d[D 会/v[P 弹/v 出/v]V[O 一/m 曲/q 别有风情/l，生发/v 出/v 人间/n 的/u 妙/a 音/n 真谛/n]O。

（*655*）中的“除了……之外”，（*853*）中的“在……中”都带有明显的引导介词标记。

（3）时空性。充当范围角色的词语隐含了时间或者空间的概念。例如：

（*10442*）[D 至于/p 整株树/n 以至/c 成片/b 树林/n]E，[S 那/r]D[D 就/d[P 成为/v]V“[O 飞焰/n 欲/d 横天/a”“红/a 云/n 几万/m 重/a”的/u 绚丽/a 景色/n]X 了/y。

从整株树到成片森林，涉及了个体到整体的空间感。

（4）限定性。一般范围角色都是通过方位词和介词来表达其意义，但当介词所表现出的意义不明显时就会依赖中心语之前的某些修饰语，通过这些修饰语和介词去凸显范围的意义，而有时候又是两种因素一起起作用。例如：

（*10450*）[S 两侧/n]L1[D 从/p 果顶/v 到/p 蒂部/n]E1[P 有/

v]V1[J 一/m 条/q 沟/n]K1+D2，[P 叫做/v]V2[O 缝合线/n]X2，[S 显隐/n]D3[D 随/p 品种/n]C3 而/c[P 不同/a]V3。（方位词和介词）

第7章

词汇语义制约语义角色投射为句法成分的特点

前面几章以语义角色为抓手，考察了语义角色与句法成分、词汇语义类的对应关系，从而总结其中的规律。本章切换角度，分别从词汇语义类与语义角色之间的对应关系和不同义类的语义角色与句法成分之间的对应关系两方面进行考察，分别得出不同义类可以充任的语义角色优先度序列，以及不同义类充任的不同语义角色可以投射的句法成分优先度序列，并据此总结两者的特征，以期更加全面地了解现代汉语语义角色句法实现的词汇语义制约及其特点。

7.1 词汇语义类与语义角色的对应关系及特点

7.1.1 词汇语义类与语义角色的对应关系

不同的义类可充任的语义角色是不同的，同一种义类充任不同语义角色的能力也是不同的。义类与语义角色之间的对应关系见表7.1。

表7.1 词汇语义类与语义角色的对应关系（单位：个）

语义角色	义类											
	A	B	C	D	E	F	G	H	I	J	K	L
施事	11 937	2 550	293	1 413	258	38	26	119	37	37	10	5
受事	140	4 007	40	3 707	27	110	85	364	67	43	8	0
当事	4 260	2 215	472	2 420	1 060	20	69	161	101	22	31	2

续表

语义角色	义类											
	A	B	C	D	E	F	G	H	I	J	K	L
领事	498	219	39	282	42	1	2	12	7	5	0	0
共事	159	56	3	57	8	0	1	7	4	0	0	0
客事	640	1 128	197	1 904	301	23	164	186	98	47	9	0
系事	761	935	235	1 273	253	7	51	123	58	23	33	0
与事	956	77	39	165	18	2	4	18	14	5	0	0
结果	5	106	9	168	12	0	2	5	1	1	0	0
致事	8	24	3	19	2	0	2	1	0	0	0	0
分事	1	27	1	3	8	0	0	0	0	0	0	0
方式	11	61	11	116	87	7	11	24	18	3	213	0
原因	5	4	0	21	35	8	20	24	29	13	7	0
目的	11	11	1	10	13	1	3	19	8	2	0	0
工具	23	236	13	44	0	0	0	0	0	0	0	0
材料	0	35	0	7	0	0	0	0	0	0	0	0
处所	19	963	2 153	411	0	0	0	0	0	0	0	0
时间	0	0	2 927	30	11	0	1	0	0	1	42	0
数量	0	37	29	396	9	1	0	0	2	0	0	0
基准	109	154	42	66	16	10	4	26	8	4	0	0
方向	24	30	200	5	0	0	0	0	1	0	0	0
同源	2	63	91	2	23	9	22	11	20	1	5	0
范围	69	48	16	318	23	3	9	28	9	1	4	0
合计	19 638	12 986	6 814	12 837	2 206	240	476	1 128	482	208	362	7

为方便观察，我们将表 7.1 中义类与语义角色的对应关系用比例计算出来，统计结果如表 7.2 所示。

表 7.2　词汇语义类与语义角色的对应比例（单位：%）

语义角色	义类											
	A	B	C	D	E	F	G	H	I	J	K	L
施事	60.79	19.64	4.30	11.01	11.70	15.83	5.46	10.55	7.68	17.79	2.76	71.43

续表

语义角色	义类											
	A	B	C	D	E	F	G	H	I	J	K	L
受事	0.71	30.86	0.59	28.88	1.22	45.83	17.86	32.27	13.90	20.67	2.21	0
当事	21.69	17.06	6.93	18.85	48.05	8.33	14.50	14.27	20.95	10.58	8.56	28.57
领事	2.54	1.69	0.57	2.20	1.90	0.42	0.42	1.06	1.45	2.40	0	0
共事	0.81	0.43	0.04	0.44	0.36	0	0.21	0.62	0.83	0	0	0
客事	3.26	8.69	2.89	14.83	13.64	9.58	34.45	16.49	20.33	22.60	2.49	0
系事	3.88	7.20	3.45	9.92	11.47	2.92	10.71	10.90	12.03	11.06	9.12	0
与事	4.87	0.59	0.57	1.29	0.82	0.83	0.84	1.60	2.90	2.40	0	0
结果	0.03	0.82	0.13	1.31	0.54	0	0.42	0.44	0.21	0.48	0	0
致事	0.04	0.18	0.04	0.15	0.09	0	0.42	0.09	0	0	0	0
分事	0.005	0.21	0.01	0.02	0.36	0	0	0	0	0	0	0
方式	0.06	0.47	0.16	0.90	3.94	2.92	2.31	2.13	3.73	1.44	58.84	0
原因	0.03	0.03	0	0.16	1.59	3.33	4.20	2.13	6.02	6.25	1.93	0
目的	0.06	0.08	0.01	0.08	0.59	0.42	0.63	1.68	1.66	0.96	0	0
工具	0.12	1.82	0.19	0.34	0	0	0	0	0	0	0	0
材料	0	0.27	0	0.05	0	0	0	0	0	0	0	0
处所	0.10	7.42	31.60	3.20	0	0	0	0	0	0	0	0
时间	0	0	42.96	0.23	0.50	0	0.21	0	0	0.48	11.60	0
数量	0	0.28	0.43	3.08	0.41	0.42	0	0	0.41	0	0	0
基准	0.56	1.19	0.62	0.51	0.73	4.17	0.84	2.30	1.66	1.92	0	0
方向	0.12	0.23	2.94	0.04	0	0	0	0	0.21	0	0	0
同源	0.01	0.49	1.34	0.02	1.04	3.75	4.62	0.98	4.15	0.48	1.38	0
范围	0.35	0.37	0.23	2.48	1.04	1.25	1.89	2.48	1.87	0.48	1.10	0

通过表 7.2 中的数据，我们发现不同义类充任不同语义角色的情况如下。

A 义类：施事（60.79%）＞当事（21.69%）＞与事（4.87%）＞系事（3.88%）＞客事（3.26%）＞领事（2.54%）＞共事（0.81%）＞受事（0.71%）＞基准（0.56%）＞范围（0.35%）＞方向（0.12%）=工具（0.12%）＞处所（0.10%）＞方式（0.06%）=目的（0.06%）＞致事（0.04%）＞结果（0.03%）=原因（0.03%）＞同源（0.01%）

＞分事（0.005%），没有出现的语义角色是材料、时间、数量。

A 义类充任施事的情况最多，占总体的 60.79%，这是由我们对施事的定义所决定的。我们定义的施事是事件中行为动作的发出者，多具有能动性、施动性，而含义为“人”的 A 义类正是符合了这种特性，例如“[刘和珍]S 生前就很爱看先生的文章”。我们知道，A 义类以其明显的施动性最先充任施事，那为什么 A 义类充任当事的情况还占了 21.69%呢？这是因为当事表现出来的词汇语义特征有先存性、无意志性、感知性、变化性、关联性、非可控性、话题性等，这时的 A 义类并不表现出它的施动性，而是以其“感知性、关联性、特征性、非可控性、话题性”（周明海，2011a）特点充任了当事，如“[我们]D 现在早已无福消受了”。同时还由于 A 义类的含义是“人”，“人”本身不能作材料、时间、数量，因而没有出现的语义角色是材料、时间、数量。

B 义类：受事（30.86%）＞施事（19.64%）＞当事（17.06%）＞客事（8.69%）＞处所（7.42%）＞系事（7.20%）＞工具（1.82%）＞领事（1.69%）＞基准（1.19%）＞结果（0.82%）＞与事（0.59%）＞同源（0.49%）＞方式（0.47%）＞共事（0.43%）＞范围（0.37%）＞数量（0.28%）＞材料（0.27%）＞方向（0.23%）＞分事（0.21%）＞致事（0.18%）＞目的（0.08%）＞原因（0.03%），没有出现的语义角色是时间。

B 义类充任受事的情况最多，占了总体的 30.86%，这是由我们对受事的定义所决定的。受事是事件中动作行为发出者发出的动作行为涉及的直接客体，与施事相对，具有受动性，而含义为“物”的 B 义类正是符合了这种特性，例如“她才始来听[我的讲义]O”。B 义类充任施事的情况占了总体的 19.64%，这是由于施事除了上文中提到的 A 义类“人”之外，还可以是动物，像“忽然[一只小狗]S 从人丛中跑出来”，也可以是某种声音，像“[这种叫声]S 会把抄‘四旧’的红卫兵引到我家里来”，还可以是人身体的一部分，像“[眼睛]S 向上一翻”等等，这些都分别对应 B 义类的中类 Bi 动物、Bg 自然物、Bk 全身，因而也有一部分 B 义类充任了施事。B 义类充任当事的情况，也是由于 B 义类符合了当事的语义特征，如先存性、无意志性、变化性等，如“[这棵树]D 使小屋给予人另一种印象”。同时还由于 B 义类的含义是具体的“物”，“物”本身是不能做时间的，因而没有出现的语义角色是时间。

C 义类：时间（42.96%）＞处所（31.60%）＞当事（6.93%）＞施事（4.30%）

>系事（3.45%）>方向（2.94%）>客事（2.89%）>同源（1.34%）>基准（0.62%）>受事（0.59%）>领事（0.57%）=与事（0.57%）>数量（0.43%）>范围（0.23%）>工具（0.19%）>方式（0.16%）>结果（0.13%）>共事（0.04%）=致事（0.04%）>分事（0.01%）=目的（0.01%），没有出现的语义角色是原因、材料。

C 义类经常充任的语义角色为时间、处所，这与 C 义类的含义是“时间与空间”是分不开的。C 义类充任时间语义角色的例如“金先生讲了[半天]H”，C 义类充任处所语义角色的例如“每天蹬着它到[王府井一带]P 转一大圈”。同时也正是由于 C 义类的含义是“时间与空间”，“时间”“空间”本身不能做原因、材料，因而没有出现的语义角色是原因、材料。

D 义类：受事（28.88%）>当事（18.85%）>客事（14.83%）>施事（11.01%）>系事（9.92%）>处所（3.20%）>数量（3.08%）>范围（2.48%）>领事（2.20%）>结果（1.31%）>与事（1.29%）>方式（0.90%）>基准（0.51%）>共事（0.44%）>工具（0.34%）>时间（0.23%）>原因（0.16%）>致事（0.15%）>目的（0.08%）>材料（0.05%）>方向（0.04%）>分事（0.02%）=同源（0.02%）。

D 义类经常充任的语义角色为受事、当事、客事、施事、系事。D 义类可以充任上述的语义角色，这与其含义为“抽象事物”不无关系：可以是动作行为直接涉及的客体充任受事，像“许多年前[旅游业]O 还没有开展”中的“旅游业”为 Di 社会、政法义类；可以是非自发动作行为的主体充任当事，像“我要是老待在家里[结果]D 会更糟”中“结果”为 Db 事理义类；可以是非自发动作行为直接涉及的客体充任客事，像“因为她自己心里也没有[答案]K”中“答案”为 Dk 文教义类；可以是自发动作行为的主体充任施事，像“他被[命运]S 击昏了头”中“命运”为 Da 事情、情况义类等等。D 义类充任系事语义角色大都是对事物的归类，如“这当然是[非常复杂细致的任务]X”。

E 义类：当事（48.05%）>客事（13.64%）>施事（11.70%）>系事（11.47%）>方式（3.94%）>领事（1.90%）>原因（1.59%）>受事（1.22%）>同源（1.04%）=范围（1.04%）>与事（0.82%）>基准（0.73%）>目的（0.59%）>结果（0.54%）>时间（0.50%）>数量（0.41%）>共事（0.36%）=分事（0.36%）>致事（0.09%），没有出现的语义角色是工具、材料、处所、方向。

E 义类经常充任的语义角色为当事、客事、施事、系事。其中 E 义类充任当事的情况最多，占总体的 48.05%，这是由于 E 义类虽多为形容词，但也有名词存在；并且我们在对“这个”“那个”以及“一个”“一本”等数量短语标注时，认为它们起着指代作用，因而标注为 Ed 性质中类，如“[我们现在要说的这一个]D 正是这样”；同时，Eb 表象中类多为代词；Ec 颜色、味道中类中颜色词较多，而颜色词的词性一直存在争论，我们这里把它们算为名词词性；Ee 德才和 Ef 境况中类多为名形词，其作用与名词相似。E 义类充任客事语义角色的情况与其充任当事的情况相似，是由于我们把“一个”“一本”短语标为 Ed 中类，还有我们标为客事语义角色的“N 的 V”结构中“V”多为形容词（周韧，2012），像“树的美在于[姿势的{清健}@或{挺拔}@、{苗条}@和{婀娜}@]K”。E 义类充任施事的情况如“[母亲的{苦难}@与{伟大}@]S 才在我心中渗透得深彻”，这时的 E 义类具有话题性，是说明的对象，这时的“伟大”具有了名词的性质。E 义类充任系事语义角色的情况多是由于其前是系词，因而充任系事语义角色，如“小灯笼先是[绿色]X”。由于 E 义类的含义是“特征”，包括外形、颜色等，这类“特征”是无法做工具、材料、处所、方向的，因而没有出现的语义角色是工具、材料、处所、方向。

F 义类：受事（45.83%）＞施事（15.83%）＞客事（9.58%）＞当事（8.33%）＞基准（4.17%）＞同源（3.75%）＞原因（3.33%）＞系事（2.92%）=方式（2.92%）＞范围（1.25%）＞与事（0.83%）＞领事（0.42%）=目的（0.42%）=数量（0.42%），没有出现的语义角色是共事、结果、致事、分事、工具、材料、处所、时间、方向。

F 义类经常充任的语义角色为受事、施事、客事、当事。其中 F 义类充任受事的情况最多，占总体的 45.83%，如“便不管[四叔的皱眉]O”。F 义类充任施事的例如“[这一番打斗]S 耗尽了他们仅有的一点气力”。F 义类充任客事的情况最多，此时的 F 义类为动名词，或是其虽在词汇层面是动词，但在句法层面表现出了名词性质，如“‘坐’作为身体动作的一种状态，区别于[O{‘立’}@{‘卧’}@]K 等等”。F 义类充任当事比例比较小，占总体的 8.33%，多是由于它处于主语位置，是后面谓语说明的对象，作话题，如“[采莲]D 是江南的旧俗”。由于 F 义类的含义是“动作”，包括上肢动作、下肢动作、头部动作和全身动作，“动作”本身就是指某种动作行为的，是不能作为某动作行为的共同参与者的，因而不能充任共事；而结果语义角色指的是一个从无到有的过程所产生的从无到有的结局、结果，“动作”不符合这种特征，因而也不能充任结果语义角色；致事语义角色是指某客体因为某种行为动作而改变了原有性状，这里的“动作”只能是行为动作，而不能是动作行为之后改变的性状，因而不能充任致事；分事语义角色是指领事的组成部分，是不能有事物做“动作”的领事的，因而“动作”也就不能充任分事了；“动作”也不是工具、材料、处所、时间、方向，因而也不能作工具、材料、处所、时间和方向语义角色。因此，没有出现的语义角色是共事、结果、致事、分事、工具、材料、处所、时间和方向。

G 义类：客事（34.45%）＞受事（17.86%）＞当事（14.50%）＞系事（10.71%）＞施事（5.46%）＞同源（4.62%）＞原因（4.20%）＞方式（2.31%）＞范围（1.89%）＞与事（0.84%）=基准（0.84%）＞目的（0.63%）＞领事（0.42%）=结果（0.42%）=致事（0.42%）＞共事（0.21%）=时间（0.21%），没有出现的语义角色是分事、工具、材料、处所、数量、方向。

G 义类经常充任的语义角色为客事、受事、当事、系事。其中 G 义类充任客事语义角色的情况最多，占总体的 34.45%，其充任客事语义角色的情况与 F 义类相似，多是由于其在词汇层面表现出动词词性，而在句法层面则表现出名词词性，如“充满[决心]K，但并不抱着[多少希望]K”。其次为 G 义类充任受事，如“可是他倘不是那样夸大[他的悲哀]O”。G 义类充任当事的情况与 F 义类相似，是后面谓语说明的对象，作话题，占总体的 14.50%，如“[我们一切情感、理智和意志上的{追求}@或{企图}@]D 不过是灵魂的思家病”。G 义类充任系事语义角色的情况与 E 义类充任系事语义角色的情况相似，也是由于前面的系词而充任系事语义角色，如“母亲这话实际上是[自我安慰]X”。G 义类包括心理状态、心理活动和能愿，不能作为某领事的组成部分，因而不能充任分事；这类心理活动本身不能做工具、材料、处所、数量和方向，因而不能充任工具、材料、处所、数量、方向等语义角色。

H 义类：受事（32.27%）＞客事（16.49%）＞当事（14.27%）＞系事（10.90%）＞施事（10.55%）＞范围（2.48%）＞基准（2.30%）＞方式（2.13%）=原因（2.13%）＞目的（1.68%）＞与事（1.60%）＞领事（1.06%）＞同源（0.98%）＞共事（0.62%）＞结果（0.44%）＞致事（0.09%），没有出现的语义角色是分事、工具、材料、处所、时间、数量、方向。

H 义类经常充任的语义角色为受事、客事、当事、系事。其中 H 义类充任受事的情况最多，占总体的 32.27%，例如“逻辑课的前一半讲三段论，大前提、小前提、结论、周延、不周延、[{归纳}@、{演绎}@]O……”。其次为 H 义类充任客事的情况，占总体的 16.49%，其充任客事的情况与 F 义类、G 义类相似，多是由于其在词汇层面表现出动词词性，而在句法层面则表现出名词词性，如“所以她们根本就没有‘做’或者‘不做’的[自由]K”。H 义类充任当事的情况与 F 义类、G 义类相似，是后面谓语说明的对象，作话题，占总体的 14.27%，例如“[试验]D，意思是试验有没有工作的能力”。H 义类充任系事的情况如“比如唯一一件的古美术作品，成了[美的启迪]X”，这里的“启迪”具有了名词的性质。由于 H 义类的含义是“活动”，包括政治活动、军事活动、行政管理、生产等，这类“活动”是不能作为某领事的组成部分的，因而不能充任分事；当然，“活动”也不能做工具、材料、处所、时间、数量、方向，因而不能充任分事、工具、材料、处所、时间、数量、方向等语义角色。

I 义类：当事（20.95%）＞客事（20.33%）＞受事（13.90%）＞系事（12.03%）＞施事（7.68%）＞原因（6.02%）＞同源（4.15%）＞方式（3.73%）＞与事（2.90%）＞范围（1.87%）＞基准（1.66%）=目的（1.66%）＞领事（1.45%）＞共事（0.83%）＞数量（0.41%）＞结果（0.21%）=方向（0.21%），没有出现的语义角色是致事、分事、工具、材料、处所、时间。

I 义类经常充任的语义角色为当事、客事、受事、系事。其中 I 义类充任当事的情况最多，与 F 义类、G 义类、H 义类相似，是后面谓语说明的对象，作话题，占总体的 20.95%，例如“[地上的每一个坎坷]D 都被映照得灿烂”。其次为 I 义类充任客事的情况，占总体的 20.33%，其充任客事的情况与 F 义类、G 义类、H 义类相似，多是由于其在词汇层面表现出动词词性，而在句法层面则表现出名词词性，例如“猛听得[一声雷响]K，油然云起”。I 义类充任受事的情况占总体的 13.90%，如“怎样经历[变异]O 而达到它们的极其完善的构造和相互适应”。I 义类充任系事语义角色也是由于系词“是”，如“事物好不容易如愿表现出来的时候，也就是[死亡]X”。我们对致事语义角色的定义即某事件中受到某种动作行为而改变原有性状的客体，而 I 义类的含义是“现象与状态”，不是指某种物体，所以“现象与状态”是不能充任致事的；“现象与状态”也不能是某种领事的组成部分，因而不能充任分事；“现象与状态”也不可能是工具、材料、处所、时间，所以也不能充任工具、材料、处所、时间等语义角色。

J 义类：客事（22.60%）＞受事（20.67%）＞施事（17.79%）＞系事（11.06%）＞当事（10.58%）＞原因（6.25%）＞领事（2.40%）=与事（2.40%）＞基准（1.92%）

>方式（1.44%）>目的（0.96%）>结果（0.48%）=时间（0.48%）=同源（0.48%）=范围（0.48%），没有出现的语义角色是共事、致事、分事、工具、材料、处所、数量、方向。

J 义类经常充任的语义角色为客事、受事、施事、系事、当事。其中 J 义类充任客事的情况最多，占总体的 22.60%，其充任客事的情况与 F 义类、G 义类、H 义类、I 义类相似，多是由于其在词汇层面表现出动词词性，而在句法层面则表现出名词词性，如“没有[一点新奇的意味]K”。其次为 J 义类充任受事，占总体的 20.67%，如“去游说[那些无力‘饲养’可又不忍让他们的儿女饿死的同乡]O”。J 义类充任施事的情况占 17.79%，如“[波澜壮阔{吐故纳新}@和{现代化建设}@]S，为全国各族青年展示才华，实现志向，提供了广大的舞台”。J 义类充任系事的如“亿万受难的人们都是[同乡]X”中，“是”是系词，它后面的“同乡”就充任系事语义角色。J 义类充任当事与 F 义类、G 义类、H 义类、I 义类相似，是后面谓语说明的对象，作话题，占总体的 10.58%，如“[人人之间]D 生而平等”。由于 J 义类的含义是“关联”，包括联系、异同、配合、存在、影响，表示的是一种关系，因而无法是某事件中动作行为的参与者，无法充任共事语义角色；也不能是因某种动作行为而改变了原有性状的客体，因而不能充任致事语义角色；也不会是某领事的组成部分，不能充任分事语义角色；“关联”本身不能做工具、材料、处所、数量、方向，也不能做工具、材料、处所、数量、方向语义角色。因此，没有出现的语义角色是共事、致事、分事、工具、材料、处所、数量、方向。

K 义类：方式（58.84%）>时间（11.60%）>系事（9.12%）>当事（8.56%）>施事（2.76%）>客事（2.49%）>受事（2.21%）>原因（1.93%）>同源（1.38%）>范围（1.10%），没有出现的语义角色是领事、共事、与事、结果、致事、分事、目的、工具、材料、处所、数量、基准、方向。

K 义类经常充任的语义角色为方式、时间、系事、当事。K 义类充任方式的情况最多，占总体的 58.84%，由于方式语义角色的有标性是其一大特点，K 义类的含义是“助语”，大多是像“顺着”“经过”这样的副词，正好做了这种标记，因而充任了方式语义角色，如“每逢[经过当局批准]Q，城里开了一个戏剧俱乐部”中“经过”就是标记。这里的 K 义类充任时间语义角色也是作为其标记存在的，如“使得自己[在今年夏天的星期日里]，可以和几个打猎的朋友们到南兑尔那一带平原地方去打鸟”中，“在……里”就是标记。K 义类充任系事的情况如“这是[什么]X”中，也是由于系词“是”，“什么”充任了系事语义角色。K 义类充任当事语义角色与 F 义类、G 义类、H 义类、I 义类、J 义类相似，是后面谓语说明的对象，作话题，占总体的 8.56%，如：“[什么]D 是知识？”不管是如“几乎”“独自”的疏状，还是“依靠”“针对”的中介，抑或是“否则”“另外”的联结，“呢”“了”的辅助，“喂”“嗯”的呼叹，“沙沙”“丁丁”的拟声，都无法成为具有领属关系的主体，也无法成为领事的组成部分，因而无法充任领事或分事；无法作为某事件中动作行为的共同参与者，无法充任共事；无法成为某事件中动作行为针对的角色，无法充任与事；无法作为某动作行为后从无到有的某种结局，因而无法做结果；不能因为某种行为动作而改变原有性状，无法充任致事；这些“助语”也不是目的、工具、材料、处所、数量、基准、方向，因而也不能做目的、工具、材料、处所、数量、基准、方向等语义角色。因此，没有出现的语义角色是领事、共事、与事、结果、致事、分事、目的、工具、材料、处所、数量、基准、方向。

L 义类：施事（71.43%）＞当事（28.57%）。L 义类的含义是“敬语”，像“赏光”“过奖”“劳驾”，在语料中较少使用，我们这里不作为分析重点。

7.1.2　词汇语义类与语义角色对应的特点

根据某种义类能否做某种语义角色及能做几种语义角色，我们将义类分为以下几种类型。

7.1.2.1　全覆盖型

全覆盖型的义类是指此义类可以做我们文中提到的所有语义角色，如 D 义类“抽象事物”，下面我们分别举例说明。

（1）D 义类做受事语义角色，这种情况最多，共 3707 个，占总数的 28.88%。例如：

……[D 迷迷糊糊地[P 哼着]V2[O 眠歌]O2。

（2）D 义类做当事语义角色，共 2420 个，占总数的 18.85%。例如：

……[S 这个/r 角度/n]D5[P 是/v]V5[D 远远/d 地/u[O[P 站/v]V1

[C 在/p 山下/f]P1[P 看/v]V2]。

（3）D 义类做客事语义角色，共 1904 个，占总数的 14.83%。例如：

……[S 那些/r 花/n]L3L4L5L6L7L8[P 有/v]V3[O 朵状/n]K3[P 有/v]V4[O 片状/n]K4……

（4）D 义类做施事语义角色，共 1413 个，占总数的 11.01%。例如：

……而/c[D 只/d[P 是/v]V3[O[S 上帝/n]S[P 交给/v]V[O 他/r]T 的/u 一/m 个/q 事实/n]X3……

（5）D 义类做系事语义角色，共 1273 个，占总数的 9.92%。例如：

……[S 剩下/v[的/u]h]D1[D 就/d[P 是/v]V1[O 怎样/r 活/v 的/u 问题/n]X1 了/y……

（6）D 义类做处所语义角色，共 411 个，占总数的 3.20%。例如：

……[D 后来/t]H[S 我/r]S[D 在/p 一/m 篇/q 题/n 为/v“合欢树/n”的/u 文章/n 中/f]P[P 写道/v]V……

（7）D 义类做数量语义角色，共 396 个，占总数的 3.08%。例如：

……[D 五十多/m 年/q 间/f]H1[P 搬/v 过/u]V1[C 几/m 次/q]N1[O 家/n]O1……

（8）D 义类做范围语义角色，共 318 个，占总数的 2.48%。例如：

……[P 发现/v]V5[O[S 这/r 愿望/n]L[D 也/d[D 在/p 全部/b 动机/n 中/f]E[P 占/v 了/u]V[O 很/d 大/a 比重/n]K]。

（9）D 义类做领事语义角色，共 282 个，占总数的 2.20%。例如：

……[D 也许/d[S 她/r 在/p 厨房/n 里/f 劳作/n 的/u 情景/n]L3[D 更/d[P 有/v]V3[O 另外/d 的/u 美/a]K3 吧/y……

（10）D 义类做结果语义角色，共 168 个，占总数的 1.31%。例如：

[D 第二/m 年/q]H[S 他/r]S1[P 跑/v 了/u]V1[O 第四/m 名/q]R1……

（11）D 义类做与事语义角色，共 165 个，占总数的 1.29%。例如：

[S 你/r]S1[D 可以/v[P 抱怨/v]V1[O[S 上帝/n]S[D 何以/d[D 要/v[P 降/v]V[O 诸多/m 苦难/n]O[C 给/p 这/r 人间/n]T]……

（12）D 义类做方式语义角色，共 116 个，占总数的 0.90%。例如：

[S 叶子/n]L1[s 出/v 水/n]F1[P 很/d 高/a]X1……

（13）D 义类做基准语义角色，共 66 个，占总数的 0.51%。例如：

……[D 仿佛[O 远处高楼上渺茫的歌声]J2[C 似的]。

（14）D 义类做共事语义角色，共 57 个，占总数的 0.44%。例如：

[S 教育/n]S1S2[D 应/v[D 与/p 经济/n 社会/n 发展/vn]Y1[D 紧密/a[P 结合/v]V1……

（15）D 义类做工具语义角色，共 44 个，占总数的 0.34%。例如：

[S 我/r]S1S2[D 除了/p[P 恸哭/v]V1，[D 更/d[D 能/v[D 以/p 什么/r 话/n]I2[P 安慰/v]V2[O 母亲/n]O2 呢/y?

（16）D 义类做时间语义角色，共 30 个，占总数的 0.23%。例如：

……因为/c[D 从/p 我们/r 最初/d 发现/v 航线/n，到达/v 他们/r 的/u 海岸/n 以来/f]H3……

（17）D 义类做原因语义角色，共 21 个，占总数的 0.16%。例如：

[D 因为/p 这些/r 幼稚/a 的/u 知识/n]C……

（18）D 义类做致事语义角色，共 19 个，占总数的 0.15%。例如：

……[P 使/v]V3[J 英雄/n 的/u 种族/n]Z3+S4[P 再生/v]V4。

（19）D 义类做目的语义角色，共 10 个，占总数的 0.08%。例如：

[D 也许/d[D 为了/p 替/p 自己/r 的/u 胆怯/an、自己/r 对/p 现实/a 的/u 憎恶/an 辩护/v]G 吧/y……

（20）D 义类做材料语义角色，共 7 个，占总数的 0.05%。例如：

……[D 要/v[P 花/v]V2[O 很/d 大/a 力气/n]M2[D 去/v[P 捕捉/v]V3[O{海豹/n}@、{鱼类/n}@]O3……

（21）D 义类做方向语义角色，共 5 个，占总数的 0.04%。例如：

[S 他们/r 中/f]E1[P 有/v]V1[J 人/n]K1+S2[D 已/d[D 向/p 东方/f 艺术/n]A2[P 投/v 来/v]V2[O 歆羡/a 的/u 目光/n]O2……

（22）D 义类做分事语义角色，共 3 个，占总数的 0.02%。例如：

[S 内容/n]L1[P 包括/v]V1[O 荔枝/n 的/u 产地/n、生态/n、功用/n、加工/n、运销/n 以及/c 有关/b 荔枝/n 的/u 史事/n]F1……

（23）D 义类做同源语义角色，共 2 个，占总数的 0.02%。例如：

……[S 我们/r]S [P 打/v]V[O 这样/r 一/m 个/q 比方/n]B。

7.1.2.2 多数覆盖型

多数覆盖型的义类是指此义类可以做我们文中提到的大多数语义角色，有 A 义类“人”、B 义类“物”、C 义类“时间与空间”、E 义类“特征”、F 义类“动作”、G 义类“心理活动”、H 义类“活动”、I 义类“现象与状态”、J 义类“关联”。

7.1.2.3 少数覆盖型

少数覆盖型的义类是指此义类可以做我们文中提到的少数语义角色，有 K 义类“助语”、L 义类“敬语”。

7.2　不同义类的语义角色与句法成分的对应关系及特点

7.2.1　不同义类的语义角色与句法成分的对应关系

本部分我们对每一义类充任的每一种语义角色投射为何种句法成分做了统计，下文阐述每个义类的语义角色与句法成分的对应关系。

7.2.1.1　A 义类语义角色投射为句法成分的规律

表 7.3 是 A 义类语义角色的句法填位情况。

表 7.3　A 义类语义角色的句法填位情况（单位：个）

语义角色	句法成分				
	主语	宾语	状语	兼语	补语
A-施事	11 791	49	97	0	0
A-受事	94	1 239	46	0	0
A-当事	3 922	9	11	318	0
A-领事	477	7	0	14	0
A-共事	0	0	159	0	0
A-客事	13	399	4	223	1
A-系事	0	761	0	0	0
A-与事	0	360	533	23	61
A-结果	1	4	0	0	0
A-致事	0	8	0	0	0
A-分事	0	1	0	0	0
A-方式	0	0	11	0	0
A-原因	0	0	5	0	0
A-目的	1	0	10	0	0
A-处所	7	4	6	0	2
A-工具	5	2	16	0	0
A-基准	0	8	98	0	3
A-方向	0	0	22	0	2

续表

语义角色	句法成分				
	主语	宾语	状语	兼语	补语
A-同源	2	0	0	0	0
A-范围	7	0	62	0	0

通过表 7.3 可得出如下优先度等级：A 义类施事：主语（11 791）>状语（97）>宾语（49）；A 义类受事：宾语（1239）>主语（94）>状语（46）；A 义类当事：主语（3922）>兼语（318）>状语（11）>宾语（9）；A 义类领事：主语（477）>兼语（14）>宾语（7）；A 义类共事：状语（159）；A 义类客事：宾语（399）>兼语（223）>主语（13）>状语（4）>补语（1）；A 义类系事：宾语（761）；A 义类与事：状语（533）>宾语（360）>补语（61）>兼语（23）；A 义类结果：宾语（4）>主语（1）；A 义类致事：宾语（8）；A 义类分事：宾语（1）；A 义类方式：状语（11）；A 义类原因：状语（5）；A 义类目的：状语（10）>主语（1）；A 义类处所：主语（7）>状语（6）>宾语（4）>补语（2）；A 义类工具：状语（16）>主语（5）>宾语（2）；A 义类基准：状语（98）>宾语（8）>补语（3）；A 义类方向：状语（22）>补语（2）；A 义类同源：主语（2）；A 义类范围：状语（62）>主语（7）。

通过上述数据可知：A 义类的施事语义角色投射为主语的比例为 98.78%，投射为状语、宾语的比例为 1.22%，因此我们认为 A 义类施事倾向于投射为主语。A 义类的受事投射为宾语的比例为 89.85%，投射为主语、状语的比例为 10.15%，因此我们认为 A 义类受事倾向于投射为宾语。A 义类的当事投射为主语句法成分的比例为 92.07%，投射为兼语、状语、宾语句法成分的比例为 7.93%，因此我们认为 A 义类当事语义角色倾向于投射为主语句法成分。A 义类的领事投射为主语的比例为 95.78%，投射为兼语、宾语句法成分的比例为 4.22%，因此我们认为 A 义类领事倾向于投射为主语句法成分。A 义类的客事投射为宾语的比例为 62.34%，投射为兼语、主语、状语、补语的比例为 37.66%，投射为宾语句法成分的情况过半，因此我们认为 A 义类客事倾向于投射为宾语。A 义类的与事投射为状语的比例为 54.55%，投射为宾语、补语、兼语的比例为 45.45%，投射为状语句法成分的情况过半，因此我们认为 A 义类与事倾向于投射为状语。A 义类的结果投射为宾语的比例为 80.00%，投射为主语的比例为 20.00%，因此我们认为 A 义类结果倾向于投射为宾语。A 义类的目的投射为状语的比例为 90.91%，投射为主语的比例为 9.09%，因此我们认为 A 义类目的倾向于投射为状语。A 义类的处所投射为主语的比例为 36.84%，投射为状语的比例为 31.58%，投射为宾语的比例为 21.05%，投射为补语的比例为 10.53%，A 义类处所投射为句法成分的倾向不明显。A 义类的工具投射为状语的比例为 69.57%，因此我们认为 A 义类工具倾向于投射为状语。A 义类的基准投射为状语的比例为 89.91%，投射为宾语、补语的比例为 10.09%，因此我们认为 A 义类基准倾向于投射为状语。A 义类的方向投射为状语的比例为 91.67%，投射为补语的比例为 8.33%，因此我们认为 A 义类方向倾向于投射为状语。A 义类的范围投射为状语的比例为 89.86%，投射为主语的比例为 10.14%，因此我们认为 A 义类范围倾向于投射为状语。

在我们的考查范围内，以下语义角色只投射为一种句法成分：A 义类系事投射为宾语，A 义类共事投射为状语，A 义类方式投射为状语，A 义类致事投射为宾语，A 义类原因投射为状语，A 义类同源投射为主语，A 义类分事投射为宾语。

将义类统计细化到中类的结果如下。

（1）A 义类施事语义角色与句法成分的对应关系如表 7.4 所示。

表 7.4　A 义类施事语义角色的句法填位情况

义类	施事语义角色								合计/个
	主语		宾语		状语		兼语	补语	
	个数/个	比例/%	个数/个	比例/%	个数/个	比例/%	个数/个	个数/个	
Aa	9227	99.00	21	0.23	72	0.77	0	0	9320
Ab	98	85.96	10	8.77	6	5.26	0	0	114
Ac	34	82.93	7	17.07	0	0	0	0	41
Ad	18	94.74	0	0	1	5.26	0	0	19
Ae	386	96.26	9	2.24	6	1.50	0	0	401
Af	305	99.03	0	0	3	0.97	0	0	308
Ag	34	94.44	0	0	2	5.56	0	0	36
Ah	729	99.73	0	0	2	0.27	0	0	731
Ai	30	93.75	0	0	2	6.25	0	0	32
Aj	159	95.78	2	1.20	5	3.01	0	0	166

续表

义类	施事语义角色								合计/个
	主语		宾语		状语		兼语	补语	
	个数/个	比例/%	个数/个	比例/%	个数/个	比例/%	个数/个	个数/个	
Ak	14	100.00	0	0	0	0	0	0	14
Al	54	94.74	0	0	3	5.26	0	0	57
Am	45	100.00	0	0	0	0	0	0	45
An	25	100.00	0	0	0	0	0	0	25

通过表 7.4 可以发现：①A 类所有中类施事都可以作主语；②Aa、Ab、Ac、Ae、Aj 类施事可以作宾语；③Aa、Ab、Ad、Ae、Af、Ag、Ah、Ai、Aj、Al 类施事可以作状语。

（2）A 义类受事语义角色与句法成分的对应关系如表 7.5 所示。

表 7.5　A 义类受事语义角色的句法填位情况

义类	受事语义角色								合计/个
	主语		宾语		状语		兼语	补语	
	个数/个	比例/%	个数/个	比例/%	个数/个	比例/%	个数/个	个数/个	
Aa	64	6.57	881	90.45	29	2.98	0	0	974
Ab	9	12.16	62	83.78	3	4.05	0	0	74
Ac	2	4.55	41	93.18	1	2.27	0	0	44
Ad	1	100.00	0	0	0	0	0	0	1
Ae	3	3.30	85	93.41	3	3.30	0	0	91
Af	5	9.26	47	87.04	2	3.70	0	0	54
Ag	2	7.69	21	80.77	3	11.54	0	0	26
Ah	4	5.48	68	93.15	1	1.37	0	0	73
Ai	0	0	6	100.00	0	0	0	0	6
Aj	0	0	55	100.00	0	0	0	0	55
Ak	2	12.50	14	87.50	0	0	0	0	16
Al	1	3.33	29	96.67	0	0	0	0	30
Am	1	14.29	5	71.43	1	14.29	0	0	7
An	0	0	5	83.33	1	16.67	0	0	6

通过表 7.5 可以发现：①Aa、Ab、Ac、Ad、Ae、Af、Ag、Ah、Ak、Al、Am 类受事可以作主语；②Aa、Ab、Ac、Ae、Af、Ag、Ah、Ai、Aj、Ak、Al、Am、An 类受事可以作宾语；③Aa、Ab、Ac、Ae、Af、Ag、Ah、Am、An 类受事可以作状语。

（3）A 义类当事语义角色与句法成分的对应关系如表 7.6 所示。

表 7.6　A 义类当事语义角色的句法填位情况

义类	当事语义角色									合计/个
	主语		宾语		状语		兼语		补语	
	个数/个	比例/%	个数/个	比例/%	个数/个	比例/%	个数/个	比例/%	个数/个	
Aa	2131	87.88	5	0.21	10	0.41	279	11.51	0	2425
Ab	154	94.48	0	0	0	0	9	5.52	0	163
Ac	3	60.00	0	0	0	0	2	40.00	0	5
Ad	20	100.00	0	0	0	0	0	0	0	20
Ae	81	93.10	0	0	0	0	6	6.90	0	87
Af	36	100.00	0	0	0	0	0	0	0	36
Ag	20	90.91	2	9.09	0	0	0	0	0	22
Ah	205	94.91	2	0.93	0	0	9	4.17	0	216
Ai	17	94.44	0	0	0	0	1	5.56	0	18
Aj	49	90.74	0	0	0	0	5	9.26	0	54
Ak	16	94.12	0	0	0	0	1	5.88	0	17
Al	64	92.75	0	0	1	1.45	4	5.80	0	69
Am	15	100.00	0	0	0	0	0	0	0	15
An	11	84.62	0	0	0	0	2	15.38	0	13

通过表 7.6 可以发现：①A 义类所有中类当事都可以作主语；②Aa、Ag、Ah 类当事可以作宾语；③Aa、Al 类当事可以作状语；④Aa、Ab、Ac、Ae、Ah、Ai、Aj、Ak、Al、An 类当事可以作兼语。

（4）A 义类领事语义角色与句法成分的对应关系如表 7.7 所示。

表 7.7 A 义类领事语义角色的句法填位情况

义类	领事语义角色								合计/个
	主语		宾语		状语	兼语		补语	
	个数/个	比例/%	个数/个	比例/%	个数/个	个数/个	比例/%	个数/个	
Aa	391	96.07	4	0.98	0	12	2.95	0	407
Ab	19	100.00	0	0	0	0	0	0	19
Ad	5	100.00	0	0	0	0	0	0	5
Ae	9	100.00	0	0	0	0	0	0	9
Af	4	66.67	1	16.67	0	1	16.67	0	6
Ag	2	100.00	0	0	0	0	0	0	2
Ah	20	100.00	0	0	0	0	0	0	20
Ai	2	100.00	0	0	0	0	0	0	2
Aj	6	85.71	0	0	0	1	14.29	0	7
Ak	7	77.78	0	0	0	2	22.22	0	9
Al	9	100.00	0	0	0	0	0	0	9
Am	1	100.00	0	0	0	0	0	0	1
An	2	100.00	0	0	0	0	0	0	2

通过表 7.7 可以发现：①Aa、Ab、Ad、Ae、Af、Ag、Ah、Ai、Aj、Ak、Al、Am、An 类领事可以作主语；②Aa、Af 类领事可以作宾语；③Aa、Af、Aj、Ak 类领事可以作兼语。

（5）A 义类客事语义角色与句法成分的对应关系如表 7.8 所示。

表 7.8 A 义类客事语义角色的句法填位情况

义类	客事语义角色										合计/个
	主语		宾语		状语		兼语		补语		
	个数/个	比例/%	个数/个	比例/%	个数/个	比例/%	个数/个	比例/%	个数/	比例/%	
Aa	9	2.22	215	52.96	0	0	179	44.09	3	0.74	406
Ab	3	7.32	28	68.29	0	0	10	24.39	0	0	41
Ac	0	0	2	100.00	0	0	0	0	0	0	2
Ad	0	0	2	100.00	0	0	0	0	0	0	2
Ae	0	0	35	89.74	0	0	4	10.26	0	0	39
Af	0	0	19	79.17	1	4.17	4	16.67	0	0	24

续表

义类	客事语义角色										合计/个
	主语		宾语		状语		兼语		补语		
	个数/个	比例/%	个数/个	比例/%	个数/个	比例/%	个数/个	比例/%	个数/	比例/%	
Ag	0	0	3	100.00	0	0	0	0	0	0	3
Ah	0	0	45	81.82	0	0	10	18.18	0	0	55
Ai	0	0	2	66.67	0	0	0	0	1	33.33	3
Aj	0	0	25	83.33	0	0	5	16.67	0	0	30
Ak	0	0	6	75.00	0	0	2	25.00	0	0	8
Al	0	0	12	75.00	0	0	4	25.00	0	0	16
Am	0	0	2	66.67	0	0	1	33.33	0	0	3
An	0	0	3	42.86	0	0	4	57.14	0	0	7

通过表 7.8 可以发现：①Aa、Ab 客事可以作主语；②所有中类客事都可以作宾语；③Af 客事可以作状语；④Aa、Ab、Ae、Af、Ah、Aj、Ak、Al、Am、An 类客事可以作兼语；⑤Aa、Ai 类客事可以作补语。

（6）A 义类与事语义角色与句法成分的对应关系如表 7.9 所示。

表 7.9　A 义类与事语义角色的句法填位情况

义类	与事语义角色									合计/个
	主语	宾语		状语		兼语		补语		
	个数/个	个数/个	比例/%	个数/个	比例/%	个数/个	比例/%	个数/个	比例/%	
Aa	0	305	40.99	373	50.13	17	2.28	49	6.59	744
Ab	0	8	17.02	34	72.34	0	0	5	10.64	47
Ad	0	0	0	5	100.00	0	0	0	0	5
Ae	0	9	22.50	25	62.50	3	7.50	3	7.50	40
Af	0	5	20.00	17	68.00	1	4.00	2	8.00	25
Ag	0	3	75.00	1	25.00	0	0	0	0	4
Ah	0	14	26.92	38	73.08	0	0	0	0	52
Ai	0	2	22.22	7	77.78	0	0	0	0	9
Aj	0	9	25.00	25	69.44	1	2.78	1	2.78	36
Ak	0	1	33.33	2	66.67	0	0	0	0	3
Al	0	1	14.29	6	85.71	0	0	0	0	7

续表

义类	与事语义角色									合计/个
	主语	宾语		状语		兼语		补语		
	个数/个	个数/个	比例/%	个数/个	比例/%	个数/个	比例/%	个数/个	比例/%	
Am	0	1	100.00	0	0	0	0	0	0	1
An	0	9	90.00	0	0	0	0	1	10.00	10

通过表 7.9 可以发现：①Aa、Ab、Ae、Af、Ag、Ah、Ai、Aj、Ak、Al、Am、An 类与事可以作宾语；②Aa、Ab、Ad、Ae、Af、Ag、Ah、Ai、Aj、Ak、Al 类与事可以作状语；③Aa、Ae、Af、Aj 类与事可以作兼语；④Aa、Ab、Ae、Af、Aj、An 类与事可以作补语。

（7）A 义类其他语义角色与句法成分的对应关系如下：①A 义类共事语义角色的 Aa、Ab、Ae、Af、Ah、Aj、Al、Am 类共事可以作状语。②A 义类系事语义角色中所有中类系事都可以作宾语。③A 义类结果语义角色中 Aa 类结果可以作主语；Aa、Ab 类结果可以作宾语。④A 义类致事语义角色中 Aa 类致事只能作宾语。⑤A 义类分事语义角色中 Aa 类分事只能作宾语。⑥A 义类方式语义角色中 Aa、Ae、Af、Ag 类方式只能作状语。⑦A 义类原因语义角色中 Aa、Ah 类原因只能作状语。⑧A 义类目的语义角色中 Aa、Ah、Ai、Aj 类目的只能作状语。⑨A 义类处所语义角色中 Aa 类处所只能作主语、宾语、状语、补语。⑩A 义类工具语义角色中 Aa、Ab、Ae 类工具可以作主语；Aa、Ae 类工具可以作宾语；Aa、Ab、Ae、Af、Aj、Ak、Al 类工具可以作状语。⑪A 义类基准语义角色中 Aa、Af 类基准可以作宾语；Aa、Ab、Ad、Ae、Af、Ag、Ah、Aj、Am 类基准可以作状语；Aa 类基准可以作补语。⑫A 义类方向语义角色中 Aa、Ab、Ae、Ah 类方向只能作状语。A 义类范围语义角色中 Aa、Ab、Ae、Ai、Aj 类范围可以作主语；Aa、Ab、Ae、Af、Ah、Ai、Aj、Ak、Al 类范围可以作状语。

7.2.1.2 B 义类语义角色投射为句法成分的规律

表 7.10 是 B 义类语义角色的句法填位情况。

表 7.10　B 义类语义角色的句法填位情况

语义角色	句法成分				
	主语	宾语	状语	兼语	补语
B-施事	2394	127	29	0	0
B-受事	325	3570	112	0	0
B-当事	2113	13	5	84	0
B-领事	207	8	0	4	0
B-共事	0	0	56	0	0
B-客事	78	975	1	74	0
B-系事	0	935	0	0	0
B-与事	0	10	61	3	3
B-结果	1	105	0	0	0
B-致事	0	24	0	0	0
B-分事	0	25	2	0	0
B-方式	1	0	60	0	0
B-原因	0	0	4	0	0
B-目的	0	0	10	0	1
B-材料	3	1	31	0	0
B-工具	30	50	155	1	0
B-处所	221	236	326	0	180
B-数量	0	5	2	0	30
B-基准	0	6	133	1	14
B-方向	0	0	30	0	0
B-同源	0	63	0	0	0
B-范围	1	1	45	0	1

通过表 7.10 可以得出如下优先度等级：B 义类施事：主语（2394）＞宾语（127）＞状语（29）；B 义类受事：宾语（3570）＞主语（325）＞状语（112）；B 义类当事：主语（2113）＞兼语（84）＞宾语（13）＞状语（5）；B 义类领事：主语（207）＞宾语（8）＞兼语（4）；B 义类共事：状语（56）；B 义类客事：宾语（975）＞主语（78）＞兼语（74）＞状语（1）；B 义类系事：宾语（935）；

B 义类与事：状语（61）＞宾语（10）＞兼语（3）=补语（3）；B 义类结果：宾语（105）＞主语（1）；B 义类致事：宾语（24）；B 义类分事：宾语（25）＞状语（2）；B 义类方式：状语（60）＞主语（1）；B 义类原因：状语（4）；B 义类目的：状语（10）＞补语（1）；B 义类材料：状语（31）＞主语（3）＞宾语（1）；B 义类工具：状语（155）＞宾语（50）＞主语（30）＞兼语（1）；B 义类处所：状语（326）＞宾语（236）＞主语（221）＞补语（180）；B 义类数量：补语（30）＞宾语（5）＞状语（2）；B 义类基准：状语（133）＞补语（14）＞宾语（6）＞兼语（1）；B 义类方向：状语（30）；B 义类同源：宾语（63）；B 义类范围：状语（45）＞主语（1）=宾语（1）=补语（1）。

通过上述数据可知：B 义类的施事投射为主语的比例为 93.88%，投射为宾语、状语的比例为 6.12%，因此我们认为 B 义类施事倾向于投射为主语。B 义类的受事投射为宾语的比例为 89.09%，投射为主语、状语的比例为 10.91%，因此我们认为 B 义类受事倾向于投射为宾语。B 义类的当事投射为主语的比例为 95.40%，投射为兼语、宾语、补语的比例为 4.60%，因此我们认为 B 义类当事倾向于投射为主语。B 义类的领事投射为主语的比例为 94.52%，投射为宾语、兼语句法成分的比例为 5.48%，因此我们认为 B 义类领事倾向于投射为主语。B 义类的客事投射为宾语的比例为 86.44%，投射为主语、兼语、状语的比例为 13.56%，因此我们认为 B 义类客事倾向于投射为宾语。B 义类的与事投射为状语的比例为 79.22%，投射为宾语、兼语、补语的比例为 20.78%，因此我们认为 B 义类与事倾向于投射为状语。B 义类的结果投射为宾语的比例为 99.06%，投射为主语的比例为 0.94%，因此我们认为 B 义类结果倾向于投射为宾语。B 义类的分事投射为宾语的比例为 92.59%，投射为状语的比例为 7.41%，因此我们认为 B 义类分事倾向于投射为宾语。B 义类的方式投射为状语的比例为 98.36%，投射为主语的比例为 1.64%，因此我们认为 B 义类方式倾向于投射为状语。B 义类的目的投射为状语的比例为 90.91%，投射为补语的比例为 9.09%，因此我们认为 B 义类目的倾向于投射为状语。B 义类的材料投射为状语的比例为 88.57%，投射为主语、宾语的比例为 11.43%，因此我们认为 B 义类材料倾向于投射为状语。B 义类的工具投射为状语的比例为 65.68%，投射为主语、宾语的比例为 33.90%，因此我们认为 B 义类工具倾向于投射为状语。B 义类的处所投射为状语的比例为 33.85%，投射为宾语的比例为 24.51%，投射为主语的比例为 22.95%，投射为补语的比例为 18.69%，B

义类处所所投射的句法成分的倾向不明显。B 义类的数量投射为补语的比例为 81.08%，投射为宾语、状语的比例为 18.92%，因此我们认为 B 义类数量倾向于投射为补语。B 义类的基准投射为状语的比例为 86.36%，投射为补语、宾语、兼语的比例为 13.64%，因此我们认为 B 义类基准倾向于投射为状语。B 义类的范围投射为状语的比例为 93.75%，投射为主语、宾语、补语的比例为 6.25%，因此我们认为 B 义类范围倾向于投射为状语。

在我们的考查范围内，以下语义角色只投射为一种句法成分：B 义类共事投射为状语，B 义类系事投射为宾语，B 义类致事投射为宾语，B 义类原因投射为状语，B 义类方向投射为状语，B 义类同源投射为宾语。

将义类统计细化至中类的结果如下。

（1）B 义类施事语义角色与句法成分的对应关系如表 7.11 所示。

表 7.11　B 义类施事语义角色的句法填位情况

义类	施事语义角色								合计/个
	主语		宾语		状语		兼语	补语	
	个数/个	比例/%	个数/个	比例/%	个数/个	比例/%	个数/个	个数/个	
Ba	510	98.65	0	0	7	1.35	0	0	517
Bb	34	94.44	1	2.78	1	2.78	0	0	36
Bc	132	97.78	2	1.48	1	0.74	0	0	135
Bd	116	93.55	7	5.65	1	0.81	0	0	124
Be	70	92.11	4	5.26	2	2.63	0	0	76
Bf	160	83.33	26	13.54	6	3.13	0	0	192
Bg	171	90.96	14	7.45	3	1.60	0	0	188
Bh	137	85.09	22	13.66	2	1.24	0	0	161
Bi	443	96.72	13	2.84	2	0.44	0	0	458
Bj	5	83.33	1	16.67	0	0	0	0	6
Bk	149	94.90	8	5.10	0	0	0	0	157
Bl	40	67.80	19	32.20	0	0	0	0	59
Bm	52	96.30	2	3.70	0	0	0	0	54
Bn	67	100.00	0	0	0	0	0	0	67
Bo	178	96.22	5	2.70	2	1.08	0	0	185
Bp	82	94.25	3	3.45	2	2.30	0	0	87

续表

义类	施事语义角色								合计/个
	主语		宾语		状语		兼语	补语	
	个数/个	比例/%	个数/个	比例/%	个数/个	比例/%	个数/个	个数/个	
Bq	20	100.00	0	0	0	0	0	0	20
Br	28	100.00	0	0	0	0	0	0	28

通过表 7.11 可以发现：①B 义类所有中类施事都可以作主语；②Bb、Bc、Bd、Be、Bf、Bg、Bh、Bi、Bj、Bk、Bl、Bm、Bo、Bp 类施事可以作宾语；③Ba、Bb、Bc、Bd、Be、Bf、Bg、Bh、Bi、Bo、Bp 类施事可以作状语。

（2）B 义类受事语义角色与句法成分的对应关系如表 7.12 所示。

表 7.12　B 义类受事语义角色的句法填位情况

义类	受事语义角色								合计/个
	主语		宾语		状语		兼语	补语	
	个数/个	比例/%	个数/个	比例/%	个数/个	比例/%	个数/个	个数/个	
Ba	34	7.66	379	85.36	31	6.98	0	0	444
Bb	8	6.30	117	92.13	2	1.57	0	0	127
Bc	16	4.53	327	92.63	10	2.83	0	0	353
Bd	9	16.98	43	81.13	1	1.89	0	0	53
Be	8	7.21	99	89.19	4	3.60	0	0	111
Bf	4	6.25	60	93.75	0	0	0	0	64
Bg	35	11.59	262	86.75	5	1.66	0	0	302
Bh	32	10.81	261	88.18	3	1.01	0	0	296
Bi	17	8.50	175	87.50	8	4.00	0	0	200
Bj	0	0	5	100.00	0	0	0	0	5
Bk	23	6.93	300	90.36	9	2.71	0	0	332
Bl	4	6.90	52	89.66	2	3.45	0	0	58
Bm	11	11.70	73	77.66	10	10.64	0	0	94
Bn	32	14.04	196	85.96	0	0	0	0	228
Bo	20	6.80	267	90.82	7	2.38	0	0	294
Bp	11	2.17	484	95.65	11	2.17	0	0	506
Bq	17	8.37	180	88.67	6	2.96	0	0	203
Br	21	6.71	289	92.33	3	0.96	0	0	313

通过表 7.12 可以发现：①Ba、Bb、Bc、Bd、Be、Bf、Bg、Bh、Bi、Bk、Bl、Bm、Bn、Bo、Bp、Bq、Br 类受事可以作主语；②B 义类所有中类受事都可以作宾语；③Ba、Bb、Bc、Bd、Be、Bg、Bh、Bi、Bk、Bl、Bm、Bo、Bp、Bq、Br 类受事可以作状语。

（3）B 义类当事与句法成分的对应关系如表 7.13 所示。

表 7.13　B 义类当事语义角色的句法填位情况

义类	当事语义角色									合计/个
	主语		宾语		状语		兼语		补语	
	个数/个	比例/%	个数/个	比例/%	个数/个	比例/%	个数/个	比例/%	个数/个	
Ba	350	93.09	1	0.27	3	0.80	22	5.85	0	376
Bb	6	100.00	0	0	0	0	0	0	0	6
Bc	18	94.74	1	5.26	0	0	0	0	0	19
Bd	87	93.55	0	0	0	0	6	6.45	0	93
Be	63	96.92	0	0	0	0	2	3.08	0	65
Bf	61	100.00	0	0	0	0	0	0	0	61
Bg	321	96.98	1	0.30	1	0.30	8	2.42	0	331
Bh	293	97.34	1	0.33	0	0	7	2.33	0	301
Bi	168	94.38	2	1.12	0	0	8	4.49	0	178
Bk	294	97.35	4	1.32	0	0	4	1.32	0	302
Bl	10	100.00	0	0	0	0	0	0	0	10
Bm	69	94.52	0	0	0	0	4	5.48	0	73
Bn	154	92.22	2	1.20	0	0	11	6.59	0	167
Bo	57	95.00	0	0	0	0	3	5.00	0	60
Bp	90	90.91	1	1.01	1	1.01	7	7.07	0	99
Bq	28	96.55	0	0	0	0	1	3.45	0	29
Br	44	97.78	0	0	0	0	1	2.22	0	45

通过表 7.13 可以发现：①Ba、Bb、Bc、Bd、Be、Bf、Bg、Bh、Bi、Bk、Bl、Bm、Bn、Bo、Bp、Bq、Br 类当事可以作主语；②Ba、Bc、Bg、Bh、Bi、Bk、Bn、Bp 类当事可以作宾语；③Ba、Bg、Bp 类当事可以作状语；④Ba、Bd、Be、Bg、Bh、Bi、Bk、Bm、Bn、Bo、Bp、Bq、Br 类当事可以作兼语。

（4）B 义类处所语义角色与句法成分的对应关系如表 7.14 所示。

表 7.14　B 义类处所语义角色的句法填位情况

义类	处所语义角色								合计/个
	主语		宾语		状语		补语		
	个数/个	比例/%	个数/个	比例/%	个数/个	比例/%	个数/个	比例/%	
Ba	1	25.00	0	0	3	75.00	0	0	4
Bb	0	0	0	0	0	0	2	100.00	2
Bc	56	21.46	79	30.27	60	22.99	66	25.29	261
Bd	13	21.67	28	46.67	9	15.00	10	16.67	60
Be	27	17.42	8	5.16	32	20.65	88	56.77	155
Bf	29	26.13	19	17.12	26	23.42	37	33.33	111
Bg	4	5.97	41	61.19	15	22.39	7	10.45	67
Bk	126	29.30	97	22.56	98	22.79	109	25.35	430
Bm	33	21.02	54	34.39	27	17.20	43	27.39	157
Bn	79	25.82	65	21.24	77	25.16	85	27.78	306
Bo	4	14.29	5	168.6	11	39.29	8	28.57	28
Bp	6	21.43	9	32.14	11	39.29	2	7.14	28

通过表 7.14 可以发现：①Ba、Bc、Bd、Be、Bf、Bg、Bk、Bm、Bn、Bo、Bp 类处所可以作主语；②Bc、Bd、Be、Bf、Bg、Bk、Bm、Bn、Bo、Bp 类处所可以作宾语；③Ba、Bc、Bd、Be、Bf、Bg、Bk、Bm、Bn、Bp、Bo 类处所可以作状语；④Bb、Bc、Bd、Be、Bf、Bg、Bk、Bm、Bn、Bo、Bp 类处所可以作补语。

（5）B 义类基准语义角色与句法成分的对应关系如表 7.15 所示。

表 7.15　B 义类基准语义角色的句法填位情况

义类	基准语义角色								合计/个
	主语	宾语		状语		兼语	补语		
	个数/个	个数/个	比例/%	个数/个	比例/%	个数/个	个数/个	比例/%	
Ba	0	0	0	4	100.00	0	0	0	4
Bb	0	0	0	3	100.00	0	0	0	3
Bd	0	0	0	10	100.00	0	0	0	10
Be	0	1	6.67	11	73.33	0	3	20.00	15

续表

义类	基准语义角色								合计/个
	主语	宾语		状语		兼语	补语		
	个数/个	个数/个	比例/%	个数/个	比例/%	个数/个	个数/个	比例/%	
Bf	0	0	0	11	100.00	0	0	0	11
Bg	0	1	11.11	6	66.67	0	2	22.22	9
Bh	0	0	0	12	100.00	0	0	0	12
Bi	0	1	3.70	23	85.19	0	3	11.11	27
Bk	0	0	0	4	100.00	0	0	0	4
Bm	0	0	0	5	100.00	0	0	0	5
Bn	0	1	6.67	12	80.00	0	2	13.33	15
Bo	0	2	11.76	13	76.47	0	2	11.76	17
Bp	0	0	0	10	83.33	0	2	16.67	12
Bq	0	0	0	2	100.00	0	0	0	2
Br	0	0	0	7	100.00	0	0	0	7

通过表 7.15 可以发现：①Be、Bg、Bi、Bn、Bo 类基准可以作宾语；②Ba、Bb、Bd、Be、Bf、Bg、Bh、Bi、Bk、Bm、Bn、Bo、Bp、Bq、Br 类基准可以作状语；③Be、Bg、Bi、Bn、Bo、Bp 类基准可以作补语。

（6）B 义类其他语义角色与句法成分的对应关系如下：①B 义类领事语义角色中 Ba、Bd、Be、Bf、Bg、Bh、Bi、Bk、Bm、Bn、Bo、Bp、Bq 类领事可以作主语；Ba、Bf 类领事可以作宾语；Ba、Bh、Bo 类领事可以作兼语。②B 义类共事语义角色中 Ba、Bd、Be、Bf、Bg、Bh、Bm、Bn、Bo、Bp、Bq、Br 类共事只能作状语。③B 义类客事语义角色中 Ba、Bb、Bd、Be、Bf、Bg、Bh、Bi、Bj、Bl、Bn、Bo、Bp、Bq、Br 类客事可以作宾语；Ba、Bd、Be、Bf、Bh、Bi、Bj、Bk、Bn、Bo、Br 类客事可以作主语；Ba、Bb、Bc、Bd、Bf、Bg、Bh、Bi、Bj、Bk、Bn、Bo、Br 类客事可以作兼语；Bm 类客事可以作状语。④B 义类系事语义角色中 Ba、Bb、Bc、Bd、Be、Bf、Bg、Bh、Bi、Bk、Bl、Bm、Bn、Bo、Bp、Bq、Br 类系事可以作宾语。⑤B 义类与事语义角色中 Ba、Bg、Bi、Bk 类与事可以作宾语；Ba、Bd、Be、Bf、Bg、Bh、Bi、Bk、Bm、Bn、Bo、Bp、Bq、Br 类与事可以作状语；Ba、Bd 类与事可以作兼语；Bk、Bn 类与事可以作补语。⑥B

义类结果语义角色中 Ba 类结果可以作主语；Ba、Bb、Bc、Bd、Be、Bf、Bg、Bh、Bi、Bk、Bm、Bn、Bo、Bp、Bq、Br 类结果可以作宾语。⑦B 义类致事语义角色中 Be、Bg、Bi、Bk 类致事只能作宾语。⑧B 义类分事语义角色中 Ba、Be、Bg、Bh、Bk、Bm、Bo 类分事只能作宾语。⑨B 义类方式语义角色中 Bf 类方式可以作主语；Ba、Bb、Bc、Bd、Be、Bf、Bg、Bh、Bk、Bl、Bo、Br 类方式可以作状语。⑩B 义类原因语义角色中 Ba、Bi、Bn、Bp 类原因只能作状语。⑪B 义类目的语义角色中 Bp、Bq、Br 类目的只能作状语。⑫B 义类材料语义角色中 Be、Bh 类材料可以作主语；Bm 类材料可以作宾语；Ba、Bb、Bg、Bh、Bi、Bl、Bm、Bn、Bp、Br 类材料可以作状语。⑬B 义类工具语义角色中 Bb、Bc、Bg、Bh、Bi、Bk、Bl、Bm、Bo、Bp、Bq 类工具可以作主语；所有中类工具都可以作状语；Bb、Bc、Be、Bf、Bg、Bi、Bk、Bl、Bm、Bo、Bp、Bq 类工具可以作宾语；Bk 类工具可以作兼语。⑭B 义类数量语义角色中 Bg、Bn、Bo、Bp 类数量可以作宾语；Bk 类数量可以作状语；Bg、Bh、Bk、Bn、Bp 类数量可以作补语。⑮B 义类方向语义角色中 Bc、Bd、Be、Bf、Bg、Bh、Bi、Bk、Bn、Bo、Bp、Bq 类方向只能作状语。⑯B 义类同源语义角色中 Bp、Bq 类同源只能作状语。⑰B 义类范围语义角色中 Bh 类范围可以作主语；Bk 类范围可以作宾语；Ba、Bc、Bd、Be、Bf、Bg、Bh、Bi、Bk、Bl、Bn、Bo、Bp、Br 类范围可以作状语。

7.2.1.3 C 义类语义角色投射为句法成分的规律

表 7.16 是 C 义类语义角色与句法成分的对应情况。

表 7.16 C 义类语义角色的句法填位情况（单位：个）

语义角色	句法成分				
	主语	宾语	状语	兼语	补语
C-施事	284	4	5	0	0
C-受事	33	335	7	0	0
C-当事	462	1	2	7	0
C-领事	37	2	0	0	0
C-共事	0	0	3	0	0
C-客事	6	185	0	6	0
C-系事	0	253	0	0	0

续表

语义角色	句法成分				
	主语	宾语	状语	兼语	补语
C-与事	0	3	35	0	1
C-结果	0	9	0	0	0
C-致事	0	3	0	0	0
C-分事	0	1	0	0	0
C-方式	0	0	11	0	0
C-目的	0	0	1	0	0
C-工具	3	2	8	0	0
C-处所	313	323	826	0	691
C-时间	36	91	2579	0	221
C-数量	0	15	2	0	12
C-基准	0	0	40	0	2
C-方向	0	4	188	0	8
C-同源	91	0	0	0	0
C-范围	3	0	13	0	0

通过 7.16 得出如下优先度等级：C 义类施事：主语（284）＞状语（5）＞宾语（4）；C 义类受事：宾语（335）＞主语（33）＞状语（7）；C 义类当事：主语（462）＞兼语（7）＞状语（2）＞宾语（1）；C 义类领事：主语（37）＞宾语（2）；C 义类共事：状语（3）；C 义类客事：宾语（185）＞主语（6）=兼语（6）；C 义类系事：宾语（253）；C 义类与事：状语（35）＞宾语（3）＞补语（1）；C 义类结果：宾语（9）；C 义类致事：宾语（3）；C 义类分事：宾语（1）；C 义类方式：状语（11）；C 义类目的：状语（1）；C 义类工具：状语（8）＞主语（3）＞宾语（2）；C 义类处所：状语（826）＞补语（691）＞宾语（323）＞主语（313）；C 义类时间：状语（2579）＞补语（221）＞宾语（91）＞主语（36）；C 义类数量：宾语（15）＞补语（12）＞状语（2）；C 义类基准：状语（40）＞补语（2）；C 义类方向：状语（188）＞补语（8）＞宾语（4）；C 义类同源：主语（91）；C 义类范围：状语（13）＞主语（3）。

通过上述数据可知：C 义类的施事投射为主语的比例为 96.93%，投射为状语、宾语的比例为 3.07%，因此我们认为 C 义类施事倾向于投射为主语。C 义类的受事投射为宾语的比例为 89.33%，投射为主语、状语的比例为 10.67%，因此我们认为 C 义类受事倾向于投射为宾语。C 义类的当事投射为主语的比例为 97.88%，投射为兼语、状语、宾语的比例为 2.12%，因此我们认为 C 义类当事倾向于投射为主语。C 义类的领事投射为主语的比例为 94.87%，投射为宾语的比例为 5.13%，因此我们认为 C 义类领事倾向于投射为主语。C 义类的客事投射为宾语的比例为 93.91%，投射为主语、兼语的比例为 6.09%，因此我们认为 C 义类客事倾向于投射为宾语。C 义类的与事投射为状语的比例为 89.74%，投射为宾语、补语的比例为 10.26%，因此我们认为 C 义类与事倾向于投射为状语。C 义类的工具投射为状语的比例为 61.54%，投射为主语、宾语的比例为 38.46%，因此我们认为 C 义类工具倾向于投射为状语。C 义类的处所投射为状语的比例为 38.37%，投射为补语的比例为 32.09%，投射为宾语的比例为 15.00%，投射为主语的比例为 14.54%，C 义类处所所投射的句法成分的倾向不明显。C 义类的时间投射为状语的比例为 88.11%，投射为补语、宾语、主语的比例为 11.89%，因此我们认为 C 义类时间倾向于投射为状语。C 义类的数量投射为宾语的比例为 51.72%，投射为补语、状语的比例为 48.28%，投射为宾语的情况过半，因此我们认为 C 义类数量倾向于投射为宾语。C 义类的基准投射为状语的比例为 95.24%，投射为补语的比例为 4.76%，因此我们认为 C 义类基准倾向于投射为状语。C 义类的方向投射为状语的比例为 94.00%，投射为补语、宾语的比例为 6.00%，因此我们认为 C 义类方向倾向于投射为状语。C 义类的范围投射为状语的比例为 81.25%，投射为主语的比例为 18.75%，因此我们认为 C 义类范围倾向于投射为状语。

在我们的考查范围内，以下语义角色只投射为一种句法成分：C 义类共事投射为状语，C 义类系事投射为宾语，C 义类结果投射为宾语，C 义类致事投射为宾语，C 义类分事投射为宾语，C 义类方式投射为状语，C 义类目的投射为状语，C 义类同源投射为主语。

将义类统计细化至中类的结果如下：①C 义类施事语义角色中 Ca、Cb 类施事都可以作主语、状语；Ca 施事可以作宾语。②C 义类受事语义角色中 Ca、Cb 类受事都可以作主语、宾语、状语，但以作宾语为主。③C 义类当事语义角色中 Ca、Cb 类当事都可以作主语、兼语；Cb 类当事可以作宾语；Ca 类当事可以作状语，但整体来说 Ca 类当事以作主语为主。④C 义类领事语义角色中 Ca、Cb 类领事都可以作主语；Cb 类领事可以作宾语。⑤C 义类共事语义角色中 Cb 类共事可以作状语。⑥C 义类客事语义角色中 Ca、Cb 类客事都可以作主语、宾语、兼语，但以作宾语为主。⑦C 义类系事语义角色中 Ca、Cb 类系事都可以作宾语。⑧C 义类与事语义角色中 Ca、Cb 类与事都可以作宾语、状语；Cb 类与事可以作补语，但整体来说 Cb 类与事以作宾语为主。⑨C 义类结果语义角色中 Ca、Cb 类结果都可以作宾语。⑩C 义类致事语义角色中 Ca、Cb 类致事都可以作宾语。⑪C 义类分事语义角色 Cb 类分事可以作宾语。⑫C 义类方式语义角色中 Ca、Cb 类方式都可以作状语。⑬C 义类目的语义角色中 Cb 类目的可以作状语。⑭C 义类工具语义角色中 Ca、Cb 类工具都可以作主语、宾语、状语。⑮C 义类处所语义角色中 Cb 类处所可以作主语、宾语、状语、补语，但以作状语、补语为主。⑯C 义类时间语义角色中 Ca 类时间可以作主语、宾语、状语、补语，但以作状语为主。⑰C 义类数量语义角色中 Ca、Cb 类数量都可以作状语；Ca 类数量可以作宾语、补语。⑱C 义类基准语义角色中 Ca、Cb 类基准都可以作状语；Cb 类基准可以作补语。⑲C 义类方向语义角色中 Ca、Cb 类方向都可以作状语；Cb 类方向可以作宾语、补语，但整体来说 Cb 类方向以作状语为主。⑳C 义类同源语义角色中 Ca、Cb 类同源都可以作主语。㉑C 义类范围语义角色中 Ca、Cb 类范围都可以作状语；Ca 类范围可以作主语。

7.2.1.4　D 义类语义角色投射为句法成分的规律

表 7.17 是 D 义类语义角色句法填位情况。

表 7.17　D 义类语义角色的句法填位情况（单位：个）

语义角色	句法成分						
	主语	宾语	状语	兼语	补语	谓语	独立语
D-施事	1358	12	43	0	0	0	0
D-受事	246	3391	70	0	0	0	0
D-当事	2309	13	3	95	0	0	0
D-领事	271	4	0	7	0	0	0
D-共事	0	0	57	0	0	0	0
D-客事	86	1749	4	63	2	0	0

续表

语义角色	句法成分						
	主语	宾语	状语	兼语	补语	谓语	独立语
D-系事	0	1273	0	0	0	0	0
D-与事	0	13	143	1	8	0	0
D-结果	4	164	0	0	0	0	0
D-致事	0	19	0	0	0	0	0
D-分事	1	2	0	0	0	0	0
D-方式	0	0	115	0	1	0	0
D-原因	0	0	21	0	0	0	0
D-目的	3	0	6	0	1	0	0
D-工具	3	7	34	0	0	0	0
D-处所	109	88	120	0	94	0	0
D-时间	1	2	25	0	2	0	0
D-数量	6	124	88	9	168	1	0
D-基准	0	0	63	0	2	1	0
D-方向	0	0	4	0	0	0	0
D-同源	2	0	0	0	0	0	0
D-范围	8	3	304	0	2	0	1

通过表 7.17 得出如下优先度等级：D 义类施事：主语（1358）>状语（43）>宾语（12）；D 义类受事：宾语（3391）>主语（246）>状语（70）；D 义类当事：主语（2309）>兼语（95）>宾语（13）>状语（3）；D 义类领事：主语（271）>兼语（7）>宾语（4）；D 义类共事：状语（57）；D 义类客事：宾语（1749）>主语（86）>兼语（63）>状语（4）>补语（2）；D 义类系事：宾语（1273）；D 义类与事：状语（143）>宾语（13）>补语（8）>兼语（1）；D 义类结果：宾语（164）>主语（4）；D 义类致事：宾语（19）；D 义类分事：宾语（2）>主语（1）；D 义类方式：状语（115）>补语（1）；D 义类原因：状语（21）；D 义类目的：状语（6）>主语（3）>补语（1）；D 义类工具：状语（34）>宾语（7）>主语（3）；D 义类处所：状语（120）>主语（109）>补语（94）>宾语（88）；D 义类时间：状语（25）>宾语（2）=补语（2）>主

语（1）；D 义类数量：补语（168）>宾语（124）>状语（88）>兼语（9）>主语（6）>谓语（1）；D 义类基准：状语（63）>补语（2）>谓语（1）；D 义类方向：状语（4）；D 义类同源：主语（2）；D 义类范围：状语（304）>主语（8）>宾语（3）>补语（2）>独立语（1）。

通过上述数据可知：D 义类的施事投射为主语的比例为 96.11%，投射为状语、宾语的比例为 3.89%，因此我们认为 D 义类施事倾向于投射为主语。D 义类的受事投射为宾语的比例为 91.48%，投射为主语、状语的比例为 8.52%，因此我们认为 D 义类受事倾向于投射为宾语。D 义类的当事投射为主语的比例为 95.41%，投射为兼语、宾语、状语的比例为 4.59%，因此我们认为 D 义类当事倾向于投射为主语。D 义类的领事投射为主语的比例为 96.10%，投射为兼语、宾语的比例为 3.90%，因此我们认为 D 义类领事倾向于投射为状语。D 义类的客事投射为宾语的比例为 91.86%，投射为主语、兼语、状语、补语的比例为 8.14%，因此我们认为 D 义类客事倾向于投射为宾语。D 义类的与事投射为状语的比例为 86.67%，投射为宾语、补语、兼语的比例为 13.33%，因此我们认为 D 义类与事倾向于投射为状语。D 义类的结果投射为宾语的比例为 97.62%，投射为主语的比例为 2.38%，因此我们认为 D 义类结果倾向于投射为宾语。D 义类的分事投射为宾语的比例为 66.67%，投射为主语的比例为 33.33%，因此我们认为 D 义类分事倾向于投射为宾语。D 义类的方式投射为状语的比例为 99.14%，投射为补语的比例为 0.86%，因此我们认为 D 义类方式倾向于投射为状语。D 义类的目的投射为状语的比例为 60.00%，投射为主语、补语的比例为 40.00%，因此我们认为 D 义类目的倾向于投射为状语。D 义类的工具投射为状语的比例为 77.27%，投射为宾语、主语的比例为 22.73%，因此我们认为 D 义类工具倾向于投射为状语。D 义类的处所投射为状语的比例为 29.20%，投射为主语的比例为 26.52%，投射为补语的比例为 22.87%，投射为宾语的比例为 21.41%，D 义类处所所投射的句法成分的倾向不明显。D 义类的时间投射为状语的比例为 83.33%，投射为宾语、补语、主语的比例为 16.67%，因此我们认为 D 义类时间倾向于投射为状语。D 义类的数量投射为补语的比例为 42.42%，投射为宾语的比例为 31.31%，投射为状语的比例为 22.22%，投射为兼语的比例为 2.27%，投射为主语的比例为 1.52%，投射为谓语的比例为 0.25%，D 义类数量所投射的句法成分的倾向不明显。D 义类的基准投射为状语的比例为 95.45%，投射为补语、谓语的比例为 4.55%，因此我们认为 D 义类基准倾向于投射为状语。D 义类的范围投射为状语的比例为 95.60%，投射为主语、宾语、补语、独立语的比例为 4.40%，因此我们认为 D 义类范围倾向于投射为主语。

在我们的考查范围内，以下语义角色只投射为一种句法成分：D 义类共事投射为状语，D 义类系事投射为宾语，D 义类致事投射为宾语，D 义类原因投射为状语，D 义类方向投射为状语，D 义类同源投射为主语。

将义类统计细化至中类的情况如下。

（1）D 义类施事语义角色与句法成分的对应关系如表 7.18 所示。

表 7.18　D 义类施事的句法填位情况

义类	施事语义角色								合计/个
	主语		宾语		状语		兼语	补语	
	个数/个	比例/%	个数/个	比例/ %	个数/个	比例/%	个数/个	个数/个	
Da	200	96.15	1	0.48	7	3.37	0	0	208
Db	47	95.92	0	0	2	4.08	0	0	49
Dc	27	90.00	2	6.67	1	3.33	0	0	30
Dd	90	97.83	0	0	2	2.17	0	0	92
De	20	100.00	0	0	0	0	0	0	20
Df	75	94.94	2	2.53	2	2.53	0	0	79
Dg	4	100.00	0	0	0	0	0	0	4
Dh	36	100.00	0	0	0	0	0	0	36
Di	287	95.03	0	0	15	4.97	0	0	302
Dj	27	96.43	1	3.57	0	0	0	0	28
Dk	278	96.86	4	1.39	5	1.74	0	0	287
Dl	7	77.78	0	0	2	22.22	0	0	9
Dm	142	95.30	0	0	7	4.70	0	0	149
Dn	120	98.36	2	1.64	0	0	0	0	122

通过表 7.18 可以发现：①所有中类施事都可以作主语；②Da、Dc、Df、Dj、Dk、Dn 类施事可以作宾语；③Da、Db、Dc、Dd、Df、Di、Dk、Dl、Dm 类施事可以作状语。

（2）D 义类受事语义角色与句法成分的对应关系如表 7.19 所示。

表 7.19　D 义类受事的句法填位情况

义类	受事语义角色								合计/个
	主语		宾语		状语		兼语	补语	
	个数/个	比例/%	个数/个	比例/%	个数/个	比例/%	个数/个	个数/个	
Da	56	6.52	793	92.32	10	1.16	0	0	859
Db	16	8.38	170	89.01	5	2.62	0	0	191
Dc	4	2.96	130	96.30	1	0.74	0	0	135
Dd	26	7.93	298	90.85	4	1.22	0	0	328
De	0	0	67	100.00	0	0	0	0	67
Df	17	5.78	272	92.52	5	1.70	0	0	294
Dg	0	0	4	100.00	0	0	0	0	4
Dh	0	0	7	100.00	0	0	0	0	7
Di	23	6.34	332	91.46	8	2.20	0	0	363
Dj	11	3.91	258	91.81	12	4.27	0	0	281
Dk	76	8.38	811	89.42	20	2.21	0	0	907
Dl	0	0	11	100.00	0	0	0	0	11
Dm	7	14.00	43	86.00	0	0	0	0	50
Dn	10	5.18	180	93.26	3	1.55	0	0	193

通过表 7.19 可以发现：①Da、Db、Dc、Dd、Df、Di、Dj、Dk、Dm、Dn 类受事可以作主语；②所有中类受事都可以作宾语；③Da、Db、Dc、Dd、Df、Di、Dj、Dk、Dn 类受事可以作状语。

（3）D 义类当事语义角色与句法成分的对应关系如表 7.20 所示。

表 7.20　D 义类当事的句法填位情况

义类	当事语义角色									合计/个
	主语		宾语		状语		兼语		补语	
	个数/个	比例/%	个数/个	比例/%	个数/个	比例/%	个数/个	比例/%	个数/个	
Da	394	97.28	0	0	0	0	11	2.72	0	405
Db	139	99.29	0	0	0	0	1	0.71	0	140
Dc	133	96.38	1	0.72	0	0	4	2.90	0	138
Dd	257	97.35	1	0.38	0	0	6	2.27	0	264
De	52	92.86	2	3.57	0	0	2	3.57	0	56

续表

义类	当事语义角色									合计/个
	主语		宾语		状语		兼语		补语	
	个数/个	比例/%	个数/个	比例/%	个数/个	比例/%	个数/个	比例/%	个数/个	
Df	235	93.63	1	0.40	0	0	15	5.98	0	251
Dg	3	100.00	0	0	0	0	0	0	0	3
Dh	11	84.62	0	0	0	0	2	23.08	0	13
Di	238	96.36	0	0	0	0	9	3.64	0	247
Dj	46	86.79	4	7.55	0	0	3	5.66	0	53
Dk	558	94.42	2	0.34	3	0.51	28	4.74	0	591
Dl	11	91.67	1	8.33	0	0	0	0	0	12
Dm	27	100.00	0	0	0	0	0	0	0	27
Dn	205	93.18	1	0.45	0	0	14	6.36	0	220

通过表 7.20 可以发现：①所有中类当事都可以作主语；②Dc、Dd、De、Df、Dj、Dk、Dl、Dn 类当事可以作宾语；③Dk 类当事可以作状语；④Da、Db、Dc、Dd、De、Df、Dh、Di、Dj、Dk、Dn 类当事可以作兼语。

（4）D 义类领事语义角色与句法成分的对应关系如表 7.21 所示。

表 7.21　D 义类领事的句法填位情况

义类	领事语义角色								合计/个
	主语		宾语		状语	兼语		补语	
	个数/个	比例/%	个数/个	比例/%	个数	个数/个	比例/%	个数/个	
Da	38	90.48	2	4.76	0	2	4.76	0	42
Db	19	100.00	0	0	0	0	0	0	19
Dc	3	100.00	0	0	0	0	0	0	3
Dd	12	92.31	1	7.69	0	0	0	0	13
De	6	100.00	0	0	0	0	0	0	6
Df	10	100.00	0	0	0	0	0	0	10
Dg	2	100.00	0	0	0	0	0	0	2
Dh	1	100.00	0	0	0	0	0	0	1
Di	51	98.08	0	0	0	1	1.92	0	52
Dj	2	100.00	0	0	0	0	0	0	2

续表

义类	领事语义角色								合计/个
	主语		宾语		状语	兼语		补语	
	个数/个	比例/%	个数/个	比例/%	个数	个数/个	比例/%	个数/个	
Dk	118	95.93	1	0.81	0	4	3.25	0	123
Dm	2	100.00	0	0	0	0	0	0	2
Dn	7	100.00	0	0	0	0	0	0	7

通过表 7.21 可以发现：①Da、Db、Dc、Dd、De、Df、Dg、Dh、Di、Dj、Dk、Dm、Dn 类领事可以作主语；②Da、Dd、Dk 类领事可以作宾语；③Da、Di、Dk 类领事可以作兼语。

（5）D 义类客事语义角色与句法成分的对应关系如表 7.22 所示。

表 7.22　D 义类客事的句法填位情况

义类	客事语义角色										合计/个
	主语		宾语		状语		兼语		补语		
	个数/个	比例/%	个数/个	比例/%	个数/个	比例/%	个数/个	比例/%	个数/个	比例/%	
Da	12	2.77	404	93.30	2	0.46	14	3.23	1	0.23	433
Db	10	5.18	180	93.26	0	0	3	1.55	0	0	193
Dc	7	7.45	84	89.36	0	0	3	3.19	0	0	94
Dd	8	3.64	208	94.55	0	0	4	1.82	0	0	220
De	2	2.60	73	94.81	0	0	2	2.60	0	0	77
Df	18	7.63	214	90.68	0	0	4	1.69	0	0	236
Dg	0	0	11	100.00	0	0	0	0	0	0	11
Dh	0	0	13	92.86	0	0	1	7.14	0	0	14
Di	4	3.42	107	91.45	0	0	6	5.13	0	0	117
Dj	3	4.35	66	95.65	0	0	0	0	0	0	69
Dk	18	5.31	294	86.73	2	0.59	24	7.08	1	0.29	339
Dl	0	0	26	100.00	0	0	0	0	0	0	26
Dm	1	7.69	11	84.62	0	0	1	7.69	0	0	13
Dn	3	4.84	58	93.55	0	0	1	1.61	0	0	62

通过表 7.22 可以发现：①Da、Db、Dc、Dd、De、Df、Di、Dj、Dk、Dm、Dn 类客事可以作主语；②所有中类客事都可以作宾语；③Da、Dk 类客事可以作状语；④Da、Db、Dc、Dd、De、Df、Dh、Di、Dk、Dm、Dn 类客事可以作兼语；⑤Da、Dk 类客事可以作补语。

（6）D 义类与事语义角色与句法成分的对应关系如表 7.23 所示。

表 7.23　D 义类与事的句法填位情况

义类	与事语义角色									合计/个
	主语	宾语		状语		兼语		补语		
	个数/个	个数/个	比例/%	个数/个	比例/%	个数/个	比例/%	个数/个	比例/%	
Da	0	0	0	47	97.92	0	0	1	2.08	48
Db	0	1	11.11	8	88.89	0	0	0	0	9
Dc	0	0	0	4	100.00	0	0	0	0	4
Dd	0	0	0	7	87.50	0	0	1	12.50	8
De	0	0	0	2	100.00	0	0	0	0	2
Df	0	1	14.29	6	85.71	0	0	0	0	7
Dh	0	2	33.33	2	33.33	1	16.67	1	16.67	6
Di	0	3	8.33	31	86.11	0	0	2	5.56	36
Dj	0	0	0	2	100.00	0	0	0	0	2
Dk	0	3	9.09	28	84.85	0	0	2	6.06	33
Dm	0	2	28.57	4	57.14	0	0	1	14.29	7
Dn	0	1	33.33	2	66.67	0	0	0	0	3

通过表 7.23 可以发现：①Db、Df、Dh、Di、Dk、Dm、Dn 类与事可以作宾语；②Da、Db、Dc、Dd、De、Df、Dh、Di、Dj、Dk、Dm、Dn 类与事可以作状语；③Dh 类与事可以作兼语；④Da、Dd、Dh、Di、Dk、Dm 类与事可以作补语。

（7）D 义类其他语义角色与句法成分的对应关系如下：①D 义类共事语义角色中 Da、Db、Dc、Dd、Df、Dg、Dh、Di、Dk、Dn 类共事可以作状语。②D 义类系事语义角色中所有中类系事都可以作宾语。③D 义类结果语义角色中 Da、Dd、Dk 类结果可以作主语；所有中类结果都可以作宾语。④D 义类致事语义角色中 Da、Db、Dc、Dd、De、Df、Di、Dj、Dk、Dn 类致事可以作宾语。⑤D

义类分事语义角色中 Da、Dd 类分事可以作宾语、主语。⑥D 义类方式语义角色中 Da、Db、Dc、De、Df、Di、Dj、Dk、Dn 类方式可以作状语；Df 类方式可以作补语。⑦D 义类原因语义角色中 Da、Db、Dc、Dd、De、Df、Dh、Dk、Dn 类原因可以作状语。⑧D 义类目的语义角色中 Di、Dk 类目的可以作主语；Db、Dd、Df、Di、Dk 类目的可以作状语；Di 类目的可以作补语。⑨D 义类工具语义角色中 Da、Db、Dc、Dd、De、Df、Di、Dj、Dk、Dm、Dn 类工具都可以作状语；Da、Dd、De、Dj、Dk 类工具都可以作宾语；Dc、Dk 类工具都可以作主语。⑩D 义类处所语义角色中 Di 可以作主语、宾语、状语和补语。⑪D 义类时间语义角色中 Da 类时间可以作宾语、主语；Da、Dn 类时间可以作状语；Da 类时间可以作补语。⑫D 义类数量语义角色中 Dn 类数量可以作主语、状语、兼语、谓语；Dd、Di、Dj、Dk 类数量可以作宾语；Dd、Di、Dk 类数量可以作补语。⑬D 义类基准语义角色 Da、Db、Dc、Dd、De、Df、Dg、Dh、Di、Dj、Dk、Dm、Dn 类基准可以作状语；Dd 类基准可以作补语、谓语。⑭D 义类方向语义角色中 Da、Db、Dd 类方向可以作状语。⑮D 义类同源语义角色中 Da、Dd 类同源可以作主语。⑯D 义类范围语义角色中 Da、Dd 类范围可以作主语；Da、Di、Dk 类范围可以作宾语；Da、Db、Dc、Dd、De、Df、Di、Dj、Dk、Dm、Dn 类范围可以作状语；Dd、Di、Dk 类范围可以作补语；Dg 类范围可以作独立语。

7.2.1.5　E 义类语义角色投射为句法成分的规律

表 7.24 是 E 义类语义角色的句法填位情况。

表 7.24　E 义类语义角色的句法填位情况（单位：个）

语义角色	句法成分					
	主语	宾语	状语	兼语	补语	独立语
E-施事	257	1	0	0	0	0
E-受事	18	402	9	0	0	0
E-当事	1026	0	1	33	0	0
E-领事	42	0	0	0	0	0
E-共事	0	0	8	0	0	0
E-客事	15	259	2	24	1	0
E-系事	0	253	0	0	0	0

续表

语义角色	句法成分					
	主语	宾语	状语	兼语	补语	独立语
E-与事	1	16	0	1	0	0
E-结果	0	12	0	0	0	0
E-致事	0	2	0	0	0	0
E-分事	1	7	0	0	0	0
E-方式	0	0	87	0	0	0
E-原因	0	0	35	0	0	0
E-目的	0	0	13	0	0	0
E-时间	0	0	11	0	0	0
E-数量	3	2	0	0	4	0
E-基准	0	1	15	0	0	0
E-同源	23	0	0	0	0	0
E-范围	1	0	20	0	1	1

通过表 7.24 得出如下优先度等级：E 义类施事：主语（257）＞宾语（1）；E 义类受事：宾语（402）＞主语（18）＞状语（9）；E 义类当事：主语（1026）＞兼语（33）＞状语（1）；E 义类领事：主语（42）；E 义类共事：状语（8）；E 义类客事：宾语（259）＞兼语（24）＞主语（15）＞状语（2）＞补语（1）；E 义类系事：宾语（253）；E 义类与事：宾语（16）＞主语（1）=兼语（1）；E 义类结果：宾语（12）；E 义类致事：宾语（2）；E 义类分事：宾语（7）＞主语（1）；E 义类方式：状语（87）；E 义类原因：状语（35）；E 义类目的：状语（13）；E 义类时间：状语（11）；E 义类数量：补语（4）＞主语（3）＞宾语（2）；E 义类基准：状语（15）＞宾语（1）；E 义类同源：主语（23）；E 义类范围：状语（20）＞主语（1）=补语（1）=独立语（1）。

通过上述数据，我们可知：E 义类的施事投射为主语的比例为 99.61%，投射为宾语的比例为 0.39%，因此我们认为 E 义类施事倾向于投射为主语。E 义类的受事投射为宾语的比例为 93.71%，投射为主语、状语的比例为 6.29%，因此我们认为 E 义类受事倾向于投射为宾语。E 义类的当事投射为主语的比例为 96.79%，投射为兼语、状语的比例为 3.21%，因此我们认为 E 义类当事倾向于投射为主语。E 义类的客事投射为宾语的比例为 86.05%，投射为兼语、主语、状语、补语的比例为 13.95%，因此我们认为 E 义类客事倾向于投射为宾语。E 义类的与事投射为宾语的比例为 88.89%，投射为主语、兼语的比例为 11.11%，因此我们认为 E 义类与事倾向于投射为宾语。E 义类的分事投射为宾语的比例为 87.50%，投射为主语的比例为 12.50%，因此我们认为 E 义类分事倾向于投射为宾语。E 义类的数量投射为补语的比例为 44.44%，投射为主语的比例为 33.33%，投射为宾语的比例为 22.22%，E 义类数量所投射的句法成分的倾向不明显。E 义类的基准投射为状语的比例为 93.75%，投射为宾语的比例为 6.25%，因此我们认为 E 义类基准倾向于投射为状语。E 义类的范围投射为状语的比例为 86.96%，投射为主语、补语、独立语的比例为 13.04%，因此我们认为 E 义类范围倾向于投射为状语。

在我们的考查范围内，以下语义角色只投射为一种句法成分：E 义类领事投射为主语，E 义类共事投射为状语，E 义类系事投射为宾语，E 义类结果投射为宾语，E 义类致事投射为宾语，E 义类方式投射为状语，E 义类原因投射为状语，E 义类目的投射为状语，E 义类时间投射为状语，E 义类同源投射为主语。

为了能够更加深入地了解 E 义类语义角色投射为句法成分的情况，我们将义类统计细化至中类。

（1）E 义类受事语义角色与句法成分的对应关系如表 7.25 所示。

表 7.25　E 义类受事语义角色的句法填位情况

义类	受事语义角色								合计/个
	主语		宾语		状语		兼语	补语	
	个数/个	比例/%	个数/个	比例/%	个数/个	比例/%	个数/个	比例/%	
Ea	2	13.33	13	86.67	0	0	0	0	15
Eb	9	5.08	163	92.09	5	2.82	0	0	177
Ec	0	0	10	100.00	0	0	0	0	10
Ed	4	2.96	128	94.81	3	2.22	0	0	135
Ee	0	0	59	100.00	0	0	0	0	59
Ef	2	4.17	45	93.75	1	2.08	0	0	48

通过表 7.25 的数据我们发现：①Ea、Eb、Ed、Ef 类受事可以作主语；②所

有中类受事都可以作宾语；③Eb、Ed、Ef 类受事可以作状语。

（2）E 义类客事与句法成分的对应关系如表 7.26 所示。

表 7.26　E 义类客事的句法填位情况

义类	客事语义角色									合计/个
	主语		宾语		状语		兼语		补语	
	个数/个	比例/%	个数/个	比例/%	个数/个	比例/%	个数/个	比例/%	个数/个	
Ea	0	0	7	100.00	0	0	0	0	0	7
Eb	5	7.81	57	89.06	0	0	2	3.13	0	64
Ec	0	0	14	100.00	0	0	0	0	0	14
Ed	10	7.04	110	77.46	2	1.41	20	14.08	0	142
Ee	0	0	39	95.12	0	0	2	4.88	0	41
Ef	0	0	32	100.00	0	0	0	0	0	32

通过表 7.26 的数据我们发现：①Eb、Ed 类客事可以作主语；②所有中类客事都可以作宾语；③Ed 类客事可以作状语；④Eb、Ed、Ee 类客事可以作兼语。

（3）E 义类其他语义角色与句法成分的对应关系如下：①E 义类施事语义角色中所有中类施事都可以作主语；Ec 类施事可以作宾语。②E 义类当事语义角色中所有中类当事都可以作主语；Ed 类当事可以作状语；Eb 类当事可以作兼语。③E 义类领事语义角色中 Eb、Ed、Ee 类领事可以作主语。④E 义类共事语义角色中 Eb、Ed、Ee、Ef 类共事可以作状语。⑤E 义类系事语义角色中所有中类系事都可以作宾语。⑥E 义类与事语义角色中 Ef 类与事可以作主语；Ea、Eb、Ed、Ee、Ef 类与事可以作宾语；Eb 类与事可以作兼语。⑦E 义类结果语义角色中 Ea、Eb、Ec、Ed、Ef 类结果可以作宾语。⑧E 义类致事语义角色中 Eb、Ef 类致事可以作宾语。⑨E 义类分事语义角色中 Eb、Ec、Ed 类分事可以作宾语；Ea 类分事可以作主语。⑩E 义类方式语义角色中所有中类方式都可以作状语。⑪E 义类原因语义角色中 Ea、Eb、Ed、Ee、Ef 类原因可以作状语。⑫E 义类目的语义角色中 Eb、Ed、Ef 类目的可以作状语。⑬E 义类时间语义角色中 Ea、Eb 类时间可以作状语。⑭E 义类数量语义角色中 Ec 类数量可以作主语、宾语、补语。⑮E 义类基准语义角色中 Eb 类基准可以作宾语；Ea、Eb、Ed、Ee、Ef 类基准可以作状语。⑯E 义类同源语义角色中 Ea、Eb、Ec、Ed、Ef 类同源可以作主语。⑰E 义类范围语义角色中 Ea、Eb、Ed、Ee、Ef 类范围可以作状语；Ed 类范围可以作主语、补语、独立语。

7.2.1.6　F 义类语义角色投射为句法成分的规律

表 7.27 是 F 义类语义角色的句法填位情况。

表 7.27　F 义类语义角色的句法填位情况（单位：个）

语义角色	句法成分			语义角色	句法成分		
	主语	宾语	状语		主语	宾语	状语
F-施事	38	0	0	F-方式	0	0	7
F-受事	3	106	1	F-原因	0	0	8
F-当事	20	0	0	F-目的	0	0	1
F-领事	1	0	0	F-数量	0	0	1
F-客事	2	21	0	F-基准	0	0	10
F-系事	0	7	0	F-同源	3	0	0
F-与事	0	0	2	F-范围	0	0	3

通过表 7.27 得出如下优先度等级序列：F 义类施事：主语（38）；F 义类受事：宾语（106）＞主语（3）＞状语（1）；F 义类当事：主语（20）；F 义类领事：主语（1）；F 义类客事：宾语（21）＞主语（2）；F 义类系事：宾语（7）；F 义类与事：状语（2）；F 义类方式：状语（7）；F 义类原因：状语（8）；F 义类目的：状语（1）；F 义类数量：状语（1）；F 义类基准：状语（10）；F 义类同源：主语（3）；F 义类范围：状语（3）。

通过上述数据可知：F 义类的受事投射为宾语的比例为 96.36%，投射为主语、状语的比例为 3.64%，因此我们认为 F 义类受事倾向于投射为宾语。F 义类的客事投射为宾语的比例为 91.30%，投射为主语的比例为 8.70%，因此我们认为 F 义类客事倾向于投射为宾语。

在我们的考查范围内，以下语义角色只投射为一种句法成分：F 义类施事投射为主语，F 义类当事投射为主语，F 义类领事投射为主语，F 义类系事投射为宾语，F 义类与事投射为状语，F 义类方式投射为状语，F 义类原因投射为状语，F 义类同源投射为主语，F 义类目的投射为状语，F 义类数量投射为状语，F 义类基准投射为状语，F 义类范围投射为状语。

将义类统计细化至中类的结果如下：①F 义类施事语义角色中所有中类施事都可以作主语。②F 义类受事语义角色中 Fa、Fb、Fd 类受事可以作主语；所有中类受事都可以作宾语；Fa 类受事可以作状语。③F 义类当事语义角色中 Fa、Fb、Fc 类当事可以作主语。④F 义类领事语义角色中 Fd 类领事可以作主语。⑤F 义类客事语义角色中 Fc 类客事可以作主语；Fa、Fc、Fd 类客事可以作宾语。⑥F 义类系事语义角色中 Fb、Fc、Fd 类系事可以作宾语。⑦F 义类与事语义角色中 Fa 类与事可以作状语。⑧F 义类方式语义角色中 Fb、Fc 类方式可以作状语。⑨F 义类原因语义角色中 Fa、Fb、Fc 类原因可以作状语。⑩F 义类目的语义角色中 Fc 类目的可以作状语。⑪F 义类数量语义角色中 Fd 类数量可以作状语。⑫F 义类基准语义角色中所有中类基准都可以作状语。⑬F 义类同源语义角色中所有中类同源都可以作主语。⑭F 义类范围语义角色中 Fa、Fb、Fc 类范围可以作状语。

7.2.1.7 G 义类语义角色投射为句法成分的规律

表 7.28 是 G 义类语义角色句法填位情况。

表 7.28 G 义类语义角色的句法填位情况

语义角色	句法成分			语义角色	句法成分		
	主语	宾语	状语		主语	宾语	状语
G-施事	26	1	0	G-致事	0	2	0
G-受事	5	79	1	G-方式	0	0	11
G-当事	65	0	0	G-原因	0	2	18
G-领事	2	0	0	G-目的	0	0	3
G-共事	1	0	0	G-时间	0	0	1
G-客事	5	159	0	G-基准	0	0	4
G-系事	0	51	0	G-同源	22	0	0
G-与事	0	0	4	G-范围	0	0	9
G-结果	0	2	0	—	—	—	—

通过表 7.28 得出如下优先度等级序列：G 义类施事：主语（26）＞宾语（1）；G 义类受事：宾语（79）＞主语（5）＞状语（1）；G 义类当事：主语（65）；

G 义类领事：主语（2）；G 义类共事：主语（1）；G 义类客事：宾语（159）>主语（5）；G 义类系事：宾语（51）；G 义类与事：状语（4）；G 义类结果：宾语（2）；G 义类致事：宾语（2）；G 义类方式：状语（11）；G 义类原因：状语（18）>宾语（2）；G 义类目的：状语（3）；G 义类时间：状语（1）；G 义类基准：状语（4）；G 义类同源：主语（22）；G 义类范围：状语（9）。

通过上述数据可知：G 义类的施事投射为主语的比例为 96.30%，投射为宾语的比例为 3.70%，因此我们认为 G 义类施事倾向于投射为主语。G 义类的受事投射为宾语的比例为 92.94%，投射为主语、状语的比例为 7.06%，因此我们认为 G 义类受事倾向于投射为宾语。G 义类的客事投射为宾语的比例为 96.95%，投射为主语的比例为 3.05%，因此我们认为 G 义类客事倾向于投射为宾语。G 义类的原因投射为状语的比例为 90.00%，投射为宾语的比例为 10.00%，因此我们认为 G 义类客事倾向于投射为状语。

在我们的考查范围内，以下语义角色只投射为一种句法成分：G 义类当事投射为主语，G 义类领事投射为主语，G 义类共事投射为主语，G 义类系事投射为宾语，G 义类与事投射为状语，G 义类结果投射为宾语，G 义类致事投射为宾语，G 义类方式投射为状语，G 义类目的投射为状语，G 义类时间投射为状语，G 义类基准投射为状语，G 义类同源投射为主语，G 义类范围投射为状语。

将义类统计细化至中类的结果如下：①G 义类施事语义角色中所有中类施事都可以作主语。②G 义类受事语义角色中所有中类受事都可以作宾语；Gb 类受事可以作主语、状语。③G 义类当事语义角色中 Ga、Gb 类当事可以作主语、兼语，但以作主语为主。④G 义类领事语义角色中 Gb 类领事可以作宾语。⑤G 义类共事语义角色中 Gb 类共事可以作状语。⑥G 义类客事语义角色中 Ga、Gb 类客事可以作主语、宾语，但以作宾语为主。⑦G 义类系事语义角色中所有中类系事都可以作宾语。⑧G 义类与事语义角色中 Ga、Gb 类与事可以作状语。⑨G 义类结果语义角色中 Ga、Gb 类结果可以作宾语。⑩G 义类致事语义角色中 Ga 类致事可以作宾语。⑪G 义类方式语义角色中所有中类方式都可以作状语。⑫G 义类原因语义角色中所有中类原因都可以作状语；Gb 类原因可以作宾语。⑬G 义类目的语义角色中 Ga、Gb 类目的可以作状语。⑭G 义类时间语义角色中 Ga 类时间可以作状语。⑮G 义类基准语义角色中 Ga、Gb 类基准可以作状语。⑯G 义类同源语义角色中 Ga、Gb 类同源可以作主语。⑰G 义类范围语义角色中 Ga、Gb 类范围可以作状语。

7.2.1.8 H 义类语义角色投射为句法成分的规律

表 7.29 是 H 义类语义角色句法填位情况。

表 7.29 H 义类语义角色的句法填位情况（单位：个）

语义角色	句法成分				语义角色	句法成分			
	主语	宾语	状语	兼语		主语	宾语	状语	兼语
H-施事	117	1	1	0	H-结果	0	5	0	0
H-受事	9	352	3	0	H-致事	0	1	0	0
H-当事	158	1	0	2	H-方式	0	0	24	0
H-领事	11	0	0	1	H-原因	0	0	24	0
H-共事	0	0	7	0	H-目的	1	0	18	0
H-客事	8	174	3	1	H-基准	0	0	24	0
H-系事	0	123	0	0	H-同源	11	0	0	0
H-与事	0	1	17	0	H-范围	0	1	27	0

通过表 7.29 得出如下优先度等级序列：H 义类施事：主语（117）>宾语（1）=状语（1）；H 义类受事：宾语（352）>主语（9）>状语（3）；H 义类当事：主语（158）>兼语（2）>宾语（1）；H 义类领事：主语（11）>兼语（1）；H 义类共事：状语（7）；H 义类客事：宾语（174）>主语（8）>状语（3）>兼语（1）；H 义类系事：宾语（123）；H 义类与事：状语（17）>宾语（1）；H 义类结果：宾语（5）；H 义类致事：宾语（1）；H 义类方式：状语（24）；H 义类原因：状语（24）；H 义类目的：状语（18）>主语（1）；H 义类基准：状语（24）；H 义类同源：主语（11）；H 义类范围：状语（27）>宾语（1）。

通过上述数据可知：H 义类的施事投射为主语的比例为 98.32%，投射为宾语、状语的比例为 1.68%，因此我们认为 H 义类施事倾向于投射为主语。H 义类的受事投射为宾语句法成分的比例为 96.70%，投射为主语、状语的比例为 3.30%，因此我们认为 H 义类受事倾向于投射为宾语。H 义类的当事投射为主语的比例为 98.14%，投射为兼语、宾语的比例为 1.86%，因此我们认为 H 义类当事倾向于投射为主语。H 义类的领事投射为主语的比例为 91.67%，投射为兼语的比例为

8.33%，因此我们认为 H 义类领事倾向于投射为宾语。H 义类的客事投射为宾语的比例为 93.55%，投射为主语、状语、兼语的比例为 6.45%，因此我们认为 H 义类客事倾向于投射为宾语。H 义类的与事投射为状语的比例为 94.44%，投射为宾语的比例为 5.56%，因此我们认为 H 义类与事倾向于投射为状语。H 义类的目的投射为状语的比例为 94.74%，投射为主语的比例为 5.26%，因此我们认为 H 义类目的倾向于投射为状语。H 义类的范围投射为状语的比例为 96.43%，投射为宾语的比例为 3.57%，因此我们认为 H 义类范围倾向于投射为状语。

在我们的考查范围内，以下语义角色只投射为一种句法成分：H 义类共事投射为状语，H 义类系事投射为宾语，H 义类结果投射为宾语，H 义类致事投射为宾语，H 义类方式投射为状语，H 义类原因投射为状语，H 义类的基准投射为状语，H 义类同源投射为主语。

将义类统计细化至中类的结果如下：①H 义类施事语义角色中 Hb、Hc、Hd、He、Hf、Hg、Hh、Hi、Hj、Hm、Hn 类施事可以作主语；Ha 类施事可以作宾语；Hi 类施事可以作状语。②H 义类受事语义角色中 Hc、Hg、Hh、Hi、Hj、Hn 类受事可以作主语；Ha、Hb、Hc、Hd、He、Hf、Hg、Hh、Hi、Hj、Hl、Hm、Hn 类受事可以作宾语；Hg、Hj、Hn 类受事可以作状语。③H 义类当事语义角色中 Ha、Hb、Hc、Hd、He、Hf、Hg、Hh、Hi、Hj、Hm、Hn 类当事可以作主语；Hj 类当事可以作宾语；Hg 类当事可以作兼语。④H 义类领事语义角色中 Ha、Hb、Hd、Hg、Hi 类领事可以作主语；Hi 类领事可以作宾语。⑤H 义类共事语义角色中 Hd、Hj、Hm 类共事可以作状语。⑥H 义类客事语义角色中 Hg、Hi、Hj 类客事可以作主语；Ha、Hb、Hc、Hd、He、Hf、Hg、Hh、Hi、Hj、Hk、Hm、Hn 类客事可以作宾语；Hg、Hi 类客事可以作兼语。⑦H 义类系事语义角色中 Ha、Hb、Hc、Hd、He、Hg、Hh、Hi、Hj、Hk、Hm、Hn 类系事可以作宾语。⑧H 义类与事语义角色中 Hi 类与事可以作宾语；Ha、Hc、Hd、He、Hf、Hg、Hi、Hj、Hm 类与事可以作状语。⑨H 义类结果语义角色中 Hg、Hi、Hj 类结果可以作宾语。⑩H 义类致事语义角色中 Hj 类致事可以作宾语。⑪H 义类方式语义角色中 Hb、Hc、Hd、Hg、Hh、Hi、Hj、Hn 类方式可以作状语。⑫H 义类原因语义角色中 Hb、Hc、Hd、Hf、Hh、Hi、Hj、Hl、Hn 类原因可以作状语。⑬H 义类目的语义角色中 Hj 类目的可以作主语；Hc、Hd、He、Hi、Hj、Hk 类目的可以作状语。⑭H 义类基准语义角色中 Ha、Hd、Hf、

Hg、Hh、Hi、Hj 类基准可以作状语；Hi 类基准可以作补语。⑮H 义类同源语义角色中 Ha、Hc、Hd、He、Hg、Hh、Hi、Hj 类同源可以作主语。⑯H 义类范围语义角色中 Hj 类范围可以作宾语；Hb、Hc、Hd、He、Hg、Hh、Hi、Hj 类范围可以作状语。

7.2.1.9 I 义类语义角色投射为句法成分的规律

表 7.30 是 I 义类语义角色与句法成分的对应情况。

表 7.30 I 义类语义角色的句法填位情况（单位：个）

语义角色	句法成分				语义角色	句法成分			
	主语	宾语	状语	兼语		主语	宾语	状语	兼语
I-施事	34	0	3	0	I-方式	0	0	18	0
I-受事	3	61	3	0	I-原因	0	3	26	0
I-当事	100	0	0	1	I-目的	0	0	8	0
I-领事	6	0	0	1	I-数量	0	2	0	0
I-共事	0	0	4	0	I-基准	0	0	8	0
I-客事	3	93	2	0	I-方向	0	0	1	0
I-系事	0	58	0	0	I-同源	20	0	0	0
I-与事	0	0	14	0	I-范围	0	0	9	0
I-结果	0	1	0	0	—	—	—	—	—

通过表 7.30 得出如下优先度等级序列：I 义类施事：主语（34）>状语（3）；I 义类受事：宾语（61）>主语（3）=状语（3）；I 义类当事：主语（100）>兼语（1）；I 义类领事：主语（6）>兼语（1）；I 义类共事：状语（4）；I 义类客事：宾语（93）>主语（3）>状语（2）；I 义类系事：宾语（58）；I 义类与事：状语（14）；I 义类结果：宾语（1）；I 义类方式：状语（18）；I 义类原因：状语（26）>宾语（3）；I 义类目的：状语（8）；I 义类数量：宾语（2）；I 义类基准：状语（8）；I 义类方向：状语（1）；I 义类同源：主语（20）；I 义类范围：状语（9）。

通过上述数据可知：I 义类的施事投射为主语的比例为 91.89%，投射为状语的比例为 8.11%，因此我们认为 I 义类施事倾向于投射为主语。I 义类的受事投射为宾语的比例为 91.04%，投射为主语、状语的比例为 8.96%，因此我们认为 I 义类受事倾向于投射为宾语。I 义类的当事投射为主语的比例为 99.01%，投射为兼语的比例为 0.99%，因此我们认为 I 义类当事倾向于投射为主语。I 义类的领事投射为主语的比例为 85.71%，投射为兼语的比例为 14.29%，因此我们认为 I 义类领事倾向于投射为主语。I 义类的客事投射为宾语的比例为 94.90%，投射为主语、状语的比例为 5.10%，因此我们认为 I 义类客事倾向于投射为宾语。I 义类的原因投射为状语的比例为 89.66%，投射为宾语的比例为 10.34%，因此我们认为 I 义类原因倾向于投射为状语。

在我们的考查范围内，以下语义角色只投射为一种句法成分：I 义类共事投射为状语，I 义类系事投射为宾语，I 义类与事投射为状语，I 义类结果投射为宾语，I 义类方式投射为状语，I 义类目的投射为状语，I 义类数量投射为宾语，I 义类基准投射为状语，I 义类方向投射为状语，I 义类同源投射为主语，I 义类范围投射为状语。

将义类统计细化至中类的结果如下：①I 义类施事语义角色中 Ia、Ib、Id、Ie、If、Ig、Ih 类施事可以作主语；Ib 类施事可以作状语。②I 义类受事语义角色中 If 类受事可以作主语；所有中类受事都可以作宾语；Ib、If、Ig 类受事可以作状语。③I 义类当事语义角色中所有中类当事都可以作主语；Ih 类当事可以作兼语。④I 义类领事语义角色中 Ib、Id、Ie、If、Ih 类领事可以作主语；Ib 类领事可以作兼语。⑤I 义类共事语义角色中 Ib、Ie、If、Ih 类共事可以作状语。⑥I 义类客事语义角色中 Ic 类客事可以作主语；Ia、Ib、Ic、Id、Ie 类客事可以作宾语；If 类客事可以作状语。⑦I 义类系事语义角色中所有中类系事都可以作宾语。⑧I 义类与事语义角色中 Ia、Ie、If、Ih 类与事可以作状语。⑨I 义类结果语义角色中 Ih 类结果可以作宾语。⑩I 义类方式语义角色中 Ia、Ic、Id、Ie、Ig、Ih 类方式可以作状语。⑪I 义类原因语义角色中 Ib 类原因可以作宾语；Ib、Ic、Id、Ie、If、Ig、Ih 类原因可以作状语。⑫I 义类目的语义角色中 Ie、If、Ig 类目的可以作状语。⑬I 义类数量语义角色中 Ig 类数量可以作宾语。⑭I 义类基准语义角色中 Ib、Id、If、Ig、Ih 类基准可以作状语。⑮I 义类方向语义角色中 Ih 类方向可以作状语。⑯I 义类同源语义角色中所有中类同源都可以作主语。⑰I 义类范围语义角色中 Ib、Ic、Id、Ie、Ig、Ih 类范围可以作状语。

7.2.1.10 J 义类语义角色投射为句法成分的规律

表 7.31 是 J 义类语义角色与句法成分的对应情况。

表 7.31 J 义类语义角色的句法填位情况

语义角色	句法成分					语义角色	句法成分				
	主语	宾语	状语	兼语	补语		主语	宾语	状语	兼语	补语
J-施事	37	0	0	0	0	J-方式	0	0	3	0	0
J-受事	0	43	0	0	0	J-原因	0	0	13	0	0
J-当事	22	0	0	0	0	J-目的	0	0	2	0	0
J-领事	5	0	0	0	0	J-时间	0	0	1	0	0
J-客事	1	45	0	0	1	J-基准	0	0	4	0	0
J-系事	0	33	0	0	0	J-同源	1	0	0	0	0
J-与事	0	0	5	0	0	J-范围	0	0	1	0	0
J-结果	0	1	0	0	0	—	—	—	—	—	—

通过表 7.31 得出如下优先度等级：J 义类施事：主语（37）；J 义类受事：宾语（43）；J 义类当事：主语（22）；J 义类领事：主语（5）；J 义类客事：宾语（45）>主语（1）=补语（1）；J 义类系事：宾语（33）；J 义类与事：状语（5）；J 义类结果：宾语（1）；J 义类方式：状语（3）；J 义类原因：状语（13）；J 义类目的：状语（2）；J 义类时间：状语（1）；J 义类基准：状语（4）；J 义类同源：主语（1）；J 义类范围：状语（1）。

通过上述数据可知：J 义类的客事投射为宾语的比例为 95.74%，投射为主语、补语的比例为 4.26%，因此我们认为 J 义类客事倾向于投射为宾语。

在我们的考查范围内，以下语义角色只投射为一种句法成分：J 义类施事投射为主语，J 义类受事投射为宾语，J 义类当事投射为主语，J 义类领事投射为主语，J 义类系事投射为宾语，J 义类与事投射为状语，J 义类结果投射为宾语，J 义类方式投射为状语，J 义类原因投射为状语，J 义类目的投射为状语，J 义类时间投射为状语，J 义类基准投射为状语，J 义类同源投射为主语，J 义类范围投射为状语。

将义类统计细化至中类结果如下：①J 义类施事语义角色中 Ja、Jd、Je 类施事可以作主语。②J 义类受事语义角色中所有中类受事都可以作宾语。③J 义类当事语义角色中 Ja、Jb、Jd、Je 类当事可以作主语。④J 义类领事语义角色中 Je 类领事可以作主语。⑤J 义类客事语义角色中 Ja 类客事可以作主语；所有中类客事都可以作宾语；Je 类客事可以作补语。⑥J 义类系事语义角色中 Ja、Jb、Jd、Je 类系事可以作宾语。⑦J 义类与事语义角色中 Ja、Jc、Jd、Je 类与事可以作状语。⑧J 义类结果语义角色中 Je 类结果可以作宾语。⑨J 义类方式语义角色中 Jb、Jd 类方式可以作状语。⑩J 义类原因语义角色中 Ja、Jb、Jd、Je 类原因可以作状语。⑪J 义类目的语义角色中 Je 类目的可以作状语。⑫J 义类时间语义角色中 Jd 类时间可以作状语。⑬J 义类基准语义角色中 Jb 类同源可以作状语。⑭J 义类同源语义角色中 Ja、Jc、Jd、Je 类同源可以作主语。⑮J 义类范围语义角色中 Je 类范围可以作状语。

7.2.1.11　K 义类语义角色投射为句法成分的规律

表 7.32 是 K 义类语义角色与句法成分的对应情况。

表 7.32　K 义类语义角色的句法填位情况

句法成分	语义角色								
	K-施事	K-受事	K-当事	K-客事	K-系事	K-方式	K-原因	K-时间	K-范围
主语	9	4	31	0	0	213	0	1	0
宾语	0	4	0	9	33	0	1	1	0
状语	1	0	0	0	0	6	38	4	4
兼语	0	0	0	0	0	0	0	0	0
补语	0	0	0	0	0	0	2	0	0

通过表 7.32 得出如下优先度等级序列：K 义类施事：主语（9）＞状语（1）；K 义类受事：主语（4）=宾语（4）；K 义类当事：主语（31）；K 义类客事：宾语（9）；K 义类系事：宾语（33）；K 义类方式：主语（213）＞状语（6）；K 义类原因：状语（38）＞补语（2）＞宾语（1）；K 义类时间：状语（4）＞主语（1）=宾语（1）；K 义类范围：状语（4）。

通过上述数据可知：K 义类的施事投射为主语的比例为 90.00%，投射为状语的比例为 10.00%，因此我们认为 K 义类施事倾向于投射为主语。K 义类的受事投射为主语的比例为 50.00%，投射为宾语的比例为 50.00%，K 义类受事所投射的句法成分的倾向不明显。K 义类的方式投射为主语的比例为 97.26%，投射为状语的比例为 2.74%，因此我们认为 K 义类方式倾向于投射为状语。K 义类的原因投射为状语的比例为 92.68%，投射为补语、宾语的比例为 7.32%，因此我们认为 K 义类原因倾向于投射为状语。K 义类的时间投射为状语的比例为 66.67%，投射为主语、宾语的比例分别为 16.67%，因此我们认为 K 义类时间倾向于投射为状语。

在我们的考查范围内，以下语义角色只投射为一种句法成分：K 义类当事投射为主语，K 义类客事投射为宾语，K 义类系事投射为宾语，K 义类范围投射为状语。

将义类统计细化至中类的结果如下：①K 义类施事语义角色中 Ka 类施事可以作主语、状语。②K 义类受事语义角色中 Ka 类受事可以作主语；Ka、Kb、Kd 类受事可以作宾语。③K 义类当事语义角色中 Ka、Kc 类当事可以作主语。④K 义类客事语义角色中 Ka、Kb、Kc、Kf 类客事可以作宾语。⑤K 义类系事语义角色中 Ka、Kf 类系事可以作宾语。⑥K 义类方式语义角色中 Ka、Kb、Kc 类方式可以作主语；Kf 类方式可以作状语。⑦K 义类原因语义角色中 Ka、Kd 类原因可以作状语；Kd 类原因可以作补语、宾语。⑧K 义类时间语义角色中 Ka、Kb 类时间可以作状语；Kc 类时间可以作主语、宾语。⑨K 义类范围语义角色中 Ka、Kb、Kc 类范围可以作状语。

7.2.2 不同义类的语义角色与句法成分对应的特点

语义角色与句法成分之间是投射关系，语义角色投射为句法成分。我们文中用到的句法成分主要有六个，即主语、宾语、状语、补语、兼语、独立语。为了更便于观察和总结，我们按照义类大类，把能够投射为三个句法成分的某义类语义角色称为半数投射型，把能够投射超过三个句法成分的某义类语义角色称为多数投射型，把能够投射少于三个句法成分的某义类语义角色称为少数投射型（亢世勇和张晨，2016）。下面具体说明。

7.2.2.1 半数投射型

（1）A 义类：施事可投射为主语、状语、宾语；领事可投射为主语、兼语、宾语；受事可投射为宾语、主语、状语；基准可投射为状语、宾语、补语；工具可投射为状语、主语、宾语。

（2）B 义类：受事可投射为宾语、主语、状语；施事可投射为主语、宾语、状语；领事可投射为主语、宾语、兼语；数量可投射为补语、宾语、状语；材料可投射为状语、主语、宾语。

（3）C 义类：受事可投射为宾语、主语、状语；施事可投射为主语、状语、宾语；方向可投射为状语、补语、宾语；客事可投射为宾语、主语、兼语；与事可投射为状语、宾语、补语；数量可投射为宾语、补语、状语；工具可投射为状语、主语、宾语。

（4）D 义类：受事可投射为宾语、主语、状语；施事可投射为主语、状语、宾语；领事可投射为主语、兼语、宾语；基准可投射为状语、补语、谓语；目的可投射为状语、主语、补语；工具可投射为状语、宾语、主语。

（5）E 义类：当事可投射为主语、兼语、状语；受事可投射为宾语、主语、状语；与事可投射为宾语、主语、兼语；数量可投射为补语、主语、宾语。

（6）F 义类：受事可投射为宾语、主语、状语。

（7）G 义类：受事可投射为宾语、主语、状语。

（8）H 义类：受事可投射为宾语、主语、状语；当事可投射为主语、兼语、宾语；施事可投射为主语、宾语、状语。

（9）I 义类：受事可投射为宾语、主语、状语；客事可投射为宾语、主语、状语。

（10）J 义类：客事可投射为宾语、主语、补语。

（11）K 义类：原因可投射为状语、补语、宾语；时间可投射为状语、主语、宾语。

7.2.2.2　多数投射型

（1）A 义类：当事可投射为主语、兼语、状语、宾语；与事可投射为状语、宾语、补语、兼语；客事可投射为宾语、兼语、主语、状语、补语；处所可投射为主语、状语、宾语、补语。

（2）B 义类：当事可投射为主语、兼语、宾语、状语；客事可投射为宾语、主语、兼语、状语；处所可投射为状语、宾语、主语、补语；基准可投射为状语、补语、宾语、兼语；与事可投射为状语、宾语、兼语、补语；范围可投射为状语、主语、宾语、补语；工具可投射为状语、宾语、主语、兼语。

（3）C 义类：时间可投射为状语、补语、宾语、主语；处所可投射为状语、补语、宾语、主语；当事可投射为主语、兼语、状语、宾语。

（4）D 义类：当事可投射为主语、兼语、宾语、状语；客事可投射为宾语、主语、兼语、状语、补语；处所可投射为状语、主语、补语、宾语；数量可投射为补语、宾语、状语、兼语、主语、谓语；范围可投射为状语、主语、宾语、补语、独立语；与事可投射为状语、宾语、补语、兼语；时间可投射为状语、宾语、补语、主语。

（5）E 义类：客事可投射为宾语、主语、状语、兼语、补语；范围可投射为状语、主语、补语、独立语。

（6）H 义类：客事可投射为宾语、主语、状语、兼语。

7.2.2.3 少数投射型

（1）A 义类：系事可投射为宾语；共事可投射为状语；范围可投射为状语、主语；方向可投射为状语、补语；方式可投射为状语；目的可投射为状语、主语；致事可投射为宾语；结果可投射为宾语、主语；原因可投射为状语；同源可投射为主语；分事可投射为宾语。

（2）B 义类：系事可投射为宾语；结果可投射为宾语、主语；方式可投射为状语、主语；同源可投射为宾语；共事可投射为状语；方向可投射为状语；分事可投射为宾语、状语；致事可投射为宾语；目的可投射为状语、补语；原因可投射为状语。

（3）C 义类：系事可投射为宾语；同源可投射为主语；基准可投射为状语、补语；领事可投射为主语、宾语；范围可投射为状语、主语；方式可投射为状语；结果可投射为宾语；共事可投射为状语；致事可投射为宾语；分事可投射为宾语；目的可投射为状语。

（4）D 义类：系事可投射为宾语；结果可投射为宾语、主语；方式可投射为状语、补语；共事可投射为状语；原因可投射为状语；致事可投射为宾语；方向可投射为状语；分事可投射为宾语、主语；同源可投射为主语。

（5）E 义类：施事可投射为主语、宾语；系事可投射为宾语；方式可投射为状语；领事可投射为主语；原因可投射为状语；同源可投射为主语；基准可投射为状语、宾语；目的可投射为状语；结果可投射为宾语；时间可投射为状语；共事可投射为状语；分事可投射为宾语、主语；致事可投射为宾语。

（6）F 义类：施事可投射为主语；客事可投射为宾语、主语；当事可投射为主语；基准可投射为状语；原因可投射为状语；系事可投射为宾语；方式可投射为状语；范围可投射为状语；同源可投射为主语；与事可投射为状语；目的可投射为状语；数量可投射为状语；领事可投射为主语。

（7）G 义类：客事可投射为宾语、主语；当事可投射为主语；系事可投射为宾语；施事可投射为主语、宾语；同源可投射为主语；原因可投射为状语、宾语；方式可投射为状语；范围可投射为状语；与事可投射为状语；基准可投射为状语；目的可投射为状语；领事可投射为主语；结果可投射为宾语；致事可投射为宾语；共事可投射为主语；时间可投射为状语。

（8）H 义类：系事可投射为宾语；范围可投射为状语、宾语；基准可投射为状语；方式可投射为状语；原因可投射为状语；目的可投射为状语、主语；与事可投射为状语、宾语；领事可投射为主语、兼语；同源可投射为主语；共事可投射为状语；结果可投射为宾语；致事可投射为宾语。

（9）I 义类：当事可投射为主语、兼语；系事可投射为宾语；施事可投射为主语、状语；原因可投射为状语、宾语；同源可投射为主语；方式可投射为状语；与事可投射为状语；范围可投射为状语；基准可投射为状语；目的可投射为状语；领事可投射为主语、兼语；共事可投射为状语；数量可投射为宾语；结果可投射为宾语；方向可投射为状语。

（10）J 义类：受事可投射为宾语；施事可投射为主语；系事可投射为宾语；当事可投射为主语；原因可投射为状语；领事可投射为主语；与事可投射为状语；基准可投射为状语；方式可投射为状语；目的可投射为状语；结果可投射为宾语；时间可投射为状语；同源可投射为主语；范围可投射为状语。

（11）K 义类：方式可投射为主语、状语；系事可投射为宾语；当事可投射为主语；施事可投射为主语、状语；客事可投射为宾语；受事可投射为主语、宾语；范围可投射为状语。

7.3　小　　结

通过以上统计和分类，我们将义类大类、语义角色、句法成分之间的对应关系总结如下（L 类不包括在内）：所有义类的施事都可投射为主语；所有义类的受事都可投射为宾语；所有义类的当事都可投射为主语；除 K 义类外，其他义类的领事都可投射为主语；除 F、G、J、K 义类外，其他义类的共事都可投射为状语；所有义类的客事都可投射为宾语；所有义类的系事都可投射为宾语；除 E、K 义类外，其他义类的与事都可投射为状语，E 义类的与事可投射为宾语；除 F、G、K 义类外，其他义类的结果都可投射为宾语；除 F、I、J、K 义类外，其他义类的致事都可投射为宾语；除 F、G、H、I、J、K 义类外，其他义类的分事都可投射为宾语；所有义类的方式都可投射为状语；除 C 义类外，其他义类的原因都可投射为状语；除 K 义类外，其他义类的目的都可投射为状语；只有 B 义类可以作材料，主要投射为状语；只有 A、B、C、D 义类可以作处所，并且不具有投射为某句法成分的明显倾向；除 A、B、F、H、I 义类外，其他义类的时间都可投射为状语；B 义类的数量都主要投射为补语，C、I 义类的数量可投射为宾语，F 义类的数量可投射为状语，D、E 义类的数量不具有投射为某句法成分的明显倾向；除 K 义类外，其他义类的基准都可投射为状语；A、B、C、D、I 义类的方向可投射为状语；A、C、D、E、F、G、H、I、J 义类的同源都可投射为主语，B 义类的同源投射为宾语；所有义类的范围都可投射为状语；A、B、C、D 义类的工具都可以投射为状语。

参考文献

陈菜芳. 2012. 中文语义角色标注研究概述[J]. 文教资料，（27）：139-140.

陈昌来. 1997. 论现代汉语语义结构中“工具”的性质和工具动词[J]. 烟台师范学院学报（哲学社会科学版），（3）：22-27.

陈昌来. 1998. 汉语语义结构中工具成分的性质[J]. 世界汉语教学，（2）：23-27.

陈昌来. 2003. 现代汉语语义平面问题研究[M]. 上海：学林出版社.

陈凤仪，蔡碧芳，陈克建，等. 1999. 中文句结构树资料库的构建[J]. 中文计算语言学期刊，4（2）：87-104.

陈平. 1994. 试论汉语中三种句子成分与语义成分的配位原则[J]. 中国语文，（3）：161-168.

程琪龙. 1995. 试论 Fillmore 格语法 1971 模式[J]. 解放军外语学院学报，（6）：16-20.

储泽祥. 2006. 汉语处所词的词类地位及其类型学意义[J]. 中国语文，（3）：216-224，287.

储泽祥，彭建平. 2006. 处所角色宾语及其属性标记的隐现情况[J]. 语言研究，（4）：89-93.

褚希. 2008. 基于语义的决策树挖掘算法研究[D]. 中国石油大学硕士学位论文.

戴耀晶. 1998. 现代汉语动作类二价动词探索[J]. 中国语文，（1）：3-12.

邓守信. 1983. 汉语及物性关系的语义研究[M]. 侯方，邹韶华，侯敏译. 哈尔滨：黑龙江大学科研处.

董振东，董强，郝长伶. 2007. 知网的理论发现[J]. 中文信息学报，21（4）：3-9.

范晓. 1991. 试论语义结构中的主事[A]//复旦大学中国语言文学研究所. 中国语言文学研究的现代思考[C]. 上海：复旦大学出版社：395-408.

范晓. 2003. 说语义成分[J]. 汉语学习，（1）：1-9.

范晓，朱晓亚. 1999. 论句模研究的方法[J]. 徐州师范大学学报（哲学社会科学版），（4）：21-26.

菲尔墨. 2005. “格”辨[M]. 胡明扬译. 北京：商务印书馆.

冯志伟. 1979. 形式语言理论[J]. 计算机科学，创刊号：34-57.

冯志伟. 1982. 汉—法/英/日/俄/德多语言自动翻译试验[J]. 语言研究，（2）：49-103.

冯志伟. 1983. 汉语句子的多叉多标记树形图分析法[J]. 人工智能学报，（2）：29-46.

冯志伟. 1994. 中文信息 MMT 模型中多值标记集合的运算方法[J]. 情报科学，15（3）：14-25，79-80.

冯志伟. 1997. 自然语言的计算机处理[J]. 中文信息，（4）：26-27.

冯志伟. 2001. 中心语驱动的短语结构语法[A]//戴昭铭，陆镜光. 语言学问题集刊（第一辑）[C]. 长春：吉林人民出版社：186-206.

冯志伟. 2015. 新编同义词词林序[A]//亢世勇. 新编同义词词林[Z]. 上海：上海辞书出版社：1-12.
冯志伟. 2017. 自然语言计算机形式分析的理论与方法[M]. 合肥：中国科学技术大学出版社.
高明乐. 2004. 联接理论的发展与现状[J]. 外语学刊，（2）：61-66.
高榕. 2011. 基于句位的工具语义成分研究[J]. 语文教学通讯 ·D 刊（学术刊），（Z1）：148-152.
龚群虎. 1996. 论句法语义一体化分析中词义的地位[J]. 语文研究，（4）：32-40.
郭锐. 2002. 现代汉语词类研究[M]. 北京：商务印书馆.
郭巍，王义娜. 2011. 场景与处所的概念角色关系[J]. 西安外国语大学学报，19（3）：23-26.
郭聿楷. 1999. 语义格与语义配价[J]. 外语与外语教学，（10）：19-21.
郝立新. 2012. 《尔雅》同源词研究[D]. 复旦大学博士学位论文.
侯冠华. 2008. 产品语义学在产品形象系统中的应用[J]. 科学之友（B 版），（1）：115-116.
胡禹轩. 2009. 基于依存句法分析的语义角色标注[D]. 哈尔滨工业大学硕士学位论文.
黄昌宁，李涓子. 2001. 语料库语言学[M]. 北京：商务印书馆.
霍花. 2008. 俄语题元问题刍议[J]. 中国俄语教学，（3）：23-27.
贾彦德. 1997. 对现代汉语语义格的认识与划分[J]. 语文研究，（3）：23-29.
亢世勇. 2004. 面向信息处理的现代汉语语法研究[M]. 上海：上海辞书出版社.
亢世勇，刘海润. 2003. 新词语大词典[Z]. 上海：上海辞书出版社.
亢世勇，张晨. 2016. 语义角色映射为句法成分的词汇语义制约规律及特点[J]. 中文信息学报，30（6）：7-14.
亢世勇，许小星，马永腾. 2011. 施事、受事句法实现的义类制约[J]. 语文研究，（4）：36-40.
亢世勇，许小星，刘金凤，等. 2007. 现代汉语句子语义成分标注研究[A]//萧国政，何炎祥，孙茂松. 中文计算技术与语言问题研究——第七届中文信息处理国际会议论文集[C]. 北京：电子工业出版社：184-190.
亢世勇等. 2008. 现代汉语新词语计量研究与应用[M]. 北京：中国社会科学出版社.
亢世勇等. 2018. 语言资源开发与应用[M]. 北京：外语教学与研究出版社.
亢世勇等. 2020. 面向应用的汉语语义构词研究[M]. 北京：中国社会科学出版社.
李葆嘉. 2007. 语义语法学导论——基于汉语个性和语言共性的建构[M]. 北京：中华书局.
李临定. 1983. 宾语使用情况考察[J]. 语文研究，（2）：31-38.
李临定. 1986. 现代汉语句型[M]. 北京：商务印书馆.
李毅. 2005. 基于标注语料库的句子语义成分研究[D]. 烟台师范学院硕士学位论文.
林杏光. 1998. 中文信息界的语义研究谭要[J]. 语言文字应用，（3）：94-97.
林杏光. 1999. 词汇语义和计算语言学[M]. 北京：语文出版社.
林杏光，鲁川. 1997. 汉语句子语义平面的主客观信息研究[J]. 汉语学习，（5）：8-11.
林杏光，王玲玲，孙德金. 1994. 现代汉语动词大词典[Z]. 北京：北京语言学院出版社.

刘怀军，车万翔，刘挺. 2007. 中文语义角色标注的特征工程[J]. 中文信息学报，（1）：79-84.
刘开瑛. 2000. 中文文本自动分词和标注[M]. 北京：商务印书馆.
刘莉，何中市，邢欣来，等. 2011. 基于语义角色的中文时间表达式识别[J]. 计算机应用研究，28（7）：2543-2545.
刘叔新. 1994. 语句内的语义关系和语法意义[J]. 南开学报，（1）：61-68.
鲁川. 2001. 汉语语法的意合网络[M]. 北京：商务印书馆.
鲁川，林杏光. 1989. 现代汉语语法的格关系[J]. 汉语学习，（5）：11-15.
陆俭明. 1991. 现代汉语时间词说略[J]. 语言教学与研究，（1）：24-37.
陆俭明. 1993. 现代汉语句法论[M]. 北京：商务印书馆.
陆俭明. 1997. 关于语义指向分析[A]//黄正德. 中国语言学论丛（第一辑）[C]. 北京：北京语言文化大学出版社：34-48.
陆俭明. 2003. 语义在自然语言处理中的作用[A]//徐波，孙茂松，靳光瑾. 中文信息处理若干重要问题研究[C]. 北京：科学出版社：71-78.
陆俭明. 2006a. 句法语义接口问题[J]. 外国语，（3）：30-35.
陆俭明. 2006b. 要重视特征的研究与描写[J]. 长江学术，（1）：80-86.
路青. 2012. 基于特征选择的中文语义角色标注研究[D]. 曲阜师范大学硕士学位论文.
罗思明. 2008. 基于语义相似度的汉语未登录动词语义框架识别[D]. 北京邮电大学硕士学位论文.
马永腾. 2008. 义类视角下施事、受事句法实现的考察[D]. 鲁东大学硕士学位论文.
梅家驹. 竺一鸣，高蕴琦，等. 1983. 同义词词林[M]. 上海：上海辞书出版社.
孟琮，郑怀德，孟庆海，等. 1987. 动词用法词典[M]. 上海：上海辞书出版社.
苗传江，刘智颖. 2003. 现代汉语语料的句子级语义标注[A]//孙茂松，陈群秀. 语言计算与基于内容的文本处理——全国第七届计算语言学联合学术会议论文集[C]. 北京：清华大学出版社：335-341.
潘海华. 1997. 词汇映射理论在汉语句法研究中的应用[J]. 现代外语，（4）：2-16.
乔姆斯基. 2022. 句法结构[M]. 2 版. 陈满华译. 北京：商务印书馆.
秦春秀，祝婷，赵捧未，等. 2014. 自然语言语义分析研究进展[J]. 图书情报工作，58（22）：130-137.
任鹰. 2005. 现代汉语非受事宾语句研究[M]. 北京：社会科学文献出版社.
邵敬敏. 1997. 论汉语语法的语义双向选择性原则[J]. 中国语言学报，（8）：25-36.
邵艳秋，穗志方，吴云芳. 2009. 基于词汇语义特征的中文语义角色标注研究[J]. 中文信息学报，（6）：3-10.
史有为. 1984. 语言的多重性与层—核分析法[A]//《中国语文》杂志社. 汉语析句方法讨论集[C]. 上海：上海教育出版社：263-278.
史有为. 1991. 施事的分化与理解[J]. 中国语言学报，（4）：37-48.

孙道功. 2009. 词汇—句法语义贯通研究的新探索[J]. 语言文字应用，（1）：143.
孙道功. 2012. 试论句法范畴义征标记集的建构[J]. 语言文字应用，（1）：125-132.
孙道功. 2018. 现代汉语动核结构的“句法—语义”接口研究[M]：北京：科学出版社.
孙道功，李葆嘉. 2009. 动核结构的“词汇语义—句法语义”衔接研究[J]. 语言文字应用，（1）：134-141.
孙冬梅. 2008. 手部动词“打”的语义语法学研究[D]. 南京师范大学硕士学位论文.
汤玲. 2004. 现代汉语 NPк 次范畴研究[D]. 南京师范大学硕士学位论文.
滕华英. 2007. 近 20 年来汉语同源词研究综述[J]. 江汉大学学报，26（6）：70-73.
田震. 2014. 非核心语义角色句法实现的词汇语义制约[D]. 鲁东大学硕士学位论文.
王葆华. 2006. 动词的词汇语义与论元表达之关系——兼谈动词意义的原型效应和家族相似性[J]. 汉语学报，（1）：76-82，95-96.
王军. 2014. 无标记工具范畴研究[J].南京师范大学文学院学报，(3)：159-163.
王婷. 2012. 现代汉语持具类手部动词的句法语义研究[D]. 南京师范大学硕士学位论文.
吴长安. 2006. “这本书的出版”与向心结构理论难题[J]. 当代语言学，（3）：193-204，285.
吴继光. 1998. 工具配项的句法表现及其他[A]//袁毓林，郭锐. 现代汉语配价语法研究（第二辑）[C]. 北京：北京大学出版社：217-228.
吴继光. 2000. 有凭动词和无凭动词[A]//《中国语文》杂志社. 语法研究和探索（第九辑）[C]. 北京：商务印书馆：190-206.
吴云芳，俞士汶. 2006. 信息处理用词语义项区分的原则和方法[J]. 语言文字应用，（2）：126-133.
谢慧萍. 2004. 现代汉语动词表层语义研究[D]. 湘潭大学硕士学位论文.
徐杰. 1986. “工具”范畴和容纳“工具”范畴的句法结构[J]. 华中师范大学学报（哲学社会科学版），（5）：105-115.
许小星. 2007. 基于标注语料库的现代汉语特殊句式语义分析[D]. 鲁东大学硕士学位论文.
许小星，亢世勇. 2007. 基于标注语料库的现代汉语句法成分和语义成分对应机制研究初探[A]//萧国政，何炎祥，孙茂松. 中文计算技术与语言问题研究——第七届中文信息处理国际会议论文集[C]. 北京：电子工业出版社：167-173.
薛华. 2010. 现代汉语时间词研究[D]. 湖南师范大学硕士学位论文.
杨成凯. 1996. 汉语语法理论研究[M]. 沈阳：辽宁教育出版社.
杨辉. 2008. 汉语新词语发现及其词性标注方法研究[D]. 复旦大学硕士学位论文.
姚小烈. 2009. 关于“NP 的 VP”结构中心语问题的一点思考[J]. 安徽广播电视大学学报，（6）：82-85.
袁毓林. 1998a. 汉语动词的配价层级和配位方式研究[A]//袁毓林，郭锐. 现代汉语配价语法研究（第二辑）[C]. 北京：北京大学出版社：18-68.
袁毓林. 1998b. 汉语动词的配价研究[M]. 南昌：江西教育出版社.

袁毓林. 2007. 语义角色的精细等级及其在信息处理中的应用[J]. 中文信息学报，（4）：10-20.
袁毓林. 2008a. 面向信息检索系统的语义资源规划[J]. 语言科学，（1）：1-11.
袁毓林. 2008b. 语义资源建设的最新趋势和长远目标——通过映射对比、走向统一联合、实现自动推理[J]. 中文信息学报，（3）：3-15.
袁毓林，王明华. 2010. 文本蕴涵的推理模型与识别模型[J]. 中文信息学报，24（2）：3-13.
张伯江. 2007. 施事和受事的语义作用特征及其在句式中的实现[D]. 复旦大学博士学位论文.
张超辉. 2010. 中文复杂句语义角色标注[D]. 北京邮电大学硕士学位论文.
张晨. 2016a. 词汇语义制约语义角色映射为句法成分的特点及新词语语义推测研究[D]. 鲁东大学硕士学位论文.
张晨. 2016b. 基于语义角色和句法标注的新词语语义类识别研究[J]. 安徽文学，（3）：92-93.
张家骅. 2003. 莫斯科语义学派的配价观[J]. 外语学刊，（4）：27-35，110.
张仁立. 1995. 从思维角度分析同源词的产生[J]. 山西师大学报（社会科学版），22（1）：79-83.
张云秋. 2005. 动词对受事宾语典型性强弱的制约[J]. 汉语学习，（3）：11-16.
张志毅，张庆云. 2005. 词汇语义学（修订本）[M]. 北京：商务印书馆.
赵星. 2005. “被”字句主语考察[D]. 中国人民大学硕士学位论文.
郑家恒，李文花. 2002. 基于构词法的网络新词自动识别初探[J]. 山西大学学报（自然科学版），（2）：115-119.
郑泽芝. 2005. 基于动态流通语料库（DCC）的汉语字母词语识别及考察研究[D]. 北京语言大学博士学位论文.
中国社会科学院语言研究所词典编辑室. 2016. 现代汉语词典[Z]. 7 版. 北京：商务印书馆.
周明海. 2011a. 核心语义角色句法实现的词汇语义制约[D]. 鲁东大学硕士学位论文.
周明海. 2011b. 词汇语义在语义角色句法实现中的作用研究综述[J]. 语文学刊，（2）：3-4.
周明海，亢世勇. 2011. 语义角色句法实现的词汇语义制约信息库的建设及其应用[A]//孙茂松，陈群秀. 中国计算语言学研究前沿进展（2009—2011）[C]. 北京：清华大学出版社：242-247.
周强. 2004. 汉语句法树库标注体系[J]. 中文信息学报，（4）：1-8.
周韧. 2012. “N 的 V”结构就是“N 的 N”结构[J]. 中国语文，（5）：447-457，480.
朱波，侯敏. 2012. 基于特征过滤的新词语提取[J]. 北华大学学报（社会科学版），13（5）：18-22.
朱德熙. 1984. 关于向心结构的定义[J]. 中国语文，（6）：1-2.
朱景松. 1992. 与工具成分有关的几种句法格式——兼谈加工制作义动词“价”的分析[J]. 安徽师大学报，20（3）：346-356.
朱军，张展. 2009. 现代汉语小句中论元标记的多维考察[J]. 三峡大学学报（人文社会科学版），31（4）：56-60.
朱晓亚. 2001. 现代汉语句模研究[M]. 北京：北京大学出版社.

宗成庆. 2008. 统计自然语言处理[M]. 北京：清华大学出版社.

邹纲，刘洋，刘群，等. 2004. 面向 Internet 的中文新词检测[J]. 中文信息学报，（6）：1-9.

Bresnan, J. & Kenerva, J. M. 1989. Locative inversion in Chichewa: A case study of factorization in grammar[J]. *Linguistic Inquiry*, (20): 1-50.

Chomsky, N. 1956. Three models for the description of language[J]. *IRE Transactions on Information Theory*, 2(3): 113-124.

Fillmore, C. J. 1968. The case for case[A]. In E Bach & R. T. Harms (Eds.), *Universals in Linguistic Theory* (pp. 1-88)[C]. New York: Holt, Rinehart-Winston.

Gazdar, G., Klein, E., Pullum, G. K., et al. 1985. *Generalized Phrase Structure Grammar*[M]. Oxford: Basil Blackwell.

Gruber, J. S. 1965. *Studies in Lexical Relations*[M]. Cambridge: MIT Press.

Jackendoff, R. S. 1976. Toward an explanatory semantic representation[J]. *Linguistic Inquiry*, (7): 89-150.

Kaplan, R. M. & Bresnan, J. 1982. Lexical functional grammar: A formal system for grammatical representation[A]. In J. Bresnan (Ed.), *Mental Representation of Grammatical Relations* (pp. 173-281)[C]. Cambridge: MIT Press.

Kay, M. 1984. Functional unification grammar: A formalism for machine translation[A]. In Y. Wilks (Ed.), *Proceedings of the 10th International Conference on Computational Linguistics* (pp. 75-78) [C]. Stanford: Stanford University.

Lappin, S. 1996. *The Handbook of Contemporary Semantic Theory*[M]. Oxford: Blackwell.

Levin, B. & Hovav, M. R. 1996. Lexical semantics and syntactic structure[A]. In S. Lappin (Ed.), *The Handbook of Contemporary Semantic Theory* (pp.487-507). Oxford: Blackwell.

Pinker, S. 1989. *Learnability and Cognition: The Acquisition of Argument Structure*[M]. Cambridge: MIT Press.

Pollard, C. & Sag, I. A. 1994. *Head-Driven Phrase Structure Grammar*[M]. Chicago: University of Chicago Press.

Апресян, Ю. Д. 1974. Лексическая семантика-синонимические средства языка[M]. Москва: Наука.

Юрченко, В. С. 1995. Проблемы общей и русской грамматики[M]. Саратов: Логос.

附　录

《同义词词林》的语义分类体系及大类、中类标记

（1）A 人：Aa 泛称，Ab 男女老少，Ac 体态，Ad 籍属，Ae 职业，Af 身份，Ag 状况，Ah 亲人、眷属，Ai 辈次，Aj 关系，Ak 品性，Al 才识，Am 信仰，An 丑类。

（2）B 物：Ba 统称，Bb 拟状物，Bc 物体的部分，Bd 天体，Be 地貌，Bf 气象，Bg 自然物，Bh 植物，Bi 动物，Bj 微生物，Bk 全身，Bl 排泄物、分泌物，Bm 材料，Bn 建筑物，Bo 机具，Bp 用品，Bq 衣物，Br 食品、药品、毒品。

（3）C 时间与空间：Ca 时间，Cb 空间。

（4）D 抽象事物：Da 事情、情况，Db 事理，Dc 外貌，Dd 性能，De 性格、才能，Df 意识，Dg 比喻物，Dh 臆想物，Di 社会、政法，Dj 经济，Dk 文教，Dl 疾病，Dm 机构，Dn 数量、单位。

（5）E 特征：Ea 外形，Eb 表象，Ec 颜色、味道，Ed 性质，Ee 德才，Ef 境况。

（6）F 动作：Fa 上肢动作，Fb 下肢动作，Fc 头部动作，Fd 全身动作。

（7）G 心理活动：Ga 心理状态，Gb 心理活动，Gc 能愿。

（8）H 活动：Ha 政治活动，Hb 军事活动，Hc 行政管理，Hd 生产，He 经济活动，Hf 交通运输，Hg 教卫科研，Hh 文体活动，Hi 社交，Hj 生活，Hk 宗教活动，Hl 迷信活动，Hm 公安、司法，Hn 恶行。

（9）I 现象与状态：Ia 自然现象，Ib 生理现象，Ic 表情，Id 物体状态，Ie 事态，If 境遇，Ig 始末，Ih 变化。

（10）J 关联：Ja 联系，Jb 异同，Jc 配合，Jd 存在，Je 影响。

（11）K 助语：Ka 疏状，Kb 中介，Kc 联结，Kd 辅助，Ke 呼叹，Kf 拟声。

（12）L 敬语。

后 记

对于现代汉语句法语义的研究，我们坚持了 30 多年。早在 1987 年上大四时我看到有专家写的语法、语义、语用三个平面结合的文章，很受启发，大学毕业论文就尝试用三个平面理论来写文章。大学毕业后一直在思考这方面的问题。1991 年暑假在黄山参加全国现代汉语语法研究研讨班，见到了范晓、范开泰、徐枢、施关淦、袁辉、何伟渔等几位当时研究三个平面理论的专家，听了他们的讲座，尤其是和范晓、范开泰两位老师有了比较深入的交流，更多地了解了三个平面理论；此后，一直将其作为研究的方法，曾发表过《词语组合在语义选择上所受的限制》《组词成句所受的语用制约》等文章。1992 年读研究生后，一边跟着老师做语法学史方面的研究，一边还是关注三个平面理论。在写《现代汉语语法研究未来的走向》那篇文章时，看到了冯志伟老师发表在《语言文字应用》1992 年第 4 期上的论文《中文信息 MMT 模型》，其中“在自动句法语义分析中，静态标记是计算机进行运算的基础，计算机依赖于这些预先在词典中给出的静态标记，通过有穷步运算，逐渐算出各种动态标记，从而逐步弄清楚汉语句子中各个语言成分之间的关系，达到自动句法语义分析的目的”这段话给我留下了深刻印象，让计算机达到自动句法语义分析，这是我们的目标。后来一直围绕句法、语义的对应（句法语义接口）进行研究。2001 年在清华大学孙茂松老师的指导下，我主持开展在标注语料库基础上的句子语义结构、语义角色的统计研究，语料选取的是《人民日报》的新闻语料，指导完成了研究生田珍都的硕士学位论文《基于标注语料库的现代汉语句模研究》、叶松的硕士学位论文《基于语料库的现代汉语句系研究》；后来还是在孙茂松老师的支持、指导下，我们又选取了奥运会的语料进行标注、分析、统计，完成了孙道功的硕士学位论文《基于标注语料库的现代汉语句型句模对应关系研究》、李毅的硕士学位论文《基于标注语料库的句子语义成分研究》。有了这些基础，2005 年我们申请了国家社会科学基金一般项目“基于大规模标注语料库的现代汉语句子语义结构系统研究”（项目编号：05BYY029）。依托这个项目，我们取得了包括许小星的硕士学位论文《基于标注语料库的现代汉语特殊句式语义分析》在内的系列成果。在这个过程中非常明显地感觉到，只限于句法成分、语义角色的研究，而不深入到词汇语义层面，把词的词汇语义和词充当的句法成分、语义角色勾连起来，要达到冯志伟先生所说的计算机自动句法语义分析恐怕很难，因为汉语的词入句后所充当的句法、语义成分都是不确定的，而是随着句子结构的变化而变化。我们必须找到一种初始的、不变的（静态）标记，那就是词的词汇语义类。以词汇语义类为抓手，看词汇语义类与句法成分、语义角色的对应关系，从而由词汇语义类推导句法关系、语义关系。有了这个想法，我们首先在许小星的硕士学位论文里作了一点尝试；而后安排了马永腾的硕士学位论文《义类视角下施事、受事句法实现的考察》对施事、受事做了比较全面的考察研究，取得了一些经验；接着安排了周明海的硕士学位论文《核心语义角色句法实现的词汇语义制约》。有了这些积累，就有了很好的基础，2012 年我们申请了国家社会科学基金一般项目“基于大规模标注语料库的语义角色句法实现的词汇语义制约研究”（项目编号：12BYY123）。依托这个项目，我们取得了包括田震的硕士学位论文《非核心语义角色句法实现的词汇语义制约》、张晨的硕士学位论文《词汇语义制约语义角色映射为句法成分的特点及新词语语义推测研究》在内的系列成果。

本书就是在许小星、马永腾、周明海、田震、张晨等研究生硕士学位论文以及其他成果的基础上整合而成的，汇集了我们这些年来在这方面的思考与实践。虽然坚持 30 多年，付出了很多的汗水和心血，但我们深知我们做得还很不够，只是做了语言本体的分析研究，还没有应用到计算机语言分析系统中去检验，其实用价值到底如何还不好说。但这毕竟是我们 30 多年努力的结果，希望奉献出来，发挥一点作用。学无止境，我们还将继续努力，务实有效地推进这方面的研究。

这些年的坚持得益于烟台师范学院中文系、鲁东大学文学院、国家语委科研机构汉语辞书研究中心、鲁东大学国家语言文字推广基地的支持，得益于冯志伟老师、孙茂松老师的引领、指导，我们表示深深的感谢！也得益于我的一届又一届学生的辛苦努力，应该说他们为了帮助我完成课题、为了完成他们的硕士学位论文，付出了比其他同学更多的汗水和心血。当我的学生不容易，这一点他们和我心里都很清楚。当然，在这个过程中，他们也得到了很好的锻炼，为以后的工作奠定了扎实的基础。从这一点上说，要感谢，也不用感谢。感谢的是他们很真诚、很投入、很用心、很努力，我很以他们为骄傲，尤其是现在想起来，还觉得很有些感动；不用感谢的是我们早已是一家人，感谢的话，显得生分，对于他们而言，可能更习惯于我的“大呼小叫”。课题结项的过程中、研究的过程中还得到鲁东大学张志旺、程勇两位博士的支持，他们帮助梳理了相关数据。张成、秦小茜、王远茹等硕士研究生帮助梳理、校对了整部书稿，也一并表示感谢。

本项研究前后历经 10 多年，其间标注的语料库也在不断变化，所以有些数据前后可能并不完全一致，敬请谅解。

本书的出版要感谢科学出版社相关编辑所付出的大量心血。

亢世勇

2021 年 8 月